高等院校智慧物流与供应链系列教材

U0369678

现代物流信息管理与技术

第2版

郑少峰　张春英　编著

机 械 工 业 出 版 社

本书系统介绍了物流信息技术的基本理论及其在物流领域的应用，共13章，内容包括：物流信息技术概述、物流信息识别技术、空间信息技术、物流管理信息系统概述、仓储管理信息系统、物流呼叫中心系统和物流CRM系统、快递管理信息系统、电子商务与现代物流、物流园区的信息化、物流企业ERP、物流大数据、物联网与物流、人工智能与物流。本书强调物流信息技术在物流工作中的应用，教师可通过引例、案例、应用案例、背景知识、实验指导书、相关物流免费软件以及教学视频等资源进行教学指导；学生可以通过教学和应用相融合的方式进行学习，掌握主流和最新的物流信息技术。

本书是作者多年来从事物流信息技术教学及应用的经验总结，内容深入浅出，既可作为高等院校物流管理、物流工程、交通运输、供应链管理、电子商务、采购管理、工商管理和物联网工程等专业的相关课程教材，也适合物流企业管理人员学习和参考。

本书有配套电子课件，需要的教师可登录 www.cmpedu.com 免费注册，审核通过后下载，或者联系编辑索取（微信：15910938545，电话：010-88379739）。

图书在版编目（CIP）数据

现代物流信息管理与技术/郑少峰，张春英编著 . —2 版 . —北京：机械工业出版社，2022.1（2023.1重印）

高等院校智慧物流与供应链系列教材

ISBN 978-7-111-70071-5

Ⅰ. ①现… Ⅱ. ①郑… ②张… Ⅲ. ①物流–信息管理–高等学校–教材 Ⅳ. ①F253.9

中国版本图书馆 CIP 数据核字（2022）第 010764 号

机械工业出版社（北京市百万庄大街 22 号 邮政编码 100037）

策划编辑：王 斌 责任编辑：王 斌
责任校对：张艳霞 责任印制：郜 敏

固安县铭成印刷有限公司印刷

2023 年 1 月第 2 版·第 2 次印刷
184mm×260mm·14 印张·346 字
标准书号：ISBN 978-7-111-70071-5
定价：65.00 元

电话服务

客服电话：010-88361066
　　　　　010-88379833
　　　　　010-68326294

封底无防伪标均为盗版

网络服务

机 工 官 网：www.cmpbook.com
机 工 官 博：weibo.com/cmp1952
金 书 网：www.golden-book.com
机工教育服务网：www.cmpedu.com

高等院校智慧物流与供应链系列教材
编委会成员名单

主　　任：李文锋

副 主 任：刘伟华　魏学将（执行）　王　猛（执行）

顾　　问：张金隆　张培林　张庆英　凌大荣　郑朝霞

　　　　　刘大成　贺可太　刘　军

委　　员：（按姓氏笔画排序）

　　　　　马向国　王坚红　王　勇　田益峰　代四广

　　　　　毕　娅　刘元兴　刘伟华　汤中明　杨　晋

　　　　　汪贻生　周小芬　周志刚　周琼婕　郑少峰

　　　　　徐海峰　辜　勇　熊文杰　戴小廷

秘 书 长：胡毓坚

副秘书长：时　静　王　斌

出版说明

当前，物联网、云计算、大数据、区块链、人工智能、无人驾驶、自动化与机器人等技术在物流领域的广泛应用，推动了传统物流向智慧物流的转型，对现代物流与供应链人才的专业知识、管理技能和综合素质等提出了更新、更高、更全面的要求。

为了适应创新型、复合型和应用型智慧物流与供应链人才培养的需要，机械工业出版社联合多所高校，汇集国内专家名师，共同成立教材编写委员会，组织出版了这套"高等院校智慧物流与供应链系列教材"，全面助力高校智慧物流与供应链人才培养。

这套教材力求实现物流与供应链管理专业与工科、理科等相关专业的充分结合，突出交叉学科融合特性；以我国智慧物流与供应链人才需求为牵引，在继承经典的物流与供应链理论、方法和技术的基础上，充分吸收国内外智慧物流与供应链发展的新理论、新技术和新方法，突出学科前沿性；以现代高等教育理论为依据，在充分体现智慧物流与供应链相关专业（方向）先进教学理念的基础上，引入优质合作企业的案例、技术、产品及平台，实现产教融合、协同育人，突出实践应用性。同时，系列教材教学配套资源丰富，便于高校开展教学实践；主要参编者皆是身处教学一线、教学实践经验丰富的名师，教材内容贴合教学实际。

我们希望这套教材能够充分满足国内众多高校智慧物流与供应链相关专业的教学需求，为培养优质的智慧物流与供应链人才提供强有力的支撑。并希望有更多的志士仁人加入到我们的行列中来，集智汇力，共同推进系列教材建设！

高等院校智慧物流与供应链系列教材编委会

前　言

近年来，人工智能、大数据、机器人等智能技术不断升级和进化，黑灯仓储、AGV 无人车、无人港口、无车承运人等技术也已经在物流行业里深度应用。为深化应用型本科教学改革，适应物流管理专业的教学要求，我们在 2016 年出版的教材《现代物流信息管理与技术》的基础上进行全新改版，编写了本书。

本书贯彻"应用型"和"智慧型"的编写理念，采用引例、理论知识、应用教学和实践案例等多种方式，以提高学生的应用能力和学习兴趣。全书共 13 章，重点介绍了一维和二维条码技术、射频识别技术、GPS 技术、GIS 技术、物联网技术、大数据技术、人工智能技术、机器人技术等基础知识；深入介绍了物流领域常见的系统，如仓储管理信息系统、物流呼叫中心系统、物流 CRM 系统、快递管理信息系统、无人分拣系统等；同时，对物流信息技术的综合应用进行了介绍，包括物流电商、物流园区信息化、物流企业 ERP、第三方物流、第四方物流、智慧物流等拓展内容。尤其是第 11 章物流大数据、第 12 章物联网与物流、第 13 章人工智能与物流，真正体现智慧物流的特点。

本书内容展现了物流信息技术的发展趋势，体现了案例教学、理论讲授、实践操作的"一体化"创新教学模式。每一章都有相应的实验案例或实践案例，并且把全国物流设计大赛和大学生创新创业训练项目融入教材中，注重培养学生的动手能力和团队合作精神，从而适应应用型课程改革的培养目标。

本书由福建工程学院郑少峰、张春英编写。郑少峰编写了第 1 章~第 12 章，张春英编写了第 13 章。全书由郑少峰拟定大纲并统稿。

本书在编写过程中，从教学大纲的草拟到定稿，无不凝聚着机械工业出版社编辑的鼓励和支持。福建工程学院物流教研室的胡永仕、戴小廷、曾永珍、周牧、许明星、高清贵、曾丽华、徐志宏、吴桐雨等老师为教材提供了课改的思路，郑悦涵协助进行了图文处理，在此一并表示深切的谢意。本书配备有 PPT、物流软件、教学大纲、授课计划、教学视频和课后习题等教学资源（近 20 GB）。读者可联系 zhengshaofeng88@126.com 实时取得免费资料，也可访问 www.cmpedu.com 下载本书配套资源。

由于编者水平有限，加上物流信息技术的发展日新月异，相关技术和管理理念不断更新，书中难免有疏漏和不足之处，敬请广大专家和读者批评指正。

编　者

目　　录

第1章 物流信息技术概述

本章要点

物流信息技术是现代信息技术在物流各个作业环节中的综合应用，是现代物流区别传统物流的根本标志，也是物流技术中发展最快的领域，尤其是计算机网络技术的广泛应用使物流信息技术达到了较高的应用水平。

本章共包括两部分内容：第一部分介绍现代物流的概念和定义；第二部分介绍物流信息技术的基础及应用，并介绍物流信息化的现状和发展趋势。

引例

沃尔玛公司物流信息技术的应用

沃尔玛公司之所以成功，在很大程度上是因为它至少提前10年（较竞争对手）将尖端科技和物流系统进行了巧妙搭配。沃尔玛公司一直崇尚并采用最现代化、最先进的系统，进行合理的运输安排，通过计算机系统和配送中心获得最终的成功。早在20世纪70年代，沃尔玛公司就开始使用计算机进行管理，建立了物流的管理信息系统（MIS），负责处理系统报表，加快了运作速度；20世纪80年代初，沃尔玛公司与休斯公司合作发射物流通信卫星，实现了全球物流通信卫星联网，使得沃尔玛公司实现了跨越式的发展；1983年沃尔玛公司开始采用POS机，全称为Point of Sale，也就是销售始点数据系统；1985年建立了EDI，即电子数据交换系统，进行无纸化作业，所有信息全部在计算机上处理；1986年沃尔玛公司又建立了QR（称为快速反应机制），对市场需求快速反应；20世纪90年代沃尔玛公司采用了当时全球领先的卫星定位系统（GPS）来控制公司的物流，提高配送效率，以速度和质量赢得用户的满意度和忠诚度。这些系统构成了基于UNIX操作系统的配送系统，这个配送系统采用传送带和大型开放式平台，采用产品代码，激光识别系统和自动补货系统，为沃尔玛公司节省了相当多的成本。

沃尔玛公司共有6种形式的配送中心：第1种是干货配送中心；第2种是食品配送中心（相当于我们的"生鲜"）；第3种是山姆会员店配送中心；第4种是服装配送中心；第5种是进口商品配送中心；第6种是退货配送中心（其收益主要来自出售包装箱的收入和供应商支付的手续费）。在物流运营过程中尽可能降低成本，把节省后的成本让利给消费者，这是沃尔玛公司一贯的经营宗旨。沃尔玛公司发现，在其整个物流过程中成本最高的就是运输部分，所以沃尔玛公司在设置新卖场时尽量以其现有配送中心为出发点，卖场一般都设在配送中心周围，以缩短送货时间、降低送货成本。沃尔玛公司在物流方面的投资也非常集中地用于物流配送中心的建设，物流配送中心一般设立在100多家零售店的中央位置，也就是配送中心设立在销售主市场，这使得一个配送中心可以满足100多个附近周边城市的销售网点的需求，运输的半径既比较短又比较均匀，基本上是以320公里为一个商圈建立一个配送中心。沃尔玛公司各分店的订单信息通过公司的高速通信网络传递到配送中心，配送中心整合后正式向供应商订货。供应商可以把商品直接送到订货的商店，也可以送到配送中心。在配送中心，计算机掌管着一切。供应商将商品送到配送中心后，先经过核对采购计划、商品检验等程序，分别送到货架的不同位置存放。当每一样商品储存进去的时候，计算机会把它们的位置和数量——记录下来，一旦商店提出订货计划，计算机就会查找这些货物的存放位置，并打印出印有商店代号的标签，贴到商品上。包装好的商品将被直接送上传送带，零散的商品由工作人员取出后也会被送上传送带。商品在长达几公里的传送带上进进出出，通过激光辨别上面的条形码，把它们送到该送的地方去，传送带上一天输出的货物可达 20 万箱。对于零散的商品，传送带上有一些信号灯，有红的、有黄的、有绿的，员工可根据信号灯的提示来确定商品应该被送往的商店，也可根据信号灯来取这些商品，并将取到的商品放到一个箱子中，避免浪费空间。配送中心的一端是装货平台，可供 130 辆卡车同时装货；在另一端是卸货平台，可同时停放 135 辆卡车。配送中心 24 小时不停地运转，平均每天接待装卸货物的卡车超过 200 辆。沃尔玛公司用一种尽可能大的卡车运送货物，加长的货柜大约有 16 米长，比集装箱运输卡车更长或者更高。公司的 6000 多辆运输卡车全部安装了卫星定位系统，每辆车在什么位置、装载什么货物、目的地是什么地方，总部都一目了然。因此，在任何时候调度中心都可以知道这些车辆在什么地方，离商店还有多远，他们也可以了解到某个商品运输到了什么地方，还有多少时间才能运送到商店，时间可以精确到小时。如果员工知道车队由于天气、修路等某种原因耽误了到达时间，装卸工人可以不用再等待，而安排其他工作。灵活高效的物流配送使得沃尔玛公司在激烈的零售业竞争中技高一筹。沃尔玛公司可以保证，商品从配送中心运到任何一家商店的时间都不超过 48 小时，沃尔玛公司的分店货架平均一周可以补货两次，而其他同行业商店平均两周才能补一次货；通过维持尽量少的存货，沃尔玛公司既节省了存储空间又降低了库存成本。从采购原材料开始到制成最终产品，最后由销售网络把产品送到消费者手中的过程变得高效有序，实现了商业活动的标准化、专业化、统一化和单纯化，从而达到实现规模效益的目的。

"无缝"供应链的含义不仅包括了物资流动和存储，还包含了上下游企业的配合程度。沃尔玛公司之所以能够取得成功，很大程度上在于沃尔玛公司采取了"无缝点对点"的物流系统。"无缝"的意思是使整个供应链达到一种非常顺畅的连接。沃尔玛公司所指的供应链是说产品从工厂到商店的货架，这个过程应尽可能平滑。在供应链中，每一个供应者都是其中的一个环节，沃尔玛公司使整个供应链成为一个非常平稳、光滑及顺畅的过程。这样，沃尔玛公司的运输、配送以及对于订单与购买的处理等过程都是一个完整网络当中的一部分，这样大大降低了物流成本。

沃尔玛公司有一个非常好的系统衔接上游客户。使上游供货商们可以直接进入到沃尔玛公司称之为"零售链接"的系统。通过零售链接，供货商可以随时了解销售情况，对将来货物的需求量进行预测，以决定生产情况，这样他们的产品成本也可以降低，从而使整个流程成为一个"无缝"的过程。沃尔玛公司有的时候采用空运，有的时候采用轮船运输，还有一些采用卡车进行公路运输。在中国，沃尔玛公司百分之百采用公路运输，就是卡车把产品运到商场，然后卸货，最后自动放到商店的系统当中。在沃尔玛公司的物流当中非常重要的一点是，必须要确保商店所得到的产品是与发货单上完全一致的产品，因此整个过程都要确保是精确的、没有任何错误的。这样，商店把卡车运载的货品卸下来就可以了，而不用把每个产品检查一遍，这样就可以节省很多时间。

沃尔玛公司在卖场中主要采用 PDF、BC、RFID、POS 等物流信息技术，具体应用如下。

- 便携式数据终端设备（PDF）：传统的方式是在到货以后要打电话、发 E-mail 或者发报表，而通过 PDF 设备可以直接查询货物情况。
- 物流条形码（BC）：利用物流条码技术能及时有效地对企业物流信息进行采集跟踪。
- 射频识别技术（RFID）：一种非接触式的自动识别技术，它通过射频信号自动识别目标对象并获取相关数据，识别工作无须人工干预，可在各种恶劣环境中工作。
- 销售时点系统（Point of Sale，POS）：利用光学自动阅读的收银机，将店铺各单品的销售信息或退货、分送等各环节的相关资料输入计算机，经加工处理后传给有关部门供经营者使用的系统。

POS 系统的构成要件是商品条形码、电子收银机、扫描器、后台计算机和总部信息中心。其作业程序是用光电扫描器扫描顾客所购商品的条形码，将商品信息输入计算机，计算机再从数据库中查找该信息并进行数据处理，返回收银机打印出顾客购买清单和付款总金额，同时将商品选购信息传递给总部或物流中心，信息经加工后成为卖场商品品种配置、商品陈列及价格设置等方面决策的依据。POS 系统保持了对每种商品实时购、销、存状态的记录，管理者可通过该系统及时、正确地监控业务经营，并做出各种采购、供应、库存及卖场布置决策。

1.1 现代物流

1.1.1 现代物流概述

1. 现代物流

现代物流（Modern Times Logistics）指的是将信息、运输、仓储、库存、装卸搬运以及包装等物流活动综合起来的一种新型的集成式管理，其任务是尽可能降低物流的总成本，为顾客提供最好的服务。我国许多专家学者认为，"现代"物流是根据客户的需求以最少的费用将物流从供给地向需求地转移的过程。它主要包括运输、储存、加工、包装、装卸、配送和信息处理等活动，典型的物流操作流程如图 1-1 所示，从运输请求开始，经过调度作业、装车作业、运输、卸车作业、加工/包装、仓储的作业流程，其中物流信息系统全程协调、监控各个作业步骤。

2. 现代物流的特点

现代物流具有以下几个特点：现代物流是电子商务与物流的紧密结合；现代物流是物流、信息流、资金流和人才流的统一；现代物流是信息化、自动化、网络化、智能化、柔性化的结合；物流设施、商品包装的标准化，物流的社会化、共同化也都是现代物流模式的新特点。

现代物流也被称为供应链服务，与从前所说的物流概念不同的是，它要解决货物从生产出来到销售过程中的所有运输和仓储、配送、分拨以及简单加工等问题。它是一个系统工程，不是简单的仓储和运输。从事现代物流的公司要善于运用各种资源，善于整合各类资源，从而尽最大可能地减小货物在流通过程中的成本。现代物流经历了 3 个阶段的发展：从运输到配送→从配送到物流→从物流到供应链。

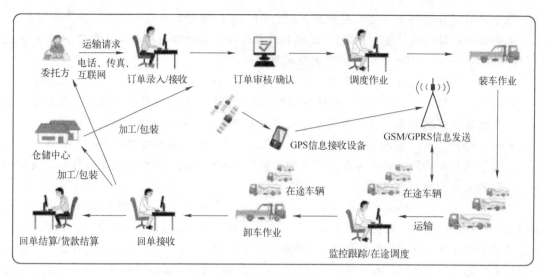

图 1-1　典型的物流操作流程

在现代物流的供应链中，港口、生产企业、仓库、运输公司以及货代公司等能提供第三方物流服务的企业和单位都是供应链上的一个节点，让这些资源最大效率地发挥作用，就是现代物流所要解决的问题，只有这样才能更好地降低企业产品的成本，从而获得更大的收益。

1.1.2　物流信息技术对现代物流的影响

1. 物流信息

物流信息（Logistics Information）是指反映物流各种活动内容的知识、资料、图像、数据和文件的总称。

2. 物流信息技术

物流信息技术是指运用于物流领域的信息技术，它是建立在计算机、网络通信技术平台上的各种技术应用，包括硬件技术和软件技术。

物流信息技术包括计算机技术、网络技术、信息分类编码技术、条码技术、射频识别技术、电子数据交换技术、全球定位系统（GPS）和地理信息系统（GIS）等。

3. 物流信息技术对现代物流的影响

现代物流的核心是信息技术的应用，信息技术是现代物流技术的核心。信息技术将原来割裂的各个技术环节整合在一起，以凸显现代物流的特征，具体地讲，信息技术对现代物流中的影响包括：

1）通过物流信息的共享，可以消除原先物流过程中的时滞和不增值的环节。互联网技术则恰好为物流管理提供了良好的运作平台。在网络环境下，供应链中的各个节点企业能更好地实现信息共享，使企业可以提高生产力，降低了物流企业的运行成本，为产品提供更大的附加值。

2）借助于现代信息技术，物流企业可以整合原来无法整合的物流的各个环节。出现了专门从事整合性业务的业态——"第三方物流"，进而出现"第四方物流"，即从事物流业务的企业甚至不需要自己直接具备承担物资物理移动的能力，而是借助于自身所拥有的信息

4

技术处理物流的需求供给信息，就可以开展物流服务。

3）信息技术促进了物流与商流的分离，以往物流与商流结合在一起流动，交易一次，商品易手一次。而随着市场经济的发展，商流和物流开始分离，并按各自的规律和渠道独立运行，信息技术正促进着这种分离的实现。

4）信息技术促使物流传输方式产生新变化。互联网是现代物流活动中最大的载体，人们可以通过互联网获得各种有关的物流商品信息。用户只需通过网络订货，剩余的工作就可以由物流企业的配送中心来完成。同时，有些商品可以通过更为简单的方式获得，如音乐、电影、游戏、图片、电子图书、计算机软件、教学课程和以标准的电子信息形式存放的商品等都可以从网上直接下载。

1.2 物流信息技术

1.2.1 信息技术与物流信息技术

1. 信息技术的概念

信息技术（Information Technology，IT）是主要用于管理和处理信息所采用的各种技术的总称，一切与信息的获取、加工、表达、交流、管理和评价等有关的技术都可以称为信息技术。它主要是应用计算机科学和通信技术来设计、开发、安装和实施信息系统的应用软件。它也常被称为信息和通信技术（Information and Communications Technology，ICT），主要包括传感技术、计算机技术和通信技术。

2. 信息技术基础

（1）网络技术

网络技术是从 20 世纪 90 年代中期发展起来的，它把互联网上分散的资源融合为有机整体，实现资源的全面共享和充分协作。网络资源包括高性能计算机、存储资源、数据资源、信息资源、知识资源、专家资源、大型数据库、网络和传感器等。网络可以包括互联网、地区性的网络、企事业内部网络，甚至家庭网络。网络的根本特征并不一定是它的规模，而是资源共享，消除资源孤岛。

网络的关键技术有网络节点、宽带网络系统、资源管理和任务调度工具、应用层的可视化工具。网络节点是网络计算资源的提供者，包括高端服务器、集群系统、MPP 系统大型存储设备和数据库等；宽带网络系统是在网络计算环境中提供高性能通信的必要手段；资源管理和任务调度工具用来解决资源的描述、组织和管理等关键问题，任务调度工具根据当前系统的负载情况对系统内的任务进行动态调度，提高系统的运行效率；网络计算主要是科学计算，它往往伴随着海量数据。如果把计算结果转换成直观的图形信息，能帮助研究人员摆脱理解数据的困难，这需要开发能在网络计算中传输和读取，并提供友好用户界面的可视化工具。

（2）数据库技术

数据库技术是计算机科学技术的一个重要分支。从 20 世纪 50 年代中期开始，计算机应用从科学研究部门扩展到企业管理及政府行政部门，人们对数据处理的要求也越来越高。1968 年，世界上诞生了第一个商业化的信息管理系统（Information Management System，IMS），从此，数据库技术得到了迅猛发展。在互联网广泛应用的今天，互联网上海量的数据使得数据库技术的重要性更加得以凸显。如今数据库已经成为信息管理、办公自动化、计算机辅助设计等应用的主要软件工具之一，帮助人们处理各种各样的信息数据，例如工程数据库、统计数据库、科学数据库、空间数据库、地理数据库等。

（3）信息安全技术

信息安全技术包括密码技术、网络安全技术、数据灾难和数据恢复技术、操作系统维护技术、网络组网和维护技术等。

信息安全本身涵盖的范围很广，其中包括如何防范商业或企业机密的泄露、防范青少年对不良信息的浏览、防范个人信息的泄露等。网络环境下的信息安全体系是保证信息安全的关键，其包括计算机安全操作系统、各种安全协议、安全机制（数字签名、消息认证、数据加密等），甚至安全系统，例如 UniNAC、DLP 等，只要存在安全漏洞便可以威胁全局安全。

目前，常用的信息安全技术主要有信息加密技术、信息确认技术、网络控制技术。

信息加密技术是利用数学或物理手段对电子信息在传输过程中和存储器内进行保护，以防止信息泄露的技术。保密通信、计算机密钥、防复制软盘等都属于信息加密技术。通信过程中的加密主要是采用密码（在数字通信中可利用计算机采用加密算法），改变负载信息的数码结构等方法。计算机信息保护则以软件加密为主。目前世界上最流行的几种加密体制和加密算法有 RSA 算法和 CCEP 算法等。为防止破密，加密软件还常采用硬件加密和加密 U 盘。信息加密技术是保障信息安全的最基本、最重要的技术，它是用众多的加密算法来实现的。例如，世界上最早被公认的密码算法标准 DES 就是采用 56 比特长的密钥将 64 比特长的数据加密成等长密文的技术。在多数情况下，信息加密被认为是保证信息机密性的唯一方法。它的特点是用最小的代价获得最大的安全保护。

信息确认技术是通过严格限定信息的共享范围来达到防止信息被伪造、篡改和假冒的技术。通过信息确认，应使合法的接收者能够验证他所收到的信息是否真实；使发信者无法抵赖他发信的事实；使除了合法的发信者之外，别人无法伪造信息。一个安全的信息确认方案应该达到以下几点：其一，合法的接收者能够验证他收到的消息是否真实；其二，发信者无法抵赖自己发出的信息；其三，除合法发信者外，别人无法伪造消息；其四，发生争执时可由第三方仲裁。按照其具体目的，信息确认系统可分为消息确认、身份确认和数字签名三部分。

常用的网络控制技术包括防火墙技术、审计技术、访问控制技术和安全协议等。其中，大家比较熟悉的防火墙技术是一种允许获得授权的外部人员访问网络，而又能够识别和抵制非授权者访问网络的安全技术，它起到确保网上的信息安全、合理、有序流动的作用。审计技术能自动记录网络中机器的使用时间、敏感操作和违纪操作等，它是对系统事故分析的主要依据之一。访问控制技术是能识别用户对其信息库有无访问的权利，并对不同的用户赋予不同访问权利的一种技术。访问控制技术还可以使系统管理员跟踪用户在网络中的活动，及时发现并拒绝"黑客"的入侵。安全协议则是实现身份鉴别、密钥分配、数据加密等的安全机制。整个网络系统的安全强度实际上取决于所使用的安全协议的安全性。

（4）物联网技术

物联网技术（Internet of Things，IoT）的核心和基础仍然是"下一代互联网技术"，是在互联网技术基础上的延伸和扩展的一种网络技术，以下一代互联网为核心的物联网如

图 1-2 所示。物联网技术的定义是通过射频识别（RFID）、红外感应器、全球定位系统和激光扫描器等信息传感设备按约定的协议将任何物品与互联网相连接，进行信息交换和通信，以实现智能化识别、定位、追踪、监控和管理的一种网络技术。

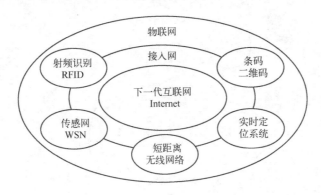

图 1-2　以下一代互联网为核心的物联网

物联网的诞生——"特洛伊"咖啡壶

1991 年，剑桥大学特洛伊计算机实验室的科学家们在工作时要下两层楼梯到楼下看咖啡煮好了没有，但常常空手而归，这让工作人员觉得很烦恼。为了解决这个问题，他们编写了一套程序，并在咖啡壶旁边安装了一个便携式摄像机，镜头对准咖啡壶，利用计算机图像捕捉技术以 3 帧/s 的速率将图像传递到实验室的计算机上，以方便工作人员随时查看咖啡是否煮好。这样，他们就可以随时了解煮咖啡的情况，等咖啡煮好了之后再下楼去拿，省去了上楼下楼的麻烦。

1993 年，这套简单的本地"咖啡观测"系统经过更新，更是以 1 帧/s 的速率通过实验室网站链接到了互联网上。没想到的是，仅仅为了窥探"咖啡煮好了没有"，全世界互联网用户蜂拥而至，近 240 万人点击过这个名噪一时的"咖啡壶"网站。

物联网应用涉及国民经济和人类社会生活的方方面面，因此，物联网被称为是继计算机和互联网之后的第三次信息技术革命。信息时代，物联网无处不在，物联网的应用领域如图 1-3 所示。

由于物联网具有实时性和交互性的特点，因此其有如下主要应用领域。

（1）城市管理

1）智能交通（公路、桥梁、公交、停车场等）。物联网技术可以自动检测并报告公路、桥梁的"健康状况"，还可以避免过载的车辆经过桥梁，并能够根据光线强度对路灯进行自动开关控制。

在交通控制方面，可以通过检测设备，在道路拥堵或特殊情况时自动调配红绿灯，并可以向车主预告拥堵路段、推荐最佳行驶路线。

在公交方面，物联网技术构建的智能公交系统通过综合运用网络通信、GIS 地理信息、GPS 定位及电子控制等手段，集智能运营调度、电子站牌发布、IC 卡收费和 BRT（快速公交系统）管理等于一体。公交公司通过该系统可以详细地掌握每辆公交车每天的运行状况。另外，在公交候车站台上通过定位系统可以准确地显示等候下一趟公交车需要的时间，还可以通过公交查询系统查询最佳的公交换乘方案。

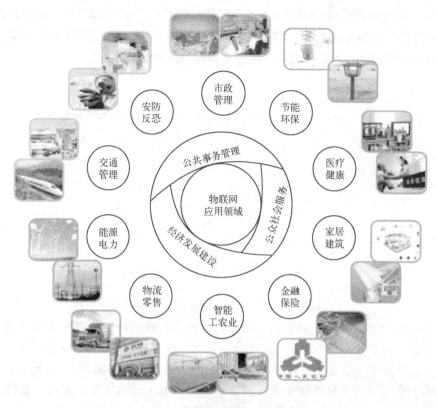

图 1-3　物联网的应用领域

　　停车难的问题在现代城市中已经引发社会各界的热烈关注，通过应用物联网技术可以帮助人们更好地找到停车位。智能化的停车场通过采用超声波传感器、摄像感应、地感性传感器、太阳能供电等技术在第一时间感应到车辆停入，然后立即反馈到公共停车智能管理平台，显示当前的停车位数量。同时将周边地段的停车场信息整合到一起，作为市民的停车向导，这样能够大大缩短找车位的时间。

　　2）智能建筑（绿色照明、安全检测等）。通过感应技术，建筑物内的照明灯能自动调节光亮度，实现节能环保，建筑物的运作状况也能通过物联网及时发送给管理者。同时，建筑物与 GPS 系统实时连接，在电子地图上准确、及时地反映出建筑物空间地理位置、安全状况和人流量等信息。

　　3）文物保护和数字博物馆。数字博物馆采用物联网技术，通过对文物保存环境的温度、湿度、光照、降尘和有害气体等进行长期监测和控制，建立长期的藏品环境参数数据库，研究文物藏品和环境影响因素之间的关系，创造最佳的文物保存环境，实现对文物损坏的有效控制。

　　4）古迹、古树实时监测。通过物联网可以采集古迹、古树的年龄、气候和损毁等状态信息，及时做出数据分析和保护措施。

　　在古迹保护上，实时监测能选择性地将有代表性的景点图像传递到互联网上，让景区对全世界做现场直播，达到扩大知名度和广泛吸引游客的目的。另外，还可以实时建立景区内部的电子导游系统。

5）数字图书馆和数字档案馆。使用 RFID 设备的图书馆/档案馆，从文献的采访、分编、加工到流通、典藏和读者证/卡，RFID 标签和阅读器已经完全取代了原有的条码和磁条等传统设备。将 RFID 技术和图书馆数字化系统相结合，能够实现架位标识、文献定位导航和智能分拣等。

应用物联网技术的自助图书馆，借书和还书都是自助的。借书时只要把身份证或借书卡插进读卡器里，再把要借的书在扫描器上扫一下就可以了。还书过程更简单，只要把书投进还书口，传送设备就会自动把书送到书库。同样通过扫描装置，工作人员能迅速地知道书的类别和位置，以进行分拣。

（2）数字家庭

如果简单地将家庭里的消费电子产品连接起来，那么只是用一个多功能遥控器控制所有终端，仅仅实现了电视与计算机、手机的连接，这不是发展数字家庭产业的初衷。只有在连接家庭设备的同时通过物联网与外部的服务连接起来，才能真正实现服务与设备互动。有了物联网，就可以在办公室控制家庭电器的操作运行，实现这些场景：在下班回家的途中，家里的饭菜已经煮熟，洗澡的热水已经烧好，个性化电视节目将会准点播放，家庭设施能够自动报修，冰箱里的食物能够自动补货。

（3）导航定位

物联网与卫星定位技术、GSM/GPRS/CDMA 移动通信技术、GIS 地理信息系统相结合，能够在互联网和移动通信网络覆盖范围内使用 GPS 技术，导航定位设备使用和维护成本大大降低，并能实现端到端的多向互动。

（4）现代物流管理

通过在物流商品中植入传感芯片（节点），供应链上的购买、生产制造、包装/装卸、堆栈、运输、配送/分销、出售、服务每一个环节都能准确无误地被感知和掌握。这些感知信息与后台的 GIS/GPS 数据库无缝结合，成为极具价值的物流信息。

（5）食品安全控制

食品安全是国计民生的重中之重。通过标签识别和物联网技术可以随时随地地对食品生产过程进行实时监控，对食品质量进行联动跟踪，对食品安全事故进行有效预防，极大地提高食品安全的管理水平。

（6）零售

RFID 取代零售业的传统条码系统（Barcode），使物品识别的穿透性（主要指穿透金属和液体）、远距离跟踪以及商品的防盗有了极大改进。

（7）数字医疗

以 RFID 为代表的自动识别技术可以帮助医院实现对病人不间断地监控、会诊和共享医疗记录，以及对医疗器械的追踪等。而物联网可将这种服务扩展至全世界范围。RFID 技术与医院信息系统（HIS）及药品物流系统的融合是医疗信息化的必然趋势。

（8）防入侵系统

通过成千上万个覆盖地面、栅栏和低空探测的传感节点，防止入侵者的翻越、偷渡、恐怖袭击等攻击性入侵。上海机场和上海世界博览会已成功采用了该技术。

据预测，到 2035 年前后，中国的物联网终端将达到数千亿个。随着物联网的应用普及，形成我国的物联网标准规范和核心技术成为业界发展的重要举措，解决好信息安全技术是物联网发展面临的迫切问题。

（9）云计算

云计算（Cloud Computing）是基于互联网的相关服务的增加、使用和交互模式，通常涉及通过互联网来提供动态易扩展且经常是虚拟化的资源，云是互联网和底层基础设施的抽象。云计算示意图如图 1-4 所示。云计算甚至可以让用户体验每秒 10 万亿次的运算能力，拥有这么强大的计算能力可以模拟核爆炸、预测气候变化和市场发展趋势。

图 1-4 云计算示意图

云计算包括以下几个层次的服务：基础设施即服务（IaaS）、平台即服务（PaaS）和软件即服务（SaaS），云计算的 3 个层次如图 1-5 所示。

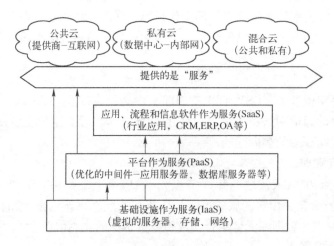

图 1-5 云计算的 3 个层次

- IaaS（Infrastructure-as-a-Service）：基础设施即服务。消费者通过互联网可以从完善的计算机基础设施获得服务，例如硬件服务器租用。
- PaaS（Platform-as-a-Service）：平台即服务。PaaS 实际上是指将软件研发的平台作为一种服务，以 SaaS 的模式提交给用户。因此，PaaS 也是 SaaS 模式的一种应用。但是，PaaS 的出现可以加快 SaaS 的发展，尤其是加快 SaaS 应用的开发速度。例如软件的个性化定制开发。
- SaaS（Software-as-a-Service）：软件即服务。它是一种通过互联网提供软件的模式，用户无须购买软件，而是向提供商租用基于 Web 的软件来管理企业经营活动。例如阳光云服务器。

云计算的应用包括以下几种。

1）电子邮箱：作为最流行的通信服务，电子邮箱为人们提供了更快、更可靠的交流方式。传统的电子邮箱使用本地物理存储器来存储通信数据，而云计算使得电子邮箱可以使用云端的存储资源来存储、查看和发送邮件，用户可以在任何地点、任何设备和任何时间访问自己的邮件，企业可以使用云计算技术让它们的邮箱服务系统变得更加稳固。

2）数据存储：云计算的出现，使本地存储变得不再必需。用户可以将所需要的文件、数据存储在互联网上的某个地方，以便随时随地访问。来自云服务商的各种在线存储服务将为用户提供广泛的产品选择和独有的安全保障，使其能够在免费和专属方案之间自由选择。

3）商务合作：共享式的商务合作模式，使得企业可以忽略消耗大量时间和金钱的系统设备和软件，只需接入云端的应用便可以邀请伙伴展开相应业务，这种类似于即时通信的应用一般都会为用户提供特定的工作环境，协作时长可以从几个月到几个小时不等。总之，一切为用户需求而打造。

4）虚拟办公：对于云计算来说，最常见的应用场景可能就是让企业"租"服务而不是"买"软件来开展业务部署。除了 Google Docs 这一最受欢迎的虚拟办公系统外，还有很多其他的解决方案，例如 Thinkfree 和微软 Office Live 等。使用虚拟办公应用的主要好处是，它不会因为"个头太大"而导致用户的设备"超载"，它将企业的关注点集中在公司业务上，通过改进的可访问性，为轻量办公提供保证。

5）业务扩展：在企业需要进行业务拓展时，云计算的独特好处便显现出来。基于云的解决方案可以使企业以较小的额外成本获得计算能力的弹性提升。大部分云服务商都可以满足用户的定制化需求，企业完全可以根据现有业务量来决定所需要投资的计算成本，而无须对未来的扩张有所顾虑。

（10）大数据技术

大数据（Big Data）又称巨量数据，指的是所涉及的数据量规模巨大到无法通过目前主流软件工具在合理时间内达到撷取、管理、处理，并整理成为帮助企业经营决策的数据。在维克托·迈尔-舍恩伯格及肯尼斯·库克耶编写的《大数据时代》中，大数据指不用随机分析（抽样调查）的方法，而采用所有数据进行分析处理。大数据具有的 4 V 特点为 Volume（大量）、Velocity（高速）、Variety（多样）和 Value（价值）。

大数据包括大数据技术、大数据工程、大数据科学和大数据应用等领域。所谓大数据技术，就是从各种各样类型的数据中，快速获得有价值信息的技术。大数据的应用是利用大数据分析的结果，为客户提供辅助决策，发掘潜在价值的过程。大数据工程指大数据的规划建设运营管理的系统工程；大数据科学关注大数据网络发展，和在运营过程中发现与验证大数据的规律及其与自然和社会活动之间的关系。

物联网、云计算、移动互联网、车联网、手机、平板计算机、PC 以及遍布世界各个角落的各种各样的传感器，无一不是大数据的来源或者承载的方式。

大数据应用包括以下一些经典的案例。

1）医疗大数据，看病更高效。借助大数据平台，可以收集不同病例和治疗方案，以及病人的基本特征，可以建立针对疾病特点的数据库。如果未来基因技术发展成熟，可以根据病人的基因序列特点进行分类，建立医疗行业的病人分类数据库。在医生诊断病人时可以参考病人的疾病特征、化验报告和检测报告，参考疾病数据库来快速帮助病人确诊，明确定位疾病。同时这些数据也有利于医药行业开发出更加有效的药物和医疗器械。

2）大数据成为互联网金融助推器。随着经济的快速发展，金融政策的开放，基于互联网应用的特有技术，推动了新的商业模式、产品、服务、功能在金融业内出现，互联网金融快速崛起。大数据在加强风险可控性、支持精细化管理方面助推了互联网金融，尤其是信贷服务模式的发展。蚂蚁金服通过分析客户消费行为，形成芝麻信用，以此为依据，发放信用贷款，成为大数据应用互联网金融的典型代表。

3）盒马鲜生选址定位。盒马鲜生可以说是在线下门店利润大幅度被网上购物挤压下滑的情况下，利用大数据打开了生鲜新零售的大门，成为一个"异类"。盒马鲜生对于大数据的应用主要有：

① 利用电商平台累计的用户、快递地址等线上数据来提供大数据选址、选品。

② 利用热力感应等黑科技等来抓取用户到店的信息。

③ 利用支付宝支付，在强推支付宝的同时，实现对用户消费行为大数据的挖掘和分析，利用场景和 app 的链接，使得人可以数据化，货可以数据化，支付可以数据化。

用阿里的话说，通过数据来实现对"人货场"的改造。且不说大家对于它的褒贬不一，单就选址定位这一点，就足以体现阿里巴巴为什么那么重视大数据的能力。

4）物流大数据解决运输路线优化。通过运用大数据，物流运输效率将得到大幅提高，大数据为物流企业间搭建起沟通的桥梁，物流车辆行车路径也将被最短化、最优化定制。美国 UPS 公司使用大数据优化送货路线，配送人员不需要自己思考配送路径是否最优。UPS 采用大数据系统可实时分析 20 万种可能路线，3 秒钟找出最佳路径。

3. 物流信息技术

物流信息技术可以分为 4 个层次。

1）物流信息基础技术：即有关元件、器件的制造技术，它是整个物流信息技术的基础。例如微电子技术、光子技术、光电子技术、分子电子技术等。

2）物流信息系统技术：即有关物流信息的获取、传输、处理、控制的设备和系统的技术，它是建立在物流信息基础技术之上的，是整个信息技术的核心。其内容主要包括物流信息获取技术、物流信息传输技术、物流信息处理技术及物流信息控制技术。

3）物流信息应用技术：即基于管理信息系统（MIS）技术、优化技术和计算机集成制造系统（CIMS）技术而设计出的各种物流自动化设备和物流信息管理系统，例如自动化分拣与传输设备、自动导引车（AGV）、集装箱自动装卸设备、仓储管理系统（WMS）、运输管理系统（TMS）、配送优化系统、全球定位系统（GPS）、地理信息系统（GIS）等。

4）物流信息安全技术：即确保物流信息安全的技术，主要包括密码技术、防火墙技术、病毒防治技术、身份鉴别技术、访问控制技术、备份与恢复技术和数据库安全技术等。

1.2.2　国内外物流信息化的现状及发展趋势

1. 我国物流业发展面临的形势

当前，经济全球化趋势深入发展，网络信息技术革命带动新技术、新业态不断涌现，物流业发展面临的机遇与挑战并存。伴随着全面深化改革，工业化、信息化、新型城镇化和农业现代化进程持续推进，产业结构调整和居民消费升级步伐不断加快，我国物流业的发展空间越来越广阔。

1）物流需求快速增长：农业现代化对大宗农产品物流和鲜活农产品冷链物流的需求不断增长。新型工业化要求加快建立规模化、现代化的制造业物流服务体系。居民消费升级以及新型城镇化步伐加快，迫切需要建立更加完善、便捷、高效、安全的消费品物流配送体系。此外，电子商务、网络消费等新兴业态快速发展，快递物流等需求也将继续快速增长。

2）新技术、新管理不断出现：信息技术和供应链管理不断发展并在物流业得到广泛运用，为广大生产流通企业提供了越来越低成本、高效率、多样化和精益化的物流服务，推动制造业专注核心业务和商贸业优化内部分工，以新技术、新管理为核心的现代物流体系逐步形成。随着城乡居民消费能力的增强和消费方式的逐步转变，全社会物流服务能力和效率持续提升，物流成本进一步降低，流通效率明显提高，物流业市场竞争加剧。

3) 资源环境约束日益加强：随着社会物流规模的快速扩大、能源消耗和环境污染状况的加重、城市交通压力的加大，传统的物流运作模式已难以为继。按照建设生态文明的要求，必须加快运用先进运营管理理念，不断提高信息化、标准化和自动化水平，促进一体化运作和网络化经营，大力发展绿色物流，推动节能减排，切实降低能耗、减少排放和缓解交通压力。

4) 国际竞争日趋激烈：随着国际产业转移步伐不断加快和服务贸易的快速发展，全球采购、全球生产和全球销售的物流发展模式正在日益形成，迫切要求我国形成一批深入参与国际分工、具有国际竞争力的跨国物流企业，与主要贸易伙伴、周边国家建立便捷高效的国际物流大通道，形成具有全球影响力的国际物流中心，以应对日益激烈的全球物流企业竞争。

2. 我国物流信息化发展的趋势

（1）建设物流信息平台工程

整合现有物流信息服务平台资源，形成跨行业和区域的智能物流信息公共服务平台；加强综合运输信息、物流资源交易、电子口岸和大宗商品交易等平台建设，促进各类平台之间的互联互通和信息共享；鼓励龙头物流企业搭建面向中小物流企业的物流信息服务平台，促进货源、车源和物流服务等信息的高效匹配，有效降低货车空驶率；以统一物品编码体系为依托，建设衔接企业、消费者与政府部门的第三方公共服务平台，提供物流信息标准查询、对接服务；建设智能物流信息平台，形成集物流信息发布、在线交易、数据交换、跟踪追溯和智能分析等功能为一体的物流信息服务中心；加快推进国家交通运输物流公共信息平台建设，依托东北亚物流信息服务网络等已有平台，开展物流信息化国际合作。

（2）物流新技术开发与应用

支持货物跟踪定位、无线射频识别、可视化技术、移动信息服务、智能交通和位置服务等关键技术攻关，研发推广高性能货物搬运设备和快速分拣技术，加强沿海和内河船型、商用车运输等重要运输技术的研发应用；完善物品编码体系，推动条码和智能标签等标识技术、自动识别技术以及电子数据交换技术的广泛应用；推广物流信息编码、物流信息采集、物流载体跟踪、自动化控制、管理决策支持、信息交换与共享等领域的物流信息技术；鼓励新一代移动通信、道路交通信息通信系统、自动导引车辆、不停车收费系统以及托盘等集装单元化技术普及；推动北斗导航、物联网、云计算、大数据和移动互联等技术在产品可追溯、在线调度管理、全自动物流配送、智能配货等领域的应用。

3. 国外物流信息化发展的趋势

（1）美国

美国作为物流理念的发源地，其物流研究、设计和技术开发一直处于世界前沿，有十分成熟的物流管理经验和发达的现代物流，特别是商贸流通和生产制造企业十分重视现代物流能力的开发。从20世纪50年代物流发展初期的"实物配送"阶段到80年代的"物流"阶段，再到当今的供应链管理阶段，一直将物流战略作为企业商务战略的核心组成部分予以高度重视。

美国企业纷纷将物流信息化作为物流合理化的一个重要途径。

1）普遍采用条形码技术（Bar-Coding）和射频识别技术（RFID）提高信息采集效率和准确性；采用基于互联网的电子数据交换技术（WebEDI）进行企业内外的信息传输，实现订单录入、处理、跟踪和结算等业务处理的无纸化。

2）广泛应用仓库管理系统（WMS）和运输管理系统（TMS）来提高运输和仓储效率。

3）通过与供应商和客户的信息共享实现供应链的透明化，运用JIT、CPFR、VMI和SMI等供应链管理技术实现供应链伙伴之间的协同商务，以便"用信息替代库存"，降低供应链的物流总成本，提高供应链的竞争力。

4）借助网上采购辅助材料、网上销售多余库存等电子商务手段来降低物流成本。

物流企业高度重视信息化建设，大多采用面向客户自主开发物流信息系统的方式来实现物流信息化，并呈现以下特点：

- 物流信息服务包括预先发货通知、送达签收反馈、订单跟踪查询、库存状态查询、货物在途跟踪、运行绩效监测和管理报告等内容。
- 物流企业在客户供应链管理中发挥战略性作用，数据管理是物流外包影响供应链管理的最大因素，物流企业不仅需要在技术方面进行较大投入，而且需要具备持续改进、例外管理和流程再造能力，对技术、人才和信息基础设施的投入已成为物流企业区别竞争对手的重要手段。
- 随着客户一体化物流服务需求的提高和物流企业信息服务能力的增强，出现了基于物流信息平台通过整合和管理自身的以及其他服务提供商补充的资源、能力和技术，提供全面的供应链解决方案的第四方物流服务（4PL）。

（2）日本

物流现代化和生产现代化是日本战后经济发展的两个"车轮"。日本的物流概念于20世纪50年代从美国引入，随后发展非常迅速。无论是政府对物流的重视程度、企业对物流的管理方面，还是物流基础设施、现代化物流发展水平方面，其水平均不亚于欧美，成为现代物流管理的先进国家，在配送中心、物流产业、物流企业管理和服务、物流信息化等方面还独具特色。

日本突出"物流系统"观念，强调从社会角度构筑人文物流环境，体现可持续发展的理念，突出物流作为社会功能系统对循环型社会发展的贡献。其物流的发展对经济起到了很大的推动作用，主要特点表现为以下几个方面。

1）具有健全的政策保障体系：日本政府在物流业发展的每个阶段都制定了相关政策法规；进行了一系列政策方面的改革；20世纪70年代以来，日本政府逐步对物流系统技术进行了升级。

2）发达的交通运输业是物流业的强大支柱。

3）具有国际领先水平的物流基础设施。

4）高效的企业管理和多样化的服务内容。

5）先进的电子信息技术加快物流现代化的进程：几乎所有的专业物流企业都是通过计算机信息管理系统来处理和控制物流信息；在订货、库存管理、配送等方面广泛使用物流联网系统、电子数据交换系统、无线射频识别技术系统、卫星定位导航系统、输送过程信息系统、配货配车系统等。近年来，日本政府又调整了物流发展战略，积极倡导高附加值物流，并将物流信息技术作为重点发展方向。

（3）法国

法国物流信息化发展总体处于世界中等水平，特别是信息化应用和普及程度还不是很高，与美国、日本等物流先进国家相比还有较大差距。但近几年来，法国物流信息化的发展速度很快。法国的物流业年均增长速度在5%左右，而物流信息化发展速度年均达到10%。物流信息化应用程度比较高的行业主要集中在汽车制造业和部分专业物流企业。

法国物流信息化发展的主要特点如下：

1）物流信息化的目标模式是以提高效率为核心，而不仅仅是追求单纯的效益。

2）物流信息化的内涵是对物流的组织和管理。

3）信息化建设起点较高。

4）信息技术和信息系统的标准化程度较高，形成了一些成熟的物流信息管理软件，实用性很强。

本章小结

本章主要介绍物流信息技术对现代物流的影响，包括物流信息、物流信息技术、信息技术等的概念和对现代物流的影响，同时根据信息技术的发展和信息技术的理论基础从网络技术、数据库技术、信息安全技术、物联网技术、云计算、大数据技术等方面介绍了物流信息的技术基础，最后介绍了国内外物流信息化发展的趋势。

课后习题

1. 沃尔玛公司如何降低运输成本？
2. 现代物流的特点是什么？
3. 物联网如何在物流领域应用？
4. 云计算服务的3个层次是什么？
5. 物流信息技术的4个层次技术具体是指什么？
6. 中国物流信息平台工程建设的内容是什么？
7. 中国物流新技术开发与应用的内容是什么？

第2章　物流信息识别技术

本章要点

自动识别技术在物流过程中具有信息获取和信息录入功能，它是指通过自动（非人工手段）获取项目标识信息并且不使用键盘即可将数据实时输入计算机、程序逻辑控制器或其他微处理器控制设备的技术。

本章共包括三部分的内容：第一部分通过农民种菜刷二维码的引例介绍一维和二维条码的概念和应用；第二部分介绍无线射频技术发展、组成、工作原理和应用；第三部分通过具体的条码制作和识别的应用案例介绍一维和二维条码的生成和识别。

引例

美丽河镇农民种菜刷二维码

在内蒙古赤峰市元宝山区美丽河镇的一个日光温室大棚里，农民种菜从播种、施肥、浇水到收获等都用"发射枪"刷二维码；物联网体系中的司机、包装工、检验员在进行每一个步骤前都要刷二维码，并将操作信息及时回传至终端平台，最终形成每一棵蔬菜的电子"身份证"。

赤峰市是兴隆洼文化起源地，农耕历史可追溯至8000年前，是我国最古老的农耕文明之一。传统的农业运作如图2-1所示。美丽河镇目前有近千个日光温室大棚整齐排列着，每个大棚旁都有一座小房子，墙上印着书本大小的二维码。在一个大棚中，只见农民段秀梅走到其中一个二维码前，拿出一个名叫"发射枪"的黑盒子熟练地扫描了一下，"发射枪"的触摸显示屏上就出现了一份电子菜单，显示"播种、施肥、浇水……"。段秀梅用手指轻轻点了一下"浇水"选项，说："这就上了网啦！"。内蒙古日光温室大棚如图2-2所示。

图 2-1　传统农业运作

图 2-2　内蒙古日光温室大棚

段秀梅所说的网指的是"物联网"，它是近年来赤峰市农业信息化建设的主要成果之一。自从美丽河镇1000多亩大棚全部上了物联网后，拿"发射枪"刷二维码就成了农民的主要工作之一。段秀梅种两个大棚一年挣了35000元，是原来的5倍多。据统计，美丽河镇农民年人均纯收入已经达到了近两万元。

除了农民之外，这个物联网体系中的司机、包装工、检验员在进行每一个步骤前都要刷二维码，这样生产出来的蔬菜包装上都有一个小小的二维码。消费者只要用手机扫描一下就能看到这棵蔬菜生长的全过程，包括播种时间、每一次施肥、谁做的检测、运输车牌号等。

"这样就实现了从田间地头到餐桌的全程可追溯，保障了农产品质量。"赤峰市农牧业局种植科科长孙广文说。

2.1 条码识别技术

2.1.1 一维、二维条码的基础知识

条码自动识别技术是20世纪中叶发展并广泛应用的集光、机、电和计算机技术于一体的高新技术，它解决了计算机应用中数据采集的"瓶颈"，实现了信息快速、准确地获取和传递。就经济活动而言，物流和信息流是其重要的两个方面，条码解决了商品、产品和物流单元的标识，它为实物流和信息流的同步提供了技术手段，既经济又实用，近乎零成本，受到人们的青睐。

20世纪70年代，条码自动识别技术为POS机的自动扫描结算和信息的快速获取提供了方便、快捷、准确和可靠的途径，引领了一场商业革命。目前，在全球范围内已经有100多个国家采用条码自动识别技术实施商业POS机结算，全球已有上百万家公司或企业采用了条码自动识别技术。条码技术已经作为一种关键的信息标识和信息采集技术，不仅在商业POS机中得到应用，而且已经广泛地应用在全球各个行业，成为各国信息化建设中的一个重要部分。

1. 条码技术的产生与发展

早在20世纪40年代后期，美国人就发明了"公牛眼"条码，其形状为同心靶环。20世纪60年代后期，北美铁路系统开始采用条码系统。1967年美国超市出现了第一套条码扫描零售系统。1973年，美国统一代码委员会（UCC）建立了UPC商品条码应用系统，同年，UPC条码标准宣布。1977年，欧洲在12位的UPC-A商品条码的基础上开发出与UPC-A商品条码兼容的欧洲物品编码系统，简称EAN系统，并正式成立了欧洲物品编码协会，简称EAN。UCC/EAN-128条码于1981年被推荐应用，以标识物流单元。这样，EAN和UCC将条码技术从单独的物品标识推向整个供应链管理和服务领域。20世纪80年代，人们开始研制二维条码。目前，条码技术已应用在计算机管理的各个领域。

2. 条码的基本术语

（1）条码

条码是由一组排列规则的条、空及其对应字符组成的标记，用于表示一定的信息。条码通常用来对物品进行标识，这个物品可以是一个商品单元，例如一个杯子，也可以是一个物流单元，例如一个运送货品的托盘。

（2）码制

码制指条码符号的类型，每种类型的条码符号都是由符合特定编码规则的条和空组合而成的。每种码制都具有固定的编码容量和所规定的条码字符集，适用于不同的场合。常用的

一维条码码制包括 EAN 条码、UPC 条码、UCC/EAN-128 条码、交叉 25 条码、39 条码、93 条码和库德巴条码等。

（3）字符集

字符集是指某种码制的条码符号可以表示的字母、数字和符号的集合。例如 EAN 条码仅能表示 0 到 9 这 10 个数字字符；39 条码可表示数字字符 0~9、26 个英文字母 A~Z 以及一些特殊符号。

（4）连续性与非连续性

连续性指每个条码字符之间不存在间隔，非连续性指每个条码字符之间存在间隔。

（5）定长条码与非定长条码

定长条码是仅能表示固定字符个数的条码，非定长条码是指能表示可变字符个数的条码。例如 EAN 条码是定长条码，39 条码则为非定长条码。一般而言，定长条码由于限制了表示字符的个数，其译码的平均误读率相对较低；非定长条码具有灵活、方便等特点，但在识读过程中可能产生因信息丢失而引起错误的译码。

（6）双向可读性

条码符号的双向可读性是指从左、右两侧开始扫描都可被识别的特性。绝大多数码制都具有双向可读性，对于双向可读的条码，在识读过程中译码器要判别扫描方向。

（7）自校验特性

自校验特性是指条码字符本身具有校验特性。若在一种条码符号中，一个印刷缺陷（例如出现污点把一个窄条错认为宽条，而相邻宽空错认为窄空）不会导致替代错误，那么这种条码就具有自校验功能。例如 39 条码、交叉 25 条码都具有自校验功能，而 EAN 码、93 码等没有自校验功能，自校验功能只能校验出一个印刷缺陷。

（8）条码密度

条码密度是指单位长度条码所表示条码字符的个数。各单元的宽度越小，条码符号的密度就越高，所需扫描设备的分辨率也就越高。

（9）条码质量

条码质量指的是条码的印制质量，其判定主要从外观、条（空）反射率、条（空）尺寸误差、空白区尺寸、条高、数字和字母的尺寸、校验码、译码正确性、放大系数、印刷厚度、印刷位置几个方面进行。

3. 一维条码符号结构

一个完整的一维条形码符号由两侧空白区、起始字符、数据字符、校验字符（可选）和终止字符组成。条码符号结构如图 2-3 所示。

图 2-3 一维条码符号结构

1）空白区：没有任何印刷符或条形码信息，它通常是白的，位于条形码符号的两侧。静区的作用是提示阅读器（即扫描器）准备扫描条形码符号。

2）起始字符：条形码符号的第一位字符是起始字符，它的特殊条、空结构用于识别一个条形码符号的开始。阅读器首先确认此字符的存在，然后处理由扫描器获得的一系列脉冲。

3）数据字符：由条形码字符组成，用于代表一定的原始数据信息。

4）终止字符：条形码符号的最后一位字符是终止字符，它的特殊条、空结构用于识别一个条形码符号的结束。阅读器识别到终止字符便可以知道条形码符号已扫描完毕。

5）校验字符：在条形码制中定义了校验字符，有些码制的校验字符是必需的，有些码制的校验字符是可选的，校验字符是通过对数据字符进行一种算术运算而确定的。

4. 条码的分类

条码可分为一维条码和二维条码。就一维条码来说，按条码的长度来分可分为定长和非定长条码；按排列方式来分可分为连续型和非连续型条码；从校验方式来分可分为自校验型和非自校验型条码等。二维条码根据构成原理和结构形状的差异可分为行排式二维条码、矩阵式二维条码和邮政码。

目前使用频率最高的几种码制如下。

1）统一产品 UPC 条码：商品流通（北美）。

2）国际商品 EAN 条码：商品流通（欧洲）。

3）交叉二五码（Interleaved 2 of 5 Code）：物流系统（仓储、运输和配送）。

4）三九码（Code 3 of 9）：内部管理。

5）库德巴码（Codabar）：医疗、图书。

6）EAN/UCC-128 码：物流系统。

此外，还有一些适用于某些特殊场合的码制。

5. 条码技术的特点

条码作为一种图形识别技术，与其他识别技术相比有如下特点：便宜、数据输入速度快、易于制作、可靠准确、灵活、实用、自由度大和设备结构简单。

6. 二维条码的产生

二维条码技术是在一维条码无法满足实际应用需求的前提下产生的。一维条码通常是对物品的标识，二维条码是对物品的描述。信息量大、安全性高、读取率高和错误纠正能力强等是二维条码的主要特点。

7. 二维条码的分类

（1）行排式二维条码

行排式二维条码（又称堆积式二维条码或层排式二维条码），其编码原理是建立在一维条码基础之上，按需要堆积成两行或多行。它在编码设计、校验原理和识读方式等方面继承了一维条码的一些特点，识读设备、条码印刷与一维条码技术兼容。具有代表性的行排式二维条码是 PDF417 条码，如图 2-4 所示。

（2）矩阵式二维条码

矩阵式二维条码（又称棋盘式二维条码），它是在一个矩形空间通过黑、白像素在矩阵中的不同分布进行编码。在矩阵相应元素位置上，用点（方点、圆点或其他形状）的出现表示二进制"1"，点不出现表示二进制的"0"，点的排列组合确定了矩阵式二维条码所代表的意义。矩阵式二维条码是建立在计算机图像处理技术、组合编码原理等基础上的一种新型图形符号自动识读处理码制。具有代表性的矩阵式二维条码有 QR Code、Data Matrix、MaxiCode、龙贝码等，QR 条码如图 2-5 所示。

图 2-4　PDF417 条码　　　　　　　　图 2-5　QR 条码

2.1.2　条码的标准体系

在现代物流企业内部，通常是用条码符号来表示物流标识的编码。这种以条码符号的形式表示的编码在日常工作中对产品有自动识别的能力，使原来烦琐的人工劳动转为自动化识别，从而使整个物流作业达到快速、准确的效果。

表示物流标识编码的条码符号有不同的码制，有的码制只能标识一个内容，有的码制则能标识很多内容。本文着重介绍专门用于标识物流编码的条码码制，现在通用的主要有商品条码、储运单元条码以及贸易单元 128 码等。

1. EAN 通用商品编码

通用商品代码的结构包括 13 位代码结构（标准版）、8 位代码结构（缩短版），EAN-13 商品条码的符号结构如图 2-6 所示。

图 2-6　EAN-13 商品条码的符号结构

标准版商品条码所表示的代码由 13 位数字组成：厂商识别代码、商品项目代码和校验码。

1）厂商识别代码：厂商识别代码由国家（或地区）编码组织统一分配管理，由 7~9 位数字组成，用于对厂商的唯一标识。厂商识别代码是 EAN 编码组织在 EAN 分配的前缀码（$X_{13}X_{12}X_{11}$）的基础上分配给厂商的代码。前缀码是标识 EAN 编码组织的代码，由 EAN 统一管理和分配，其中某些会员组织的前缀码如表 2-1 所列。

表 2-1 EAN 某些会员组织的前缀码

前　缀　码	编码组织所在国家（或地区）/应用领域	前　缀　码	编码组织所在国家（或地区）/应用领域
000～019 030～039 060～139	美国	460～469	俄罗斯
020～029 040～049 200～299	店内码	471	中国台湾
050～059	优惠券	480	菲律宾
300～379	法国	489	中国香港特别行政区
400～440	德国	500～509	英国
450～459 490～499	日本	540～549	比利时和卢森堡
570～579	丹麦	840～849	西班牙
600～601	南非	870～879	荷兰
640～649	芬兰	900～919	奥地利
690～695	中国	930～939	澳大利亚
700～709	挪威	940～949	新西兰
730～739	瑞典	958	中国澳门特别行政区
754～755	加拿大	977	连续出版物
760～769	瑞士	978、979	图书
789～790	巴西	980	应收票据
800～839	意大利	981、982	普通流通券

2）商品项目代码：由 3～5 位数字组成，商品项目代码由厂商自行编码。在编制商品项目代码时，厂商必须遵守商品编码的基本原则的唯一性和无含义性。在 EAN 系统中，商品编码仅仅是一种识别商品的手段，而不是商品分类的手段。

3）校验码：最后一位数字，用于校验厂商识别代码和商品项目代码的正确性。

2. 商品条码的编码原则

在编码时必须遵守唯一性、稳定性及无含义性原则。

1）唯一性：唯一性原则是商品编码的基本原则，是指同一商品项目的商品应分配相同的商品代码，不同商品项目的商品必须分配不同的商品代码。基本特征相同的商品应视为同一商品项目。商品的基本特征项是划分商品所属类别的关键因素，包括商品名称、商标、种类、规格、数量、包装类型等；不同行业的商品，其基本特征往往不尽相同；同一行业，不同的单个企业，可根据自身的管理需求设置不同的基本特征项。

2）稳定性：稳定性原则是指商品代码一旦分配，只要商品的基本特征没有发生变化，就应保持不变。同一商品项目，无论是长期连续生产还是间断式生产，都必须采用相同的商品代码。即使该商品项目停止生产，其商品代码应至少在 4 年之内不能用于其他商品项目上。

3）无含义性：无含义性原则是指商品代码中的每一位数字不表示任何与商品有关的特

定信息，有含义的编码通常会导致编码容量的损失。厂商在编制商品项目代码时最好使用无含义的流水号。

对于一些商品，在流通过程中用户可能需要了解它们的其他附加信息，例如生产日期、有效期、批号及数量等，此时可采用应用标识符（AI）来满足附加信息的标注要求。应用标识符由2~4位数字组成，用于标识其后数据的含义和格式。

我国商品条码的结构

1）当前缀码为690、691时，EAN/UCC-13的代码结构中我国商品条码结构如图2-7所示。

图2-7　前缀为690、691时的我国商品条码结构

2）当前缀码为692~694时，EAN/UCC-13的代码结构中我国商品条码结构如图2-8所示。

图2-8　前缀为692~694时的我国商品条码结构

3. 储运单元的编码

储运单元条码是专门表示储运单元编码的一种条码，通俗地说就是商品外包装箱上使用的条码标识，它可以在全球范围内唯一识别某一包装单元的物品，从而做到在物品的运输、配送、订货收货中方便地跟踪和统计，保证数据的准确性和及时性。储运单元一般由消费单元组成的商品包装单元构成。在储运单元条码中又分为定量储运单元（由定量消费单元组成的储运单元）和变量储运单元（由变量消费单元组成的储运单元）。使用储运单元条码可以使企业方便地实现进、销、存自动化管理，商业批发、零售则可以实现物流和配送的自动化，从而大大提高工作效率，降低企业成本。

定量储运单元一般采用13位或14位数字编码。当定量储运单元同时又是定量消费单元时，应按定量消费单元进行编码，例如电冰箱等家用电器，其定量消费单元的编码等同于通用商品编码。当含相同种类的定量消费单元组成定量储运单元时，可以给每一定量储运单元分配一个区别于它所包含的消费单元代码的13位数字代码，也可用14位数字进行编码。

定量储运单元包装指示符（V）用于指示定量储运单元的不同包装，取值范围为V=1，2，…，8。定量消费单元代码是指包含在定量储运单元内的定量消费单元代码去掉校验字符后的12位数字代码。定量储运单元代码的条码标识可用14位交叉二五条码（ITF-14）标识定量储运单元。当定量储运单元同时又是定量消费单元时，应使用EAN-13条码表示，也可用EAN-128条码标识定量储运单元的14位数字代码。EAN/UCC-14的代码结构如表2-2所列。指示符N_1的赋值区间为1至9，其中1~8用于定量，9用于变量；此后的N_2至N_{14}分别表示厂商识别代码、商品项目代码和校验位。

表 2-2　EAN/UCC-14 代码结构

指示符	内含贸易项目的 EAN/UCC 标识代码	校验码
N_1	N_2 N_3 N_4 N_5 N_6 N_7 N_8 N_9 N_{10} N_{11} N_{12} N_{13}	N_{14}

变量储运单元编码由 14 位数字的主代码和 6 位数字的附加代码组成。附加代码是指包含在变量储运单元内按确定的基本计量单位（例如 kg、m 等）计量取得的商品数量。对于变量储运单元的编码符号，EAN/UCC-14 结构的编码符号一般用 ITF-14 或 UCC/EAN-128 条码符号标识，附加代码用 ITF-6（6 位交叉二五条码）标识，变量储运单元的主代码和附加代码也可以用 EAN-128 条码标识。

最常见的储运单元条码为 ITF-14 码，用 14 位数字代码进行标识，其信息结构如图 2-9 所示。

0 690123 456789 2

图 2-9　ITF-14 码信息结构

4. 贸易单元 128

贸易单元 128 条码（以下简称 128 条码）是一种连续型、非定长和有含义的高密度代码，其字符集包括全部 ASCII 字符，通过应用标识符可标识所有物流信息。128 条码是物流条码实施的关键，它能够更多地标识贸易单元的信息，例如产品批号、数量、规格、生产日期、有效期、交货地等，使物流条码成为贸易中的重要工具，EAN-128 条码信息结构如图 2-10 所示。

(01)10612222344566

图 2-10　EAN-128 条码信息结构

2.1.3　物流条码的识别技术

1. 条码系统的组成

条码系统由条码、识读设备、计算机及通信系统组成。系统设计主要考虑 3 个因素，即条码设计、符号印制和识读设备。条码系统有许多不同大小和形状，所要求的系统的复杂性取决于应用程序。一个基本的条码扫描系统从根本上细分为以下 4 个部分：

（1）条码打印机

条码打印机是条码系统的第一个组成部分。用户可以使用预先设定的模板设计标签，然后使用条码打印机打印条码标签。条码打印机如图 2-11 所示。

（2）条码标签

如上所述，用户需要用条码打印机打印条码标签，此外还需要一些软件应用程序，可以设计自己的标签。一个项目标签可以包含任何文本、图形或条码信息。此外，它们已经遵守标签模板，例如汽车行业的特定行业的标签。

图 2-11　条码打印机

（3）数据采集扫描设备

在数据收集阶段，通过扫描仪可即时、准确地阅读使用、捕捉和破译条形码标签中包含的信息。扫描器读取信息更快、更可靠。因此，大大降低了发生错误的可能性。通常有两种不同类型的扫描仪：接触和非接触式。这两种类型的扫描仪还有另外一个重要属性，那就是它们是解码还是非解码。

（4）捕获数据到外部数据库

最后一个组件建立了一个简单的条形码系统，即数据库。仅仅创造和进行条形码扫描并不意味着已经完成了一个完整的、有效的条码系统。为了能够有效地使用所创建的扫描代码，需要某种类型的数据库信息。小型数据库可采用 Excel 文件或 Access 数据库。

2. 条码识别系统的组成

为了阅读出条形码所代表的信息，需要一套条形码识别系统，它由条形码扫描器、放大整形电路、译码接口电路和计算机系统等组成，条形码识读系统结构如图 2-12 所示。

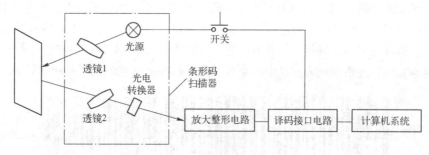

图 2-12　条形码识读系统结构图

各部分的工作原理如下。

（1）条形码扫描器

因为不同颜色的物体反射的可见光的波长不同，白色物体能反射各种波长的可见光，黑色物体则吸收各种波长的可见光，所以当条形码扫描器光源发出的光经光阑及凸透镜 1 后照射到黑白相间的条形码上时，反射光经凸透镜 2 聚焦后照射到光电转换器上，于是光电转换器接收到与白条和黑条相应的强弱不同的反射光信号，并转换成相应的电信号输出到放大整形电路。

（2）放大整形电路

由光电转换器输出的与条形码的条和空相应的电信号一般仅为 10 mV 左右，不能直接使用，因而要先将光电转换器输出的电信号送到放大器放大。放大后的电信号仍然是一个模拟电信号，为了避免由条形码中的疵点和污点导致错误信号，在放大电路后需加上整形电路，把模拟信号转换成数字电信号，以便计算机系统能准确判读。

（3）译码接口电路

整形电路的脉冲数字信号经译码器译成数字、字符信息。它通过识别起始、终止字符来判别条形码符号的码制及扫描方向，通过测量脉冲数字电信号 0、1 的数目来判别条和空的数目，通过测量 0、1 信号持续的时间来判别条和空的宽度，这样便得到了被辨读条形码符号的条和空的数目及相应的宽度和所用码制。根据码制所对应的编码规则便可将条形符号转换成相应的数字、字符信息，通过接口电路送给计算机系统进行数据处理与管理，便完成了条形码辨读的全过程。

3. 条码扫描器

条码扫描器通常也被人们称为条码扫描枪/阅读器，它是用于读取条码所包含信息的设备，可分为一维、二维条码扫描器。条码扫描器的结构通常包括以下几个部分：光源、接收装置、光电转换部件、译码电路、计算机接口。

扫描枪的基本工作原理：由光源发出的光线经过光学系统照射到条码符号上面，被反射回来的光经过光学系统成像在光电转换器上，经译码器解释为计算机可以直接接受的数字信号。条码扫描器还可分为CCD、全角度激光和激光手持式条码扫描器。

普通的条码阅读器通常有以4种类型：光笔、CCD阅读器、激光扫描仪和影像型红光条码阅读器。

（1）光笔

光笔的工作原理：光笔是最先出现的一种手持接触式条码阅读器，它也是最经济的一种条码阅读器。使用时，操作者需将光笔接触到条码表面，通过光笔的镜头发出一个很小的光点，当这个光点从左到右划过条码时，在"空"部分，光线被反射，在"条"部分，光线将被吸收，因此在光笔内部产生一个变化的电压，这个电压通过放大、整形后用于译码，光笔扫描如图2-13所示。

光笔的优点：与条码接触阅读，能够明确哪一个是被阅读的条码；阅读条码的长度可以不受限制；与其他阅读器相比成本较低；内部没有移动部件，比较坚固；体积小，重量轻。缺点：使用光笔会受到各种限制，在一些场合不适合接触阅读条码；只有在比较平坦的表面上阅读指定密度的、打印质量较好的条码时光笔才能发挥它的作用；操作人员需要经过一定的训练才能使用，例如阅读速度、阅读角度以及使用的压力不当都会影响它的阅读性

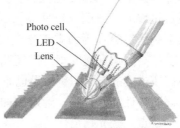

图2-13　光笔扫描

能；因为它必须接触阅读，当条码在因保存不当而产生损坏，或者上面有一层保护膜时，光笔都不能使用；光笔的首读成功率低及误码率较高。

（2）CCD阅读器

CCD阅读器的工作原理：CCD为电子耦合器件（Charge-Coupled Device），比较适合近距离和接触阅读，它的价格没有激光阅读器高，而且内部没有移动部件。

CCD阅读器使用一个或多个LED，发出的光线能够覆盖整个条码，条码的图像被每个单独的光电二极管采样，由探测结果（"黑"或"白"）区分每一个条或空，从而确定条码的字符。换而言之，CCD阅读器不是注意阅读每一个"条"或"空"，而是条码的整个部分，并转换成可以译码的电信号。

优点：与其他阅读器相比，CCD阅读器的价格较便宜，阅读条码的密度广泛、容易使用。它的重量比激光阅读器轻，而且不像光笔一样只能接触阅读。

缺点：CCD阅读器的局限在于它的阅读景深和阅读宽度，在需要阅读印在弧形表面的条码（例如饮料罐）时会有困难；在一些需要远距离阅读的场合，例如仓库区域，也不是很适合；CCD阅读器的防摔性能较差，因此产生的故障率较高；在所要阅读的条码比较宽时，CCD阅读器也不是很好的选择，信息很长或密度很低的条码很容易超出扫描头的阅读范围，导致条码不可读；而且在某些采取多个LED的条码阅读器中，任意一个LED故障都

会导致不能阅读；大部分CCD阅读器的首读成功率较低，且误码概率高。

（3）激光扫描仪

激光扫描仪是各种扫描器中价格相对较高的，但它所能提供的各项功能指标也最高，因此在各个行业中被广泛采用。

激光扫描仪的基本工作原理：激光扫描仪通过一个激光二极管发出一束光线，照射到一个旋转的棱镜或来回摆动的镜子上，反射后的光线穿过阅读窗照射到条码表面，光线经过条或空的反射后返回阅读器，由一个镜子进行采集、聚焦，通过光电转换器转换成电信号，该信号将通过扫描器或终端上的译码软件进行译码。

激光扫描仪分为手持和固定两种形式，手持激光扫描仪连接方便简单、使用灵活；固定式激光扫描仪适用于阅读量较大、条码较小的场合，能够有效解放使用者的双手。蓝牙激光手持扫描仪如图2-14所示。

优点：激光扫描仪可以很出色地用于非接触扫描，通常情况下，在阅读距离超过30 cm时激光阅读器是唯一的选择；激光阅读条码的密度范围广，并可以阅读不规则的条码表面或透过玻璃、透明胶纸阅读，因为是非接触阅读，因此不会损坏条码标签；因为有较先进的阅读及解码系统，首读识别

图2-14　蓝牙激光手持扫描仪

成功率高、识别速度相对光笔和CCD更快，而且对印刷质量不好或模糊的条码识别效果也非常好；误码率极低（仅约为三百万分之一）；激光阅读器的防震防摔性能也很好，例如SymbolLS4000系列的扫描仪，可抗距地面1.5 m的水泥地摔撞。

缺点：激光扫描仪的唯一缺点是它的价格相对较高，但如果从购买费用与使用费用的总和计算，它与CCD阅读器并没有太大的区别。

（4）影像型红光条码阅读器

影像型红光条码阅读器是一款可替代激光枪的条码阅读器，其扫描景深达30 cm，配合高达300次/秒的扫描速度，使其具有优异的读码性能；独特的影像式设计，令其解码能力极强，一般扫描器无法识读的条码，影像红光仍可轻松识读；通过智能接口，只需更换线缆就可实现键盘、RS232串口和USB等接口的转换，同时，还可直接连接笔记本计算机；还可通过软件对其进行设置和软件升级；其丰富的数据编辑功能可使影像型红光扫描器与用户现有的软件充分配合。

4. 各种条码扫描器

（1）手持式条码扫描器——商用级扫描器

结构轻巧、造型美观、成本低廉，主要应用于办公室、医院、零售业和轻工业等场合，商用级扫描器如图2-15所示。

图2-15　商用级扫描器

（2）手持式条码扫描器——工业级扫描器

结构坚固、密封防尘、耐冲击和耐高/低温，主要应用于工厂、仓库、物流中心以及对产品的强度和耐久性要求较高的环境中，工业级扫描器如图2-16所示。

（3）手持式条码扫描器——长景深扫描器

其主要应用于仓库和物流中心，可以扫描1.5~10 m远的条码，其通常是工业级的产品，长景深扫描器如图2-17所示。

图 2-16　工业级扫描器　　　　图 2-17　长景深扫描器

（4）手持式条码扫描器——二维条码扫描器

手持式条码扫描器可像一般的激光扫描仪一样对一维和二维码进行极速扫描，无须降低扫描质量或性能就可以实现二维条码扫描。如图 2-18 所示。

（5）手持式条码扫描器——无线手持扫描器

无线条码扫描器配备大容量可充电电池，以无线通信方式代替线缆连接，摆脱了与固定计算机之间的距离限制，可移动作业。常用的无线通信技术有 2.4 GHz 扩频无线电或 2.4 GHz 无线蓝牙，无线手持扫描器如图 2-19 所示。

图 2-18　二维条码扫描器　　　　图 2-19　无线手持扫描器

（6）台式条码扫描器

在零售连锁店、便利店、书店或药店，收银员通常要将商品拿到柜台上进行条码扫描。台式条码扫描器结构紧凑，可放在收银柜台上，与 POS 系统连接，台式条码扫描器如图 2-20 所示。

（7）固定式条码扫描器

在生产线上自动控制或跟踪在制品，或者在传送带上自动分拣物品，都需要自动地扫描条码，固定式条码扫描器如图 2-21 所示。

图 2-20　台式条码扫描器　　　　图 2-21　固定式条码扫描器

2.1.4 一维、二维条码在物流中的应用

1. 条码在商品流通中的应用

超市中的商品流通包括收货、入库、点仓、出库、查价、销售和盘点等。

1）收货：收货部员工手持无线手提终端，通过无线网与主机连接的无线手提终端上已有此次要收的货品的名称、数量、货号等资料，通过扫描货物自带的条码确认货号，再输入此货物的数量，无线手提终端上便可马上显示此货物是否符合订单的要求。如果符合，便把货物送到入库步骤。

2）入库和出库：入库和出库其实是仓库部门重复以上的步骤，增加这一步是为了方便管理，落实各部门的责任，也可防止有些货物收货后需直接进入商场而不入库所产生的混乱。

3）点仓：点仓是仓库部门最重要，也是最必要的一道工序。仓库部员工手持无线手提终端（通过无线网与主机连接的无线手提终端上已经有各商品的货号、摆放位置、具体数量等资料）扫描货品的条码确认货号、数量。所有的数据都会通过无线网实时性地传送到主机。

4）查价：查价是超市的一项烦琐的任务，因为商品经常会有特价或调整，较容易发生混乱，所以售货员手提无线手提终端，腰挂小型条码打印机，按照无线手提终端上的主机数据检查商品的变动情况，对应变而没变的商品，马上通过无线手提终端连接小型条码打印机打印更改后的全新条码标签，贴于货架或商品上。

顾客也可利用手机的条码扫描器软件（例如我查查）查询商品的价格，顾客在超市用手机扫描功能查找商品信息如图 2-22 所示。

图 2-22 顾客在超市用手机的扫描功能查找商品信息

5）销售：销售一向是超市的"命脉"，主要通过 POS 系统对产品条码的识别体现等价交换。

6）盘点：盘点是超市收集数据的重要手段，也是超市必不可少的工作。以前的盘点，

必须暂停营业进行手工清点，盘点期间对生意的影响及对公司形象的影响无可估量。直至如今，还有超市利用非营业时间，要求员工加班加点进行盘点，这只是小型超市的管理模式，不适合长期使用，而且盘点周期长、效率低。作为世界性大型超市的代表，其盘点方式已进行必要的完善，其主要分为抽盘和整盘两部分：抽盘是指每天的抽样盘点，每天分几次，计算机主机将随意发指令让售货员到几号货架、清点什么货品，售货员只需手拿无线手提终端，按照通过无线网传过来的主机指令到几号货架，扫描指定商品的条码，确认商品后对其进行清点，然后把资料通过无线手提终端传输至主机，主机再进行数据分析；整盘顾名思义就是整店盘点，它是一种定期的盘点，超市分成若干区域，分别由不同的售货员负责，也是通过无线手提终端得到主机上的指令，按指定的路线、指定的顺序清点货品，然后不断把清点资料传输回主机，盘点期间根本不影响超市的正常运作。因为平时做的抽盘和定期的整盘加上所有的工作都是实时性地和主机进行数据交换，所以主机上资料的准确性十分高，整个超市的运作也一目了然。

2. 二维条码在物流快递中的应用

在包裹或快递单中使用二维条码可以实现包裹或快件的全程追踪，不再需要手工重复录入数据；不需要和数据库连接就可随时获取客户的详细信息，由此带来高品质的服务，西班牙 VASPEX 包裹详情单如图 2-23 所示。

3. 条码在食品安全溯源过程中的应用

针对当前各国尤其是发达国家对于食品安全跟踪和追溯的强烈要求，并结合条码技术自身的特点，运用条码自动识别技术可以对食品进行有效的标识、保存相关的信息，从而对食品生产、加工、储藏、运输和销售等环节进行全程跟踪和追溯，建立"从农场到餐桌"食物供应链跟踪和追溯体系，实现食品的安全溯源。

图 2-23　西班牙 VASPEX 包裹详情单

利用条码技术进行食品溯源，具体实施过程包括两个方面的追踪：

一是从上往下进行跟踪，即从农场、食品原材料供应商→加工商→运输商→销售商→POS 销售点，这种方法主要用于查找造成质量问题的原因，确定产品的原产地和特征；另一种是从下往上进行追溯，也就是消费者在 POS 销售点购买的食品发现了安全问题，可以向上层进行追溯，最终确定问题所在，这种方法主要用于问题产品的召回。

条码技术应用的原则就是提高食品产业链的信息化程度，以条码技术作为关键的信息标识和采集手段对产品的全过程跟踪，需要在供应链各个环节实现无缝链接，达到物流与信息流的统一，从而使供应链处于透明的状态，而信息标识是其中的关键和基础。

为使信息流能顺利实现，应该对供应链中饲养、屠宰、加工、包装、储藏、运输和销售等环节的产品进行条码标识，而且必须采用唯一的标识代码准确记录。在整个食品供应链及最后市场的销售过程中，各个环节都要进行信息化管理，各环节信息系统间要以电子数据交换的方式共享信息。例如基于条码技术的牛肉可追溯体系如表 2-3 所示。

表 2-3 基于条码技术的牛肉可追溯体系

供应链环节	屠　宰	分　割	销　售	消　费
图示				
标签类型	身份证/耳标	胴体标签	加工标签	零售标签
码制	UCC/EAN-128	UCC/EAN-128	UCC/EAN-128	EAN-13
信息交换方式	条码、射频或人工	EAMCOM EAN/UCC-128 条码	EAMCOM EAN/UCC-128 条码	只有 GTIN 是进入物品数据库的关键字

2.2　射频识别技术

射频识别技术即 RFID（Radio Frequency IDentification）技术，又称电子标签、无线射频识别，它是一种通信技术，可通过无线电信号识别特定目标并读/写相关数据，而无须识别系统和特定目标之间建立机械或光学接触。

2.2.1　射频识别技术的发展、组成及工作原理

1. 射频识别技术的发展

- 1940—1950 年：雷达的改进和应用催生了射频识别技术，1948 年奠定了射频识别技术的理论基础。
- 1950—1960 年：早期射频识别技术的探索阶段，主要处于实验室实验研究。
- 1960—1970 年：射频识别技术的理论得到了发展，开始了一些应用尝试。
- 1970—1980 年：射频识别技术和产品研发处于一个大发展时期，各种射频识别技术测试得到加速，出现了一些最早的射频识别应用。
- 1980—1990 年：射频识别技术及产品进入商业应用阶段，各种规模应用开始出现。
- 1990—2000 年：射频识别技术标准化问题日趋得到重视，射频识别产品得到广泛应用，它逐渐成为人们生活中的一部分。
- 2000—2010 年：标准化问题日益为人们重视，射频识别产品种类更加丰富，有源电子标签、无源电子标签及半无源电子标签均得到发展，电子标签成本不断降低，规模应用不断扩大。
- 2010—2015 年：射频识别技术的理论得到丰富和完善，单芯片电子标签、多电子标签识读、无线可读可写、无源电子标签的远距离识别、适应高速移动物体的射频识别技术与产品正在成为现实并走向应用。
- 2015 年—：射频识别技术广泛应用在智能生活和智能生产中，高速公路 ETC（高速公路不停车收费）车道旁边安装一台 RFID 设备，当车辆通行的时候，这台设备与车上安装的 OBU 感应设备进行通信并扣费或读取卡信息。德国宝马公司的汽车装配车间在应用了射频识别技术之后，在流水线上，每一个需要组装的部件都嵌有射频标签，每个

标签上都带有客户详细的个性化定制要求，比如颜色、图案等。每一个流水线自动化设备也镶嵌有读写器，可以保证每件商品的生产都准确无误，真正实现了按需生产。

2. 射频识别技术的组成

RFID 的基本组成部分有 RFID 标签、阅读器和天线。

（1）RFID 标签

RFID 标签俗称电子标签，也称应答器（Tag），异形标签及封装如图 2-24 所示。RFID 标签根据工作方式可分为主动式（有源）和被动式（无源）两大类，目前在物流中应用较多的是被动式标签。被动式 RFID 标签由标签芯片和标签天线或线圈组成，利用电感耦合或电磁反向散射耦合原理实现与读写器之间的通信，被动式 RFID 标签如图 2-25 所示。RFID 标签中存储一个唯一编码，通常为 64 bit、96 bit 甚至更高，其地址空间远远超过条码所能提供的空间，因此可以实现单品级的物品编码。

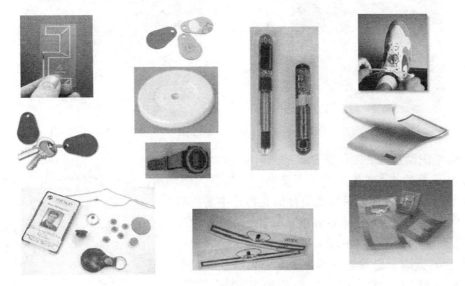

图 2-24　异形标签及封装

（2）读写器

读写器也称阅读器或询问器（Reader），它是对 RFID 标签进行读/写操作的设备，通常由耦合模块、收发模块、控制模块和接口单元组成，读写器如图 2-26 所示。读写器是 RFID 系统中最重要的基础设施，一方面，RFID 标签返回的微弱电磁信号通过天线进入读写器的射频模块中，并转换为数字信号，再经过读写器的数字信号处理单元对其进行必要的加工整形，最后从中解调出返回的信息，完成对 RFID 标签的识别或读/写操作；另一方面，上层中间件及应用软件与读写器进行交互，实现操作指令的执行和数据汇总上传。未来的读写器呈现出智能化、小型化和集成化趋势，还将具备更加强大的前端控制功能。在物联网中，读写器将成为同时具有通信、控制和计算功能的核心设备。

（3）天线

天线（Antenna）是 RFID 标签和读写器之间实现射频信号空间传播和建立无线通信连接的设备。RFID 系统中包括两类天线：一类是 RFID 标签上的天线（如图 2-27 所示）；另一类是读写器天线（如图 2-28 所示），既可以内置于读写器中，也可以通过同轴电缆与读写器的射频输出端口相连。目前的天线产品多采用收发分离技术来实现发射和接收功能的集成。

图 2-25　被动式 RFID 标签

图 2-26　读写器

图 2-27　RFID 标签上的天线

图 2-28　远望谷读写器上的板状天线

3. 射频识别技术的工作原理

RFID 技术的基本工作原理并不复杂：标签进入磁场后，接收读写器发出的射频信号，凭借感应电流所获得的能量发送出存储在芯片中的产品信息（Passive Tag，无源标签或被动标签），或者主动发送某一频率的信号（Active Tag，有源标签或主动标签）；解读器读取信息并解码后，送至中央信息系统进行有关数据处理，RFID 技术的工作原理如图 2-29所示。

从电子标签到读写器的通信和能量感应方式来看，RFID 系统一般可以分为电感耦合（磁耦合）系统和电磁反向散射耦合（电磁场耦合）系统。电感耦合系统通过空间高频交变磁场实现耦合，依据的是电磁感应定律；电磁反向散射耦合（即雷达原理模型），发射出去的电磁波碰到目标后反射，同时携带回目标信息，依据的是电磁波的空间传播规律。

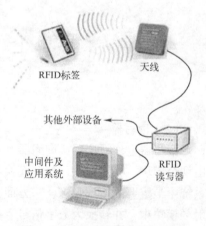

图 2-29　RFID 技术的工作原理

电感耦合方式一般适用于中、低频率工作的近距离 RFID 系统；电磁反向散射耦合方式一般适用于高频、微波工作频率的远距离 RFID 系统。

2.2.2　射频识别技术的方案

1. 射频识别技术的含义

RFID 射频识别是一种非接触式的自动识别技术，它通过射频信号自动识别目标对象并

32

获取相关数据，识别工作无须人工干预，可工作于各种恶劣环境中。RFID 技术可识别高速运动的物体，并可同时识别多个标签，操作快捷、方便。

2. 射频识别技术的特点和应用领域

射频识别技术的特点：具有非接触识别（识读距离可以从十几 cm 至几十 m），可识别高速运动物体、抗恶劣环境、保密性强，可同时识别多个识别对象等。RFID 应用的领域非常广泛，除了物流管理、医疗领域、货物和危险品的监控追踪管理、民航的行李托运及路桥的不停车收费等方面，图书馆、洗衣房和各种票务机构、邮政包裹识别、行李识别、动物身份标识、电子门票、RFID 门禁控制识别、企事业单位员工识别等各行各业的发展都离不开RFID 技术。射频识别技术与其他自动识别技术的比较见表 2-4。

表 2-4　射频识别技术与其他自动识别技术的比较

自动识别技术 比较项目	条　　码	光字符	磁　卡	IC　卡	射频识别
信息载体	纸或物质表面	物质表面	磁条	存储器	存储器
信息量	小	小	较小	大	大
读写性	只读	只读	读/写	读/写	读/写
读取方式	光电扫描转换	光电转换	磁电转换	电路接口	无线通信
人工识读性	受制约	简单容易	不可能	不可能	不可能
保密性	无	无	一般	最好	最好
智能化	无	无	无	有	有
受污染/潮湿影响	很严重	很严重	可能	可能	没有影响
光遮盖	全部失效	全部失效			没有影响
受方向和位置影响	很小	很小		单向	没有影响
识读速度	低（约 4 s）	低（约 2 s）	低（约 4 s）	很快（约 0.5 s）	
识读距离	近	很近	接触	接触	远
使用寿命	较短	较短	短	长	最长
国际标准	有	无	有	不全	制定中
价格	最低		低	较高	较高

2.2.3　射频识别技术的标准

1. RFID 标准概述

由于 RFID 的应用涉及众多行业，因此其相关的标准非常复杂。从类别看，RFID 标准可以分为以下 4 类：技术标准（如 RFID 技术、IC 卡标准等）；数据内容与编码标准（如编码格式、语法标准等）；性能与一致性标准（如测试规范等）；应用标准（如船运标签、产品包装标准等）。具体来讲，RFID 相关的标准涉及电气特性、通信频率、数据格式和元数据、通信协议、安全、测试与应用等方面。

与 RFID 技术和应用相关的国际标准化机构主要有国际标准化组织（ISO）、国际电工委员会（IEC）、国际电信联盟（ITU）和世界邮联（UPU）。此外其他的区域性标准化机构（如 EPC Global、UID Center、CEN）、国家标准化机构（如 BSI、ANSI、DIN）和产业联盟

（如 ATA、AIAG、EIA）等也制定了与 RFID 相关的区域、国家、产业联盟标准，并通过不同的渠道提升为国际标准。

从总体来看，目前 RFID 存在 3 个主要的技术标准体系：总部设在美国麻省理工学院（MIT）的自动识别中心（Auto-ID Center）、日本的泛在 ID 中心（Ubiquitous ID Center，UID）和 ISO 标准体系。注："泛在"是无所不在的意思，或称普适。

2. 主要技术标准体系

（1）EPC Global

EPC Global 是由美国统一代码协会（UCC）和国际物品编码协会（EAN）于 2003 年 9 月共同成立的非营利性组织，其前身是 1999 年 10 月 1 日在美国麻省理工学院成立的非营利性组织自动识别中心。自动识别中心以创建物联网为使命，与众多成员企业共同制定一个统一的开放技术标准。其旗下有沃尔玛集团、英国 Tesco 等 100 多家欧美零售流通企业，同时有 IBM、微软、飞利浦和 Auto-ID Lab 等公司提供技术研究支持，目前 EPC Global 已在加拿大、日本、中国等国建立了分支机构，专门负责 EPC 码段在这些国家的分配与管理、EPC 相关技术标准的制定、EPC 相关技术在这些国家的宣传普及以及推广应用等工作。

EPC Global 物联网体系架构由 EPC 编码、EPC 标签及读写器、EPC 中间件、ONS 服务器和 EPCIS 服务器等部分构成。EPC 赋予物品唯一的电子编码，其位长通常为 64 bit 或 96 bit，也可扩展为 256 bit。对不同的应用规定有不同的编码格式，主要存放企业代码、商品代码和序列号。最新的 Gen2 标准的 EPC 编码可兼容多种编码。

（2）uCode 体系

日本在电子标签方面的发展始于 20 世纪 80 年代中期的实时嵌入式系统 TRON，T-Engine 是其核心的体系架构。在 T-Engine 论坛领导下，泛在 ID 中心于 2003 年 3 月成立，并得到日本政府经产和总务省以及大企业的支持，目前包括微软、索尼、三菱、日立、日电、东芝、夏普、富士通、NTT DoCoMo、KDDI、J-Phone、伊藤忠、凸版印刷和理光等重量级企业。

泛在 ID 中心的泛在识别技术体系架构由泛在识别码（uCode）、信息系统服务器、泛在通信器和 uCode 解析服务器 4 个部分构成。

uCode 采用 128 bit 记录信息，提供了 340×1036 编码空间，并可以以 128 bit 为单元进一步扩展至 256 bit、384 bit 或 512 bit。uCode 能包容现有编码体系的元编码设计，以兼容多种编码，包括 JAN、UPC、ISBN 和 IPv6 地址，甚至电话号码。uCode 标签具有多种形式，包括条码、射频标签、智能卡、有源芯片等。泛在 ID 中心把标签进行分类，设立了 9 个级别的不同认证标准。

信息系统服务器存储并提供与 uCode 相关的各种信息。

泛在通信器主要由 IC 标签、标签读写器和无线广域通信设备等部分构成，用来把读到的 uCode 送至 uCode 解析服务器，并从信息系统服务器获得有关信息。

uCode 解析服务器确定与 uCode 相关的信息存放在哪个信息系统服务器上。uCode 解析服务器的通信协议为 uCodeRP 和 eTP，其中 eTP 是基于 eTron（PKI）的密码认证通信协议。

（3）ISO 标准体系

国际标准化组织（ISO）以及其他国际标准化机构，例如国际电工委员会（IEC）、国际电信联盟（ITU）等，是 RFID 国际标准的主要制定机构。大部分 RFID 标准都是由 ISO（或与 IEC 联合组成）的技术委员会（TC）或分技术委员会（SC）制定的。

3. RFID 频率标准

就 RFID 的频率特性来看，RFID 系统可以简单地分为低频（0～300 kHz）、高频（3～30 MHz）和超高频（300～960 MHz）以及微波系统（2.45～1000 GHz）。

低频系统一般工作在 100～300 kHz，常见的工作频率有 125 kHz、134.2 kHz；高频系统工作在 10～15 MHz，常见的高频工作频率为 13.56 MHz；超高频工作频率为 433～960 MHz，常见的工作频率为 433 MHz、869.5 MHz 和 915.3 MHz；有些射频识别系统工作在 5.8 GHz 的微波段。

在低频段，常见的应用是航空和航海导航系统、定时信号系统以及军事上的应用。此外，在普通门禁上低频系统也得到了非常广泛的应用。高频应用范围为新闻广播、电信服务、电感射频识别、遥控系统、远距离控制模拟系统、无线电演示设备以及传呼台等，目前国内较大型的应用为二代身份证的应用和学生火车优待证的应用。超高频 RFID 产品被推荐应用在供应链管理上。但是，超高频技术对于金属等可导媒介完全不能穿透。实践证明，由于高湿物品、金属物品对超高频无线电波的吸收和反射特性，超高频 RFID 产品对于此类物品的跟踪与识读是完全失败的。微波主要应用于射频识别、遥测发射器与计算机的无线网络。采用双频技术的射频识别系统同时具有低频和高频系统的优点，能够广泛地运用在动物识别、导体材料干扰的环境及潮湿的环境等，例如托盘、集装箱、水果箱和食品罐头等物流供应链场合、动物识别、人员门禁和运动计时等。

2.2.4　射频识别技术的应用

1. 安全防护领域

（1）门禁保安

门禁保安系统均可应用射频卡，一卡可以多用，例如可以用作工作证、出入证、停车卡、饭店住宿卡甚至旅游护照等，目的都是识别人员身份、安全管理、收费等，好处是简化出入手续、提高工作效率、安全保护。只要人员佩戴了封装成 ID 卡大小的射频卡，进出口有一台读写器，人员出入时自动识别身份，非法闯入会报警。安全级别要求高的地方还可以结合其他的识别方式，将指纹、掌纹或面部特征存入射频卡。

公司还可以用射频卡保护和跟踪财产。将射频卡贴在物品上面，例如计算机、传真机、文件、复印机或其他实验室用品上。该射频卡使得公司可以自动跟踪管理这些有价值的财产，可以跟踪一个物品从某一建筑离开，或是用报警的方式限制物品离开某地。结合 GPS 系统利用射频卡，还可以对货柜车、货舱等进行有效跟踪。

（2）汽车防盗

汽车防盗是 RFID 较新的应用，目前已经开发出了足够小的、能够封装到汽车钥匙当中含有特定码字的射频卡。它需要在汽车上装有读写器，当钥匙插入到点火器中时，读写器能够辨别钥匙的身份。如果读写器接收不到射频卡发送来的特定信号，汽车的引擎将不会发动。使用这种电子验证的方法，汽车的中央计算机也就能容易防止盗车贼短路点火。

另一种汽车防盗系统是司机自己带有一个射频卡，其发射范围是在司机座椅 45～55 cm 以内，读写器安装在座椅的背部。当读写器读取到有效的 ID 号时汽车引擎才能启动。该防盗系统还有另一个强大的功能：倘若司机离开汽车并且车门敞开引擎也没有关闭，这时读写器就需要读取另一个有效的 ID 号；假如司机将该射频卡带离汽车，这样读写器不能读到有效的 ID 号，引擎就会自动关闭，同时触发报警装置。

（3）电子物品监视系统

使用电子物品监视系统（Electronic Article Surveillance，EAS）的目的是防止商品被盗。整个系统包括贴在物体上的一个内存容量仅为 1 bit（即开或关）的射频卡，和商店出口处的读写器。射频卡在安装时被激活，在激活状态下，射频卡接近扫描器时会被探测到，同时会报警。如果商品被购买，由销售人员用专用工具拆除射频卡（典型的是在服装店里），或者用磁场使射频卡失效，或者直接破坏射频卡本身的电特性。现在 EAS 系统已被广泛使用，据估计每年全球要消耗 60 亿套 EAS。

2. 商品生产销售领域

（1）生产线自动化

用 RFID 技术在生产流水线上实现自动控制、监视，提高了生产率，改进了生产方式，节约了成本，生产流水线上的 RFID 系统如图 2-30 所示。

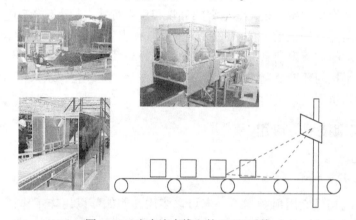

图 2-30　生产流水线上的 RFID 系统

德国宝马汽车公司在装配流水线上应用射频卡，以尽可能大量地生产用户定制的汽车。宝马汽车是基于用户提出的要求式样生产的。用户可以从上万种内部和外部选项中选定自己所需要车的颜色、引擎型号和轮胎式样等。这样一来，汽车装配流水线上就要装配上百种式样的宝马汽车，如果没有一个高度组织的、复杂的控制系统很难完成这样复杂的任务。宝马公司在其装配流水线上配有 RFID 系统，使用可重复使用的射频卡，该射频卡上带有汽车所需的所有详细的要求，在每个工作点处都有读写器，这样可以保证汽车在各个流水线位置能毫不出错地完成装配任务。

（2）产品防伪

伪造在世界各地都是令人头疼的问题，将射频识别技术应用在防伪领域有它自身的技术优势。防伪技术本身要求成本低，且难于伪造。射频卡的成本相对便宜，而芯片的制造需要有昂贵的芯片工厂，使伪造者望而却步。射频卡本身有内存，可以储存、修改与产品有关的数据，有利于销售商使用；其体积十分小，便于产品封装。像计算机、激光打印机、电视等产品都可使用。例如五粮液在酒瓶盖上集成小型超高频电子标签，实现酒类防伪功能，五粮液防伪标签如图 2-31 所示。

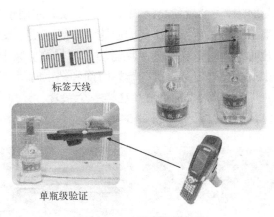

标签天线

单瓶级验证

图 2-31　五粮液防伪标签

（3）服装销售

PVC 吊牌标签应用于服装零售管理，用粘贴、捆绑、扎带等方法跟物品结合使用，提升库存盘点效率。符合 EPC C1G2（ISO 18000-6C）标准，工作频率为 860~960 MHz，可在全球范围内使用。该标签是由 PVC 材料封闭，其中 RFID 的芯片将存储唯一标识以及其他更新信息。

RFID 带锁标签是应用在服装领域的特殊标签，它把防盗和销售管理两个功能相结在一起，通过钉子跟物品组合在一起，工作频率为 860~960 MHz。该标签需要专门的工具才能取下，能起到很好的防盗作用，单个成本高但是标签可重复使用（如图 2-32 RFID 带锁标签所示）。

3. 管理与数据统计领域

（1）畜牧管理

该领域的发展起步于赛马的识别，是用小玻璃封装射频卡植于动物皮下。射频卡大约 10 cm 长，内有一个线圈，约 1 000 圈的细线绕在铁氧体上，读/写距离是十几厘米。之后，从赛马识别发展到了牲畜识别，牲畜的识别提供了现代化管理牧场的方法，如图 2-33 所示。

图 2-32　RFID 带锁标签

图 2-33　牲畜的识别

（2）运动计时

在马拉松比赛中，由于人员太多，有时第一个出发的人和最后一个出发的人能相隔

40 min，如果没有一个精确的计时装置就会出现差错。射频卡应用于马拉松比赛中，运动员在自己的鞋带上很方便地系上射频卡，在比赛的起跑线和终点线处放置带有微型天线的小垫片。当运动员越过此垫片时，计时系统便会接收运动员所带的射频卡发出的 ID 号，并记录当时的时间。这样，每个运动员都会有自己的起始时间和结束时间，不会出现不公平竞争的可能性。在比赛路线中，如果每隔 5 km 就设置这样一个垫片，还可以很方便地记录运动员在每个阶段所用的时间，运动计时设备如图 2-34 所示。

图 2-34　运动计时设备

RFID 还可应用于汽车大奖赛上的精确计时。在跑道下面按照一定的距离间隔埋入一系列天线，这些天线与读写器相连，而射频卡安装到赛车前方。当赛车每越过一个天线时，赛车的 ID 号和时间就被记录下来，并存储到中央计算机内。这样到比赛结束时，每个参赛选手都将会有一个准确的比赛结果。

4. 交通运输领域

（1）高速公路自动收费及交通管理

高速公路自动收费系统是射频识别技术最成功的应用之一。目前，中国的高速公路发展非常快，而高速公路收费却存在一些问题：一是在收费站口，许多车辆要停车排队，成为交通瓶颈问题；二是少数不法的收费员贪污路费，使国家损失了相当的财政收入。RFID 技术应用在高速公路自动收费上，能够充分体现它非接触识别的优势——让车辆高速通过收费站的同时自动完成收费，同时可以解决收费员贪污路费及交通拥堵的问题。利用射频识别技术，高速公路不停车自动收费系统是将来的发展方向；人工收费，包括 IC 卡的停车收费方式，终将会被淘汰。高速公路自动收费系统如图 2-35 所示。

在城市交通方面，解决交通日趋拥挤问题不能只依赖于修路。加强交通的指挥、控制、疏导，提高道路的利用率，深挖现有交通潜能也是非常重要的；而基于 RFID 技术的交通管理系统可实现自动查处违章车辆、记录违章情况。另外，公共汽车站实时跟踪显示公共汽车到站时间及自动显示乘客信息，会给乘客带来很大的方便。

（2）火车和货运集装箱的识别

在火车运营中，使用 RFID 系统很大的优势在于：火车是按既定路线运行的，因此肯定

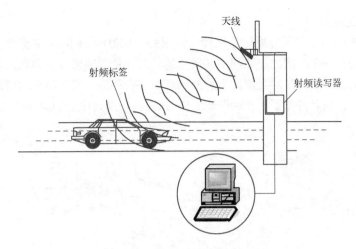

图 2-35　高速公路自动收费系统

要通过设定的读写器的地点。通过读到的数据，能够得到火车的身份、监控火车的完整性，以防止遗漏在铁轨上的车厢发生撞车事故，同时能在车站将车厢重新编组。起初的努力是用超音波和雷达测距系统读出车厢侧面的条码，现在被 RFID 系统取代。射频卡一般安在车厢顶部，读写器安在铁路沿线，这样就可以得到火车的实时信息及车厢内装的物品信息，火车和货运集装箱的识别如图 2-36 所示。

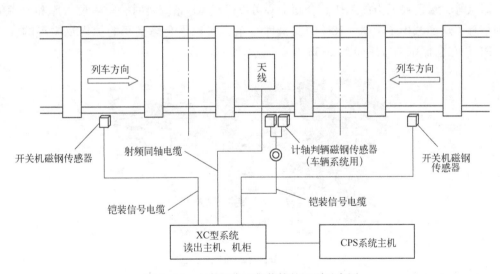

图 2-36　火车和货运集装箱的识别示意图

5. 物流领域的应用

RFID 作为物联网的核心技术之一，进入物流领域逐步替代商品条形码，对现有的物流领域带来全新的技术应用，由于 RFID 技术具有非接触、自动识别和操作便捷等优点，所以非常适用于物料跟踪、运载工具和货架识别等场合。RFID 在作业管理方面的应用表现在运输与配送管理、仓储与物料管理和流通加工管理 3 个方面。RFID 使整个物流作业管理能够迅速而准确地跟踪各个作业环节的实时状况，从而进行最优化的作业管理。

（1）运输与配送管理

运输与配送管理用于实现可视化管理和实时跟踪。RFID 技术的应用使得货物在运输和配送的各个环节都处在一个广阔的物联网中，所处的状态和位置都可以准确而又实时的获得，从而实现了可视化的管理。同时对可能发生意外的环节进行跟踪，实现动态的管理，不仅提高了运输和配送的效率，而且降低了出错的概率。RFID 在区域配送中心的应用如图 2-37 所示。

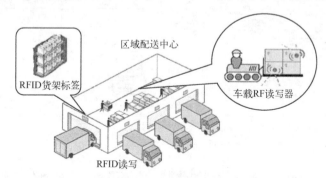

图 2-37　RFID 技术在区域配送中心的应用

（2）仓储与物料管理

仓储与物料管理用于实现空间的优化利用和物料的合理配置。原材料、零部件、半成品和产成品等各种物料的信息的记录都可以通过自动扫描完成，从而省去了烦琐的检验、记录、清点等大量需要人力的工作。仓储中心可以通过 RF 系统实时获得需要入库和出库的物料的信息，从而减少了 10%~30% 的安全库存量，实现了仓储空间的优化及物料的合理配置。RFID 在仓储中的应用如图 2-38 所示。

图 2-38　RFID 在仓储中的应用

（3）流通加工管理

流通加工管理用于实现智能化管理和最优化加工。流通加工管理中应用 RFID 技术可以实现流水线的自动化和智能化，从而提高流通加工效率、节约成本。通过 RFID 卡还可以准确获得加工产品的具体信息，可以满足用户定制的需求，实现最优化加工。

2.3　实验案例：条码制作和识别

本节实验案例目的是指导学生利用 Lable MX 通用条码标签设计系统，生成一维条码和二维条码（如图 2-39 所示）；利用条码生成软件，读取生成的信息；并利用手机"我查查"APP，读取一维条码和二维条码信息。本实验大约 2 课时，具体内容参见本书配套的免费实训指导书。

图 2-39　Lable MX 生成的二维条码

本章小结

本章主要介绍物流信息识别技术，包括条码识别技术和射频识别技术。首先对一维、二维条码的基础理论知识进行介绍，包括条码的标准体系、条码的系统组成、条码的软/硬件设备设施，同时介绍条码技术在物流中的应用；其次分析射频识别技术，从射频技术的组成、工作原理、标准进行详细描述，并结合实际应用介绍了射频识别技术在物流中的应用；最后通过条码制作和识别案例加深对物流识别技术的理解。

课后习题

1. 简述条码识别系统的工作原理。
2. 比较激光扫描仪和 CCD 扫描仪的区别及优、缺点。
3. 什么是射频识别技术？
4. RFID 的基本组成部分有标签、阅读器和天线，请简述各部分的功能。
5. 简述射频技术的工作原理。
6. 简述 RFID 在物流领域的应用。
7. 简述一维条码的结构。

第3章　空间信息技术

本章要点

空间信息技术（Spatial Information Technology）是20世纪60年代兴起的一门新兴技术，70年代中期以后在我国得到迅速发展，主要包括卫星定位系统、地理信息系统和遥感等的理论和技术，同时结合计算机技术和通信技术进行空间数据的采集、测量、分析、存储、管理、显示、传播和应用等。

本章共包括3个部分的内容：第一部分通过引例介绍GPS的概念、组成、原理和北斗卫星系统；第二部分介绍地理信息系统的概述、构成及功能；第三部分通过介绍基于GPS和GIS技术的配送的应用案例，使得读者对空间技术有更深刻的理解。

引例

中国北斗卫星导航系统

中国北斗卫星导航系统（BeiDou Navigation Satellite System，BDS）是我国自行研制的全球卫星定位和通信系统，北斗卫星导航系统如图3-1所示。北斗卫星导航系统是继美国全球卫星定位系统（Global Positioning System，GPS）和俄罗斯全球卫星导航系统（GLONASS）之后第3个成熟的卫星导航系统。该系统由空间端、地面端和用户端组成，可在全球范围内全天候、全天时为各类用户提供高精度、高可靠定位、导航、授时服务，并具短报文通信能力，已经初步具备区域导航、定位和授时能力，定位精度优于20 m，授时精度优于100 ns。

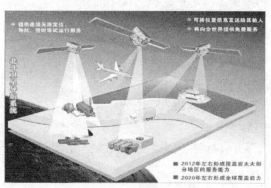

图3-1　北斗卫星导航系统

2019年5月10日，由中国联通与华大北斗共同成立的"5G+北斗高精度定位开放实验室"将运营商、芯片模组商、设备商、垂直行业应用商、研究机构及高校联合起来，构建基于5G和北斗的合作生态系统，共同推动5G+北斗的高精度定位在垂直行业的应用落地。

2020年7月31日上午10时30分，北斗三号全球卫星导航系统建成暨开通仪式在人民大会堂举行。北斗三号系统继承北斗有源服务和无源服务两种技术体制，能够为全球用户提供基本导航（定位、测速、授时）、全球短报文通信、国际搜救服务，中国及周边地区用户还可享有区域短报文通信、星基增强、精密单点定位等服务。

3.1 全球定位系统（GPS）

3.1.1 GPS 系统概述

GPS 是英文 Global Positioning System（全球定位系统）的简称。GPS 起始于 1958 年美国军方的一个项目，1964 年投入使用。20 世纪 70 年代，美国国防部研制和维护了中距离圆形轨道卫星导航系统，主要目的是为陆海空三大领域提供实时、全天候和全球性的导航服务，并用于情报搜集、核爆监测和应急通信等一些军事目的。经过 20 余年的研究实验，耗资 300 亿美元，到 1994 年，全球覆盖率高达 98% 的 24 颗 GPS 卫星星座已布设完成。

它可以为地球表面绝大部分地区（98%）提供准确的定位、测速和高精度的时间标准。全球定位系统可满足位于全球任何地方或近地空间的军事用户连续精确地确定三维位置、三维运动和时间的需要。该系统包括太空中的 24 颗 GPS 卫星，其中 21 颗为工作卫星，3 颗为备用卫星；地面上 1 个主控站、3 个数据注入站和 5 个监测站及作为用户端的 GPS 接收机。最少只需其中 3 颗卫星，就能迅速确定用户端在地球上所处的经度、纬度及海拔高度；所能搜索连接到的卫星数越多，解码出来的位置就越精确。

GPS 信号分为民用的标准定位服务（Standard Positioning Service，SPS）和军规的精确定位服务（Precise Positioning Service，PPS）两类，民用定位精度为 10 m。

3.1.2 GPS 定位系统的组成

GPS 系统包括三大部分：空间部分（GPS 卫星星座）、地面控制部分（地面监控系统）、用户设备部分（GPS 信号接收机），GPS 系统的组成如图 3-2 所示。

1. 空间部分（GPS 卫星星座）

由 21 颗工作卫星和 3 颗在轨备用卫星组成 GPS 卫星星座，记作（21+3）GPS 星座。24 颗卫星均匀分布在 6 个轨道平面上，即每个轨道面上有 4 颗卫星，GPS 卫星网如图 3-3 所示。卫星轨道面相对于地球赤道面的轨道倾角为 55°，各轨道平面的升交点的赤经相差 60°，一个轨道平面上的卫星比西边相邻轨道平面上的相应卫星升交角距超前 30°。这种布局能够保证在全球任何地点、任何时刻至少可以观测到 4 颗卫星。

在两万公里高空的 GPS 卫星，当地球对恒星来说自转一周时，它们绕地球运行两周，即绕地球一周的时间为 12 恒星时。这样，对于地面观测者来说，每天将提前 4 min 见到同一颗 GPS 卫星。位于地平线以上的卫星颗数随着时间和地点的不同而不同，最少可见到 4 颗，最多可见到 11 颗。在用 GPS 信号导航定位时，为了测算测站的三维坐标，必须观测 4 颗 GPS 卫星，称为定位星座。这 4 颗卫星在观测过程中的几何位置分布对定位精度有一定的影响。对于某地某时，甚至不能测得精确的点位坐标，这种时间段叫作"间隙段"。但这种时间间隙段是很短暂的，并不影响全球绝大多数地方的全天候、高精度、连续实时的导航定位测量。

2. 地面控制部分（地面监控系统）

对于导航定位来说，GPS 卫星是一动态已知点。卫星的位置是依据卫星发射的星历——

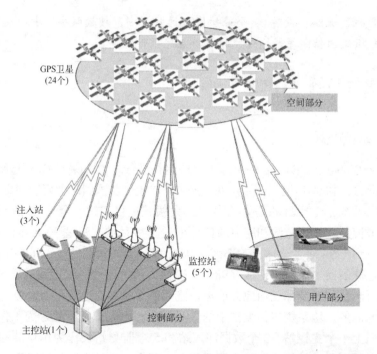

图 3-2　GPS 系统的组成

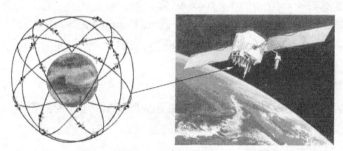

图 3-3　GPS 卫星网

描述卫星运动及其轨道的参数计算的。每颗 GPS 卫星所播发的星历是由地面监控系统提供的。卫星上的各种设备是否正常工作，以及卫星是否一直沿着预定轨道运行，都要由地面设备进行监测和控制。地面监控系统的另一重要作用是保持各颗卫星处于同一时间标准——GPS 时间系统。这就需要地面站监测各颗卫星的时间、求出钟差，然后由地面注入站发给卫星，卫星再由导航电文发给用户设备。GPS 工作卫星的地面监控系统包括主控站 1 个、监测站 5 个、注入站 3 个，以及通信和辅助系统，地面监控系统如图 3-4 所示。

GPS 地面监控系统由均匀分布在美国本土和三大洋的美军基地上的 5 个监测站、1 个主控站和 3 个注入站构成。

- 主控站：位于美国科罗拉多州（Colorado）的法尔孔（Falcon）空军基地。
- 注入站：阿松森群岛（Ascension），位于大西洋；迭戈加西亚（Diego Garcia），位于印度洋；卡瓦加兰（Kwajalein），位于东太平洋。
- 监控站：1 个与主控站在一起；3 个与注入站在一起；另外一个在夏威夷（Hawaii），位于西太平洋。

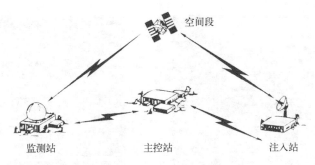

空间段

监测站   主控站   注入站

图 3-4　地面监控系统

3. 用户设备部分（GPS 信号接收机）

　　GPS 信号接收机的任务是捕获按一定卫星高度截止角所选择的待测卫星的信号，并跟踪这些卫星的运行，对所接收到的 GPS 信号进行变换、放大和处理，以便测量出 GPS 信号从卫星到接收机天线的传播时间，解译出 GPS 卫星所发送的导航电文，实时地计算出三维位置坐标，甚至三维速度和时间。

　　GPS 卫星发送的导航定位信号是一种可供无数用户共享的信息资源。对于陆地、海洋和空间的广大用户而言，只要用户拥有能够接收、跟踪、变换和测量 GPS 信号的接收设备，即 GPS 信号接收机，可以在任何时候用 GPS 信号进行导航定位测量。根据使用目的的不同，用户要求的 GPS 信号接收机也各有差异。GPS 接收机的产品类型很多，这些产品可以按照原理、用途和功能等分类，卫星导航用户设备的类型如图 3-5 所示。

测地型——用于大地测量

车载型——用于车辆导航定位

航海型——用于船舶导航定位

航空型——用于飞机导航定位

图 3-5　卫星导航用户设备的类型

星载型——用于卫星导航定位

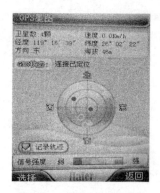
手持型——用于个人手机定位

图 3-5　卫星导航用户设备的类型（续）

在静态定位中，GPS 接收机在捕获和跟踪 GPS 卫星的过程中固定不变，接收机高精度地测量 GPS 信号的传播时间，利用 GPS 卫星在轨的已知位置算出接收机天线所在位置的三维坐标。

动态定位则是用 GPS 接收机测定一个运动物体的运行轨迹。GPS 信号接收机所测定的运动物体叫作载体（如航行中的船舰、空中的飞机、行走的车辆等）。载体上的 GPS 接收机天线在跟踪 GPS 卫星的过程中相对地球运动，接收机用 GPS 信号实时测得运动载体的状态参数（瞬间三维位置和三维速度）。

3.1.3　GPS 定位原理

GPS 的基本定位原理：卫星不间断地发送自身的星历参数和时间信息，用户接收到这些信息后，经过计算求出接收机的三维位置、三维方向以及运动速度和时间信息。

假设卫星在 17710 m 的高度，这是一种高轨道和精密定位的观测方式，以此卫星为圆心画一个圆，而我们正处于球上面。再假设第二颗卫星距离大家 19320 m，而大家正处于这两颗球所交的圆周上，现在大家再以第三颗卫星做精密定位，假设高度 20930 m，大家即可进一步缩小范围到两点位置上，但是其中一点为大家所在的位置，也极有可能在太空的某一点，因此，大家舍弃这一参考点选择另一点作为位置参考点。

如果要获得更精确的定位，则必定要测量第四颗卫星，从基本的物理观念上来说，以信号传输的时间乘以速度即是用户和卫星的距离，大家将此测量作为虚拟距离。在 GPS 的测量上，大家测的是无线信号，速度几乎达到光速，时间短得惊人，甚至只要 0.06 s。时间的测量需要两个不同的时钟，一个时钟装置在卫星上，以记录无线电信号传输的时间；另一个时钟装置在接收器上，用于记录无线电信号接收的时间。虽然卫星传送信号至接收器的时间极短，但时间上并不同步，假设卫星与接收器同时发出声音，大家会听到两种不同的声音，这是因为卫星从 17710 m 远的地方传来，所以会有延迟时间，因此，大家可以延迟接收器的时间，用延迟的时间乘以速度就是接收器到卫星的距离，此为 GPS 的基本定位原理。

GPS 接收器要确定当前设备的位置，需要 4 颗 GPS 卫星协助定位，所需要的信息如下。

4 颗卫星的空间位置坐标：根据星载时钟（原子时钟）所记录的时间在卫星星历中查出，每颗 GPS 卫星都实时向全球广播自己的空间位置信息。

4 颗卫星到 GPS 接收器的距离：通过记录卫星信号传播到用户所经历的时间（GPS 接

收器的时间戳—GPS 卫星发出信号时的时间戳），再将其乘以无线电波的速度（即光速）得到（由于大气层中电离层的干扰，这一距离并不是用户和卫星之间的真实距离，而是伪距）。

　　由于无线电波速度也会受到空中电离层的影响，GPS 卫星广播的自己的位置也可能有误差，GPS 接收器使用的时钟与卫星星载时钟不可能总是同步，所以除了用户的三维坐标 X、Y、Z 外，还要引进一颗卫星与 GPS 接收器之间的时间差作为计算参数，以校正误差。所以，如果想知道 GPS 接收器所处的位置，至少要能接收到 4 颗卫星的信号。

3.1.4　北斗定位系统

　　北斗卫星导航系统简称北斗系统（BeiDou Navigation Satellite System，BDS），北斗卫星导航系统标识如图 3-6 所示。北斗系统是我国自主建设、独立运行，与世界卫星导航系统兼容共用的全球卫星导航系统，可在全球范围内全天候、全天时为各类用户提供高精度、高可靠的定位、导航、授时服务。

　　该系统分为"北斗一代"和"北斗二代"，分别由 4 颗"北斗一代"卫星（两颗工作卫星、两颗备用卫星）和 35 颗"北斗二代"定位卫星、地面控制中心为主的地面部分、北斗用户终端 3 个部分组成。北斗定位系统可向用户提供全天候、24 小时的即时定位服务，定位精度可达

图 3-6　北斗卫星导航系统的标识

数十纳秒（ns）的同步精度，其精度与 GPS 相当。

1. 北斗卫星导航系统的"三步走"计划

　　第一步，即区域性导航系统，已由"北斗一号"卫星定位系统完成，这是我国自主研发，利用地球同步卫星为用户提供全天候、覆盖中国和周边地区的卫星定位系统。中国先后在 2000 年 10 月 31 日、2000 年 12 月 21 日和 2003 年 5 月 25 日发射了 3 颗"北斗"静止轨道试验导航卫星，组成了"北斗"区域卫星导航系统。"北斗一号"卫星在汶川地震发生后发挥了重要作用。

　　第二步，即在"十二五"前期完成发射 12 颗到 14 颗卫星任务，组成区域性、可以自主导航的定位系统。

　　第三步，建设北斗三号系统。2009 年，启动北斗三号系统建设；2018 年年底，完成 19 颗卫星发射组网，完成基本系统建设，向全球提供服务；2020 年 6 月 23 日，北斗三号最后一颗全球组网卫星在西昌卫星发射中心点火升空。6 月 23 日 9 时 43 分，我国在西昌卫星发射中心用长征三号乙运载火箭，成功发射北斗系统第五十五颗导航卫星，暨北斗三号最后一颗全球组网卫星，至此北斗三号全球卫星导航系统星座部署比原计划提前半年全面完成。北斗卫星导航系统模型如图 3-7 所示。

2. 北斗卫星导航系统的五大优势

　　1）同时具备定位和通信功能，无须通信系统支持。

　　2）覆盖中国及周边国家和地区，24 小时全天候服务，无通信盲区。

　　3）特别适合集团用户大范围监控和管理，以及无依托地区数据采集、用户数据传输应用。

　　4）独特的中心节点式定位处理和指挥型用户机设计，可同时解决"我在哪"和"你在哪"的问题。

图 3-7　北斗卫星导航系统模型

5）自主系统，高强度加密设计，安全、可靠、稳定，适合关键部门使用。

3. 技术特点

北斗卫星导航系统突出的特点是具有定位、授时、短报文通信功能，可以为全球船舶、飞机指明方向，向外界发出求救信号。

北斗卫星导航系统能够提供开放式和授权式两种服务模式，开放式的服务定位精度为：垂直距离 10 m、水平距离 10 m；测速精度保证在 0.2 m/s；授时精度保证在 20 ns。而授权服务除了在安全性、可靠性、精度方面进行了升级，同时还会提供短报文通信等方面的服务。

4. 应用领域

北斗系统是我国自主发展、独立运行的全球卫星导航系统，可为全球用户提供全天时、全天候、高精度的定位、导航和授时服务。北斗系统可为交通运输、农林渔业、水文监测、气象测报、通信授时、电力调度、救灾减灾、公共安全等各行各业提供基本的时空信息保障。当前，北斗系统已进入国民经济社会发展和大众消费等各个领域，产生了显著的经济效益和社会效益。

交通运输行业是北斗卫星导航系统最大的用户之一。北斗系统广泛应用于重点运输过程监控、公路基础设施安全监控、港口高精度实时调度监控等领域。截至 2019 年底，国内超过 650 万辆运营车辆、4 万辆快递和邮政车辆、36 个城市的约 8 万台公交车、3200 余座内河导航设施、2900 余座海上导航设施都已应用北斗系统，建成了全球最大的营运车辆动态监管系统。

利用北斗定位的 5G 智能无人集装箱转运卡车。相比传统集装箱无人集卡依靠地上的"磁钉"定位移动，北斗导航系统可以提供更高精度的时空信息，通过 5G 网络传输数据，使车能够感知 200 m 以内的各类物体，停车定位精度控制在 5 cm 内。

据统计，我国基于北斗系统的农机自动驾驶系统已有超过 2 万台套，基于北斗系统的农机作业监管平台和物联网平台为 10 万余台套农机设备提供服务，极大地提高了作业管理效率。

北斗系统成为海上"保护神"，渔民出海，在移动通信信号难以覆盖的地方，可以通过短报文通信和家人报平安，同时还可以从渔业的管理部门获取岸上的水产品市场需求、鱼群的作业区信息、气象预报服务等，同时渔民在海上遇险时，还可以向指挥中心发送求救信号，及时获得救援。

在一些地震、洪水、泥石流等灾害常见发生地，移动基站容易损坏，通过设置高精度北斗接收机作为监测点，就能在堤坝形变超过安全范围值的情况下进行告警，及时疏散当地的群众，避免造成不可挽回的人员和经济方面的损失。

3.2 地理信息系统（GIS）

3.2.1 GIS 系统概述

地理信息系统（Geographic Information System，GIS）是随着地理科学、计算机技术、遥感技术和信息科学的发展而发展起来的一个学科。在计算机发展史上，计算机辅助设计技术（CAD）的出现使人们可以用计算机处理图形这样的数据，图形数据的标志之一就是图形元素有明确的位置坐标，不同图形之间有各种各样的拓扑关系。简单地说，拓扑关系指图形元素之间的空间位置和连接关系。简单的图形元素如点、线、多边形等；点有坐标（x，y）；线可以看成由无数点组成，线的位置可以表示为一系列坐标对（x_1，y_1），（x_2，y_2），……（x_n，y_n）；平面上的多边形可以认为是由闭合曲线形成范围。图形元素之间有多种多样的相互关系，例如一个点在一条线上或在一个多边形内，一条线穿过一个多边形等。在实际应用中，一个地理信息系统要管理非常多、非常复杂的数据，可能有几万个多边形、几万条线、上万个点，还要计算和管理它们之间各种复杂的空间关系。

3.2.2 GIS 系统的构成

地理信息系统的 5 个主要组成部分为系统硬件、系统软件、空间数据、应用人员和应用模型，地理信息系统的组成如图 3-8 所示。

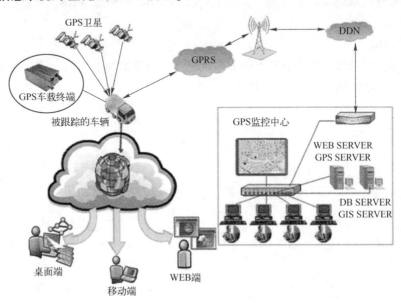

图 3-8 地理信息系统的组成

1. 系统硬件

系统硬件由输入设备、处理设备、输出设备和存储设备组成，地理信息系统的系统硬件如图 3-9 所示，用于存储、处理、传输和显示空间数据。

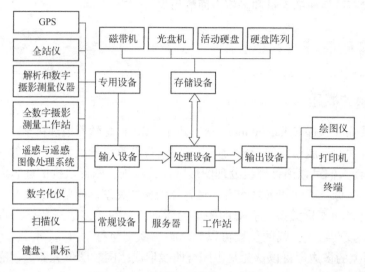

图 3-9　地理信息系统的系统硬件

2. 系统软件

系统软件由系统管理软件、基础软件和 GIS 软件组成，地理信息系统的系统软件如图 3-10 所示，用于执行 GIS 功能的数据采集、存储、管理、处理、分析、建模和输出等操作。GIS 专业软件一般指具有丰富功能的通用 GIS 软件，它包含了处理地理信息的各种高级功能，可作为应用系统建设的平台。其代表产品有 ARC/INFO、MGE、MAPINFO、MAPGIS 和 GEOSTAR 等。

3. 空间数据

空间数据由数据库实体和数据库管理系统组成，用于空间数据的存储、管理、查询、检索和更新等。其拓扑结构如图 3-11 所示。

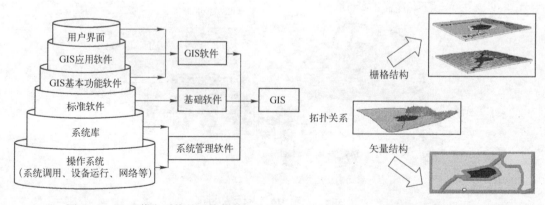

图 3-10　地理信息系统的系统软件　　　　图 3-11　地理信息系统的空间数据

4. 应用人员

应用人员是由系统开发人员、使用人员及管理者共同构成的系统的用户群，如图 3-12 所示。

图 3-12　系统用户群

5. 应用模型

GIS 应用模型的构建和选择也是决定系统应用成败至关重要的因素。虽然 GIS 为解决各种现实问题提供了有效的基本工具，但对于某一专门应用目的的问题，必须构建专门的应用模型，例如土地利用适宜性模型、选址模型、洪水预测模型、人口扩散模型、森林增长模型、水土流失模型、最优化模型和影响模型等。

3.2.3　GIS 系统的功能

1. 数据采集与编辑

数据采集与编辑主要用于获取数据，保证地理信息系统数据库中的数据在内容和空间上的完整性、数值和逻辑的一致性与正确性等。

2. 数据存储与管理

这是建立地理信息系统数据库的关键步骤，涉及空间数据和属性数据的组织。栅格模型、矢量模型或栅格/矢量混合模型是常用的空间数据组织方法。

3. 数据处理和变换

初步的数据处理主要包括数据格式化、转换和概括。数据的格式化是指不同数据结构的数据间变换，数据转换包括数据格式转化、数据比例尺的变化等。

4. 空间分析和统计

空间分析是地理信息系统的核心功能，也是地理信息系统与其他计算机系统的根本区别。在地理信息系统支持下，分析和解决现实世界中与空间相关的问题也是地理信息系统应用深化的重要标志。

5. 产品制作与显示

一个好的地理信息系统应提供一种良好的、交互式的制图环境，以供地理信息系统的使用者能够设计和制作出高质量的地图。其表现形式既可以是计算机屏幕显示，也可以是诸如报告、表格、地图等硬复制图件。

6. 二次开发和编程

为满足各种不同的应用需求，GIS 必须具备的另一个基本功能是二次开发环境，包括专用语言开发环境和控件。

GIS 功能的实现过程如图 3-13 所示。GIS 先通过图表等方式获取数据，经过数据编辑和投影变换产生结构化的数据存储于数据库中，再通过查询或检索，最终以图表的形式输出数据。

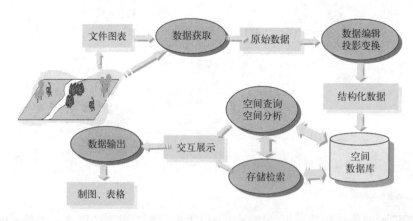

图 3-13 基本功能的实现过程

3.3 空间技术在物流中的应用

3.3.1 北斗/GPS 在物流中的应用

根据市场经济发展变化的需求，物流和能源流、信息流一样成为人类社会的一大动脉，物流管理的进步直接影响交通运输业、商贸以及公共事业等各个领域的管理、生产技术和经济效益。推动物流管理、物流技术和物流科技的进步已经成为当今知识经济、全球经济一体化的重要内容。我国物流行业应借鉴和引进国际先进的信息及管理技术，有计划、有步骤地发展高科技物流，加速实现物流业的现代化。北斗/GPS 全球定位系统不仅能够提供物流配送和动态调度功能，还可以提供货物跟踪、车辆优选、路线优选、紧急救援、预约服务和军事物流等功能。

1. 物流配送

北斗/GPS 将车辆的状态信息（包括位置、速度和车厢内温度等）以及客户的位置信息快速、准确地反映给物流系统，由特定区域的配送中心统一合理地对该区域内的所有车辆做出快速调度，这样大幅度提高了物流车辆的利用率，减少了空载车辆的数量和空载的时间，从而减少了物流公司的运营成本，提高了物流公司的效率和市场竞争能力，同时增强了物流配送的适应能力和应变能力。

2. 动态调度

运输企业可进行车辆待命计划管理。操作人员通过在途信息的反馈，在车辆未返回车队前即做好待命计划，提前下达运输任务，减少等待时间，加快车辆周转，以提高重载率，减少空车时间和空车距离。充分利用运输工具的运能，提前预设车辆信息及精确的抵达时间，用户根据具体情况合理安排回程配货，为运输车辆解除后顾之忧。

3. 货物跟踪

通过北斗/GPS 和电子地图系统可以实时了解车辆位置和货物状况（车厢内温度、空载或重载），真正实现在线监控，避免以往货物发出后难以知情的被动局面，提高货物的安全性。货主可以主动、随时了解货物的运输状态信息以及货物运达目的地的整个过程，以增强物流企业和货主之间的相互信任。

4. 车辆优选

查出锁定范围内可供调用的车辆，根据系统预先设定的条件判断车辆中哪些是可调用的。在系统提供可调用的车辆的同时，将根据最优化原则在可能被调用的车辆中选择一辆最合适的车辆。

5. 路线优选

地理分析功能可以快速地为驾驶人员选择合理的物流路线，以及这条路线的一些信息，所有可供调度的车辆不用区分本地或是异地都可以统一调度。配送货物目的地的位置和配送中心的地理数据结合后，产生的路线将是整体的最优路线。

6. 报警援救

在物流运输过程中有可能发生一些意外的情况。当发生故障和一些意外的情况时，北斗/GPS 系统可以及时地反馈发生事故的地点，调度中心会尽可能地采取相应措施来挽回和降低损失，增加运输的安全和应变能力。北斗/GPS 系统的投入使用，使过去制约运输公司发展的一系列问题迎刃而解，为物流公司降低运输成本、加强车辆安全管理、推动货物运输有效运转发挥了重要作用。此外，北斗/GPS 系统的网络设备还能容纳上千车辆同时使用，跟踪区域遍及全国。物流企业导入北斗/GPS 系统是物流行业以信息化带动产业化发展的重要一环，它不仅为运输企业提供信息支持，并且对整合货物运输资源、加强区域之间的合作具有重要意义。

7. 军事物流

全球卫星定位系统首先是因为军事目的建立的，在军事物流中（如后勤装备的保障等方面）应用相当普遍。尤其是在美国，其在世界各地驻扎的大量军队无论是在战时还是在平时都对后勤补给提出很高的需求，在战争中，如果不依赖 GPS，美军的后勤补给就会变得一团糟，如图 3-14 所示为巡逻的士兵正在检查全球定位系统。目前，北斗定位系统是军民两用的，和 GPS 一样，军用和民用是两个通道，民用通道密码是公开的，这样民用领域就会开发相关产品。军用通道是保密的，而且军用通道的定位精准度要比民用高很多。我国拥有了自己的北斗定位系统之后，可以彻底摒弃对美国 GPS 系统的依赖。

图 3-14 巡逻的士兵正在检查全球定位系统

3.3.2 GIS 在物流中的应用

GIS 能在运输路线的优化和车辆调度方面解决大量信息的查询、分析和处理问题，并在运输管理决策层面提供分析问题、建立模型、模拟决策过程的环境，GIS 在运输管理中的应用如图 3-15 所示。因此，加大 GIS 在物流运输管理信息系统中的应用对物流企业实现智能管理、降低服务成本、提高作业效率至关重要。

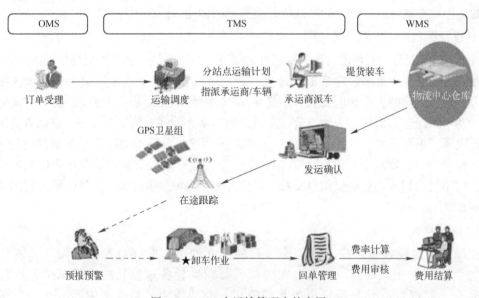

图 3-15 GIS 在运输管理中的应用

1. 实时监控

车载北斗/GPS 发射器的信号经过 GSM 网络的数字通道，将信号输送到车辆监控中心，监控中心通过差分技术换算位置信息，然后通过 GIS 将位置信号用地图语言显示出来，货主、物流企业可以随时了解车辆的运行状况、任务执行和安排情况，使不同地方的流动运输设备变得透明而且可控。另外还可以通过远程操作，例如断电锁车、超速报警对车辆行驶进行实时限速监管；偏移路线预警、疲劳驾驶预警、危险路段提示、紧急情况报警、求助信息发送等安全管理保障驾驶员、货物、车辆及客户财产安全，实时监控如图 3-16 所示。

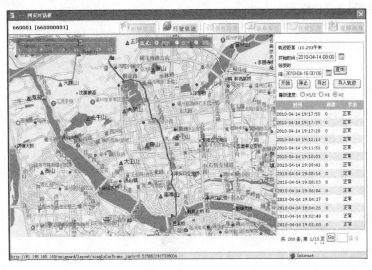

图 3-16　实时监控

2. 指挥调度

客户经常会因突发性的变故而在车队出发后要求改变原定计划。有时公司在集中回程期间临时得到了新的货源信息，有时几个不同的物流项目要交叉调车。在上述情况下，监控中心借助于 GIS 就可以根据车辆信息、位置和道路交通状况向车辆发出实时调度指令，达到充分调度货物及车辆的目的，降低空载率，提高车辆运作效率。

3. 规划车辆路径

目前主流的 GIS 应用开发平台大多集成了路径分析模块，运输企业可以根据送货车辆的装载量、客户分布、配送订单、送货线路交通状况等因素设定计算条件，利用该模块的功能，结合真实环境中所采集到的空间数据分析客、货流量的变化情况，对公司的运输线路进行优化处理，可以方便地实现以费用最小或路径最短等目标为出发点的运输路径规划。

4. 定位跟踪

结合北斗/GPS 技术实现实时快速的定位，这对于现代物流的高效率管理来说是非常核心的关键。在主控中心的电子地图上选定跟踪车辆，将其运行位置在地图画面上保存，精确定位车辆的具体位置、行驶方向和瞬间时速，形成直观的运行轨迹，并任意放大、缩小、还原和换图，可以随目标移动，使目标始终保持在屏幕上，利用该功能可以对车辆和货物进行实时定位、跟踪，满足掌握车辆基本信息、对车辆进行远程管理的需要。另外，轨迹回放功能也是 GIS 和北斗/GPS 相结合的产物，也可以作为车辆跟踪功能的一个重要补充，车辆历史轨迹查询如图 3-17 所示。

5. 信息查询

货物发出以后，受控车辆所有的移动信息均被存储在控制中心计算机中——有序存档、方便查询；客户可以通过网络实时查询车辆运输途中的运行情况和所处的位置，了解货物在途中是否安全，是否能快速有效地到达。接货方根据发货方提供的相关资料和权限就可以通过网络实时查看车辆和货物的相关信息，掌握货物在途中的情况以及大概的到达时间，以此来提前安排货物的接收、存放以及销售等环节，使货物的销售链可提前完成。大闸蟹配送物流信息查询，如图 3-18 所示。

图 3-17　车辆历史轨迹查询　　　　图 3-18　大闸蟹配送物流信息查询

6. 辅助决策分析

在物流管理中，GIS 会提供历史的、现在的、空间的、属性的等全方位信息，并集成各种信息进行销售分析、市场分析、选址分析以及潜在客户分析等空间分析。另外，GIS 与北斗/GPS 的有效结合，再辅以车辆路线模型、最短路径模型、网络物流模型、分配集合模型和设施定位模型等，可构建高度自动化、实时化和智能化的物流管理信息系统，这种系统不仅能够分析和运用数据，而且能为各种应用提供科学的决策依据，使物流变得实时并且成本最优。

3.4　实验案例：基于北斗/GPS 和 GIS 技术的配送

本节实验案例目的是指导学生：利用北斗/GPSGPS 和 GIS 技术，模拟物流配送的典型工作任务。模拟线路规划与优化、在途配送、货物跟踪、车辆调度等。在规定的时间内，完成 10 个地点的配送计划制定、货物配送。本实验大约 4 课时，具体内容参见本书配套的免费实训指导书。

本章小结

本章主要介绍物流信息中的空间信息技术，包括北斗/GPS 技术和 GIS 技术。首先对北斗/GPS 的基础理论知识进行介绍，包括北斗/GPS 定位系统的空间部分（北斗/GPS 卫星星座）、地面控制部分（地面监控系统）和用户设备部分（GPS 信号接收机）的描述，同时描述中国自主研发的北斗定位系统；其次介绍地理信息系统的构成和功能，并结合实际应用介绍了北斗/GPS 和 GIS 在物流中的应用；最后通过基于北斗/GPS 和 GIS 技术的配送案例使读者加深对物流空间信息技术的理解。

课后习题

1. 简述北斗/GPS 定位系统的组成。
2. 北斗卫星导航系统"三步走"计划是什么？
3. 北斗应用的五大优势是什么？
4. 简述 GIS 系统的构成。
5. 简述北斗/GPS 在物流中的应用。
6. 简述 GIS 在物流中的应用。

第4章 物流管理信息系统概述

本章要点

物流管理信息系统（Logistics Management Information Systems，LMIS）是由人员、计算机硬件/软件、网络通信设备及其他办公设备组成，对物流信息进行收集、传输、存储、加工、维护和使用的系统，是物流系统的子系统。

本章共包括6部分的内容：第1部分介绍物流信息系统的功能模块及物流管理信息系统的开发过程；第2部分详细介绍仓储管理信息系统的概念、业务流程及功能模块；第3部分详细讨论运输管理信息系统的概念、功能及应用；第4部分详细讨论配送中心管理信息系统的概念、功能；第5部分介绍物流管理新系统，包括供应链管理系统、采购管理信息系统、第三方物流管理信息系统、第四方物流系统、公共物流信息平台和企业资源计划；第6部分通过介绍巡航卫士货运物流管理系统的使用，熟悉物流管理信息系统的常用模块。

引例

中国石化化工销售江苏分公司的仓储信息管理系统

中国石化化工销售有限公司（以下简称化工销售）是中国石化的下属全资子公司，负责中国石化所属企业生产的化工产品的资源统筹、市场营销、产品销售、物流运作、客户服务以及中国石化所属企业生产所需相关化工原料的采购和供应工作，并开展物流设施及海外化工业务的投资。

化工销售江苏分公司沿长江下游南岸建设了一系列化工仓储基地。目前已建设投用三个库区，总库容29.34万 m³，仓储资产原值总计2.36亿元，分布在镇江、江阴、南通三个城市。江苏分公司建立了先进的仓储信息管理系统，有力支撑化工销售有限公司物流信息化管理体系的构建。

仓储信息管理系统实现了基于订单驱动的物料进销存管理，是库区的核心业务，涵盖了库区与物料有关的12种作业业务。管理模块涵盖与ERP、底层仪表等不同控制层次的接口管理；涵盖基本作业的出入库管理；涵盖库区现有手工商品台账和报表的系统化仿真；实现计量自动化和罐量自动计算功能，大大提高了库区作业的准确程度、及时性和信息的完整性，降低了人工作业的不确定性；最终通过综合展示界面，实时动态地向各级管理人员提供直观的管理信息，从而提升了库区的精细化管理水平。

相较于系统运行之前，库区在管理水平、竞争模式和业务流程等多方面都有了明显提高。具体表现在：

1) 仓储信息管理系统建立起一套基于商流订单驱动的库区作业计划、调度作业、计量作业、收发作业的操作流程，以及从订单到签收回单的闭环单据流。库区通过仓储信息管理系统作业模块，在数量管理方面覆盖了所有作业流程，做到了实时在线的作业进程监控。

2）系统上线后，库区由原来的手工开具作业单加口头通知的作业的方式，改进为严格按照系统计划单、作业单进行作业的规范模式，违章指挥和违章作业得到有效的控制，库区实现作业计划单、计量作业通知单在系统中传递，作业指令在系统中可追溯。

3）作业一线岗位如调度、计量、收发岗的操作随意性、反馈数据录入的及时性受到在线操作要求的严格限制，作业环节的各节点得到较好的规范，尤其在已售未提、提单超期提货监管、出入库及时出具签收回单等方面得到有效的控制。

4）仓储信息管理系统罐量计算模块，通过人工和系统计算的双复核，提高了库区数量管理的可靠性，降低了因人工计算错误造成的损失。对减轻计量人员的工作负荷，提高计算精度和准确率，提供了很好的辅助支持。

5）库区日常管理报表储罐分户账、物料分类汇总账、商品收发存分户台账、油库日报以及日常查询报表功能都已在系统中实现，有效减轻了一线基层工作人员的劳动强度。

6）库区的管理模式从过去的人工粗放化逐步提升为自动精细化，库区依托仓储信息管理系统增强了自信，真正实现了"三公开"的管理特色，即工艺流程公开、计量检测公开、作业全过程公开，在竞争模式上取得了差异化的优势。

4.1 物流管理信息系统概述

4.1.1 物流管理信息系统的概念

1. 管理信息系统

管理信息系统（Management Information System，MIS）是一个以人为主导，利用计算机硬件/软件、网络通信设备以及其他办公设备进行信息的收集、传输、加工、储存、更新、拓展和维护的系统。

2. 物流管理信息系统

物流管理信息系统也称物流信息系统（Logistics Information System，LIS），是由人员、计算机硬件/软件、网络通信设备及其他办公设备组成的人机交互系统，其主要功能是进行物流信息的收集、存储、传输、加工整理、维护和输出，为物流管理者及其他组织管理人员提供战略、战术及运作决策的支持，以达到组织的战略竞优，提高物流运作的效率和效益。

4.1.2 物流管理信息系统的功能模块

物流管理信息系统一般应建立如下功能模块（如图4-1所示）。

1. 订单管理模块

系统应当按照仓储、运输一体化管理的要求设计，满足客户"一票到底"的要求；通过权限管理实现总部或者网点接单。提供接受电子订单的功能。

2. 仓库管理模块

包括仓储货位信息管理和库存物资信息管理。进出库流程应当清晰、合理、高效。仓储货物的管理方案要有利于实现仓库规划和合理布局，提高仓库面积利用率和库容利用率，满足不同的库位存放要求。库存物资管理方案要有利于满足客户查询需求、提升客户服务水平、降低库存成本、提高库存周转率。

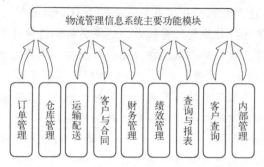

图 4-1　物流管理信息系统主要功能模块

3. 运输与配送管理模块

包括运输调度、制定配送计划、运力采购管理、车辆跟踪、出险理赔管理等。即根据客户的需要，采购运力、调度车辆、制定配送计划、派车派司机进行运输与配送。运输与配送管理要有利于准确及时满足客户需要，节约运力、节约运费，提高经济效益。

4. 客户关系与合同管理模块

包括客户信息、信用管理、对账功能、催收功能、合同管理等功能。

5. 财务管理模块

包括各种物流活动的成本记录、统计分析和费用结算。要求能够根据每笔业务生成相应的应收、应付记录，并能够根据不同的作业网点、作业项目分段计费。提供多样性的计费方式组合。

6. 绩效管理模块

包括各种服务的绩效指标设定和分析、员工工作量的分析。

7. 查询与报表管理模块

满足自定义各种报表、组合查询的要求，对于关键的表单实现打印安全的控制。

8. 客户查询模块

支持客户进行网上物流信息（如货物状态、库存信息）的查询。

9. 企业内部管理模块

通过企业内部网，实现公司有关部门的信息传递和数据共享，并与互联网建立起安全的自我保护性联系。包括内部文件流转、人事管理、电子邮件系统的建立。

4.1.3　物流管理信息系统的开发过程

物流管理信息系统开发过程主要经历 6 个过程：需求分析阶段、系统设计阶段、系统开发阶段、系统测试阶段、系统运行和系统维护阶段。结构化系统开发方法工作过程如图 4-2 所示。

图 4-2　结构化系统开发方法工作过程

这6个阶段的具体目标和成果见表4-1。

表4-1　系统开发的各个阶段的具体目标和成果

阶　段	目　标	成　果	备　注
需求分析	提出系统开发要求	系统开发建议书	需求分析方法：开座谈会、跟班作业、填写调查表、查看业务票据和记录、个别交谈
	业务需求初步调研，调查分析用户的总体需求，了解新系统应达到的总体目标	主要业务需求说明书	
	可行性分析	可行性分析报告	
	业务需求详细调研，调查系统应达到的功能目标；调查新系统应用环境的现状，包括组织概况、组织环境、现行系统的状况，对新系统认识的基础、资源状况；调查新系统用户的人员状况，包括管理人员、技术人员、用户群数量	业务需求规范说明书	
	制定项目开发计划	项目开发计划书	
系统设计	业务流程设计	业务流程设计书（业务流程图）	
	系统功能设计，划分子系统和功能模块，设计详细功能	系统功能设计书（系统功能树形结构图）	
	系统数据结构设计，建立完整数据字典	数据库关系设计图、数据字典、数据流程图	主要技术手段是E-R图
系统开发	程序设计与编写	系统Demo	
	系统调试，根据系统说明书和系统实施方案对程序设计的结果进行全面检查，找出并纠正其中的错误，把错误尽量在系统正式运行以前解决	新版本系统	
	编写系统使用说明书，包括系统运行环境的介绍、应用系统的介绍、操作说明、系统输出报表的相关说明、系统管理和维护说明等	系统使用说明书	
系统测试	系统培训，对使用系统的员工进行操作培训	员工具备系统基本操作能力	
	试运行	问题说明报告	
	系统修改	正式版本系统	
系统运行	系统正式运行		
	系统验收	验收报告	
系统维护	随着业务需求和流程的改变对系统进行维护和修改	新版本系统，业务变更报告	系统正式运行后定期进行业务需求分析，重新设计系统，以便于进行系统维护和修改

1. 需求分析

需求分析主要是对开发的软件进行详细的调查和分析，充分理解用户的需求，确定哪些需求是可以满足的，明确这些需求的逻辑结构，并加以确切的描述，得出软件需求说明书或功能说明书及初步的系统用户手册。

2. 系统设计

系统设计是软件工程的技术核心，其基本任务是将用户要求转化成一个具体的软件系统的设计方案。其包括数据库设计、窗体与报表设计、运算过程及逻辑功能设计、网络及通信设计。

3. 系统开发

系统开发是通过程序编写实现的，其过程是把系统设计转换成计算机可以接受的程序，即写成某一程序设计语言表示的"源程序清单"，写出来的程序应该是结构良好、清晰易读的，且与设计一致。

4. 系统测试

测试是保证软件质量的重要手段，其任务是发现并排除错误。它通常又可分为单元测试（或称模块测试）、组装测试和确认测试等步骤。测试最好由另一个独立的部门（不参加该软件系统的设计和编写的人员）来完成，这样可以提高测试的效率。经过测试修改就得到了可运行的软件系统，可交付用户使用。整个测试过程都要记录在测试分析报告中。

5. 系统运行

已交付的软件投入正式的使用便进入运行阶段。在运行阶段，需要对软件系统进行修改，其原因可能是运行中发现了错误需要修正；为了适应变化了的软件工作环境需做适当的变更；为了增强软件功能需做变更。每一项维护活动都应该准确地记录下来，作为正式的文档资料加以保存。

6. 系统维护

系统维护是指为适应系统的环境和其他因素的各种变化、保证系统正常工作而对系统所进行的修改，包括系统功能的改进和解决系统在运行期间发生的问题。系统维护可分为更正性维护、适应性维护、完善性维护和预防性维护。

（1）更正性维护

众所周知，系统测试不可能发现系统中的所有错误，还有许多潜在的错误，只有在系统运行过程中具备一定的激发条件时才可能出现，人们把诊断和改正这类错误的维护工作称为更正性维护。

出现这些错误通常是由于遇到了调试阶段从未使用过的输入数据的某种逻辑组合或判断条件的某种组合，即没有测试到这些情况。在系统运行期间遇到的错误，有些可能不太重要或者很容易处理或回避，有些可能相当严重，甚至会使系统无法正常工作。但无论错误的严重程度如何，都要设法改正。修改工作需要制定修改计划、提出修改要求，经领导审查批准后，在严格的管理和控制下进行系统的更正性维护。

（2）适应性维护

适应性维护是指信息系统的外部环境发生变化时需要进行的系统维护。计算机技术（包括硬件和软件）的发展速度非常快，而一般的系统使用寿命都超过最初开发这个系统时的系统环境寿命。计算机硬件系统的不断更新，操作系统新版本的出现，都要求对系统做出相应的改动。此外，数据环境的变化（例如数据库管理系统的版本升级、数据存储介质的变动等）也要求系统进行适应性维护。适应性维护也要制定维护计划，有步骤、分阶段地组织实施。

（3）完善性维护

当信息系统投入使用并成功运行以后，由于企业业务需求变化和扩展，用户可能会提出修改某些功能、增加新功能等要求，这种系统维护被称为完善性维护。其目的是改善和加强信息系统的功能，满足用户对系统日益增长的需求。

此外，还有一些其他的完善性维护工作，例如经过一段时间的运行，发现系统某些地方的运行效率太低而需要提高，或者某些功能界面的可操作性有待提高，或者需要增加一些新的安全措施等，这类维护也属于完善性维护。

（4）预防性维护

预防性维护是一种主动性的预防措施，对一些使用时间较长、目前尚能正常运行，但可能要发生变化的部分模块进行维护，以适应将来的修改或调整。与前3种维护类型相比，预防性维护工作相对较少。

4.2 仓储管理信息系统

4.2.1 仓储管理信息系统的概念

仓库管理信息系统（Warehouse Management System，WMS）是在管理科学、系统科学和计算机科学等的基础上发展起来的综合性边缘科学。在21世纪信息高速发展的时代中，仓库管理信息系统具有很重要的作用，它有预测和辅助决策的功能，即利用现代管理的决策和支持。仓库管理信息系统是一个人机系统，同时又是一个一体化集成系统。仓库管理信息系统是信息系统的一个子系统，它以计算机技术、通信技术和软件技术为技术基础，同时将现代管理理论、现代管理方法及各级管理人员融为一体，最终为某个组织整体的管理与决策服务，仓储管理信息系统是由人和计算机组成的能进行信息的收集、传递、存储、加工、维护和使用的系统。仓库管理信息系统的基本结构可以概括为四大部件，即信息源、信息处理器、信息用户和信息管理者。因此，一个成功的管理信息系统应该具有可靠的硬件、实用的软件和强有力的现代化管理水平。具体来讲，管理信息系统的三大支柱是计算机网络、数据库和现代化的管理，这三大支柱称为管理信息系统的扩展部件。

4.2.2 仓库管理的业务流程

仓库管理按时间顺序划分为入库管理、在库管理和出库管理，仓库管理的业务流程如图4-3所示。

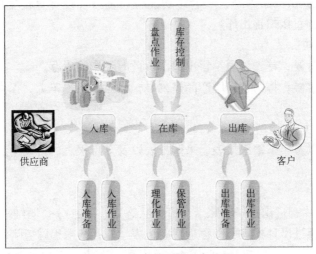

图4-3 仓库管理的业务流程

4.2.3 仓储管理信息系统的功能

仓储管理信息系统的模块比较多，核心模块包括仓库管理模块、销售管理模块、报表生成模块和查询功能模块。

1. 系统功能设定模块

该模块自定义整个系统的管理规则，包括定义管理员及其操作口令。

2. 基本资料维护模块

该模块对每批产品生成唯一的基本条码序列号标签，用户可以根据自己的需要定义序列号，每种型号的产品都有固定的编码规则，在数据库中可以对产品进行添加、删除和编辑等操作。

3. 采购管理模块

采购管理模块包含以下功能。

1）采购订单：当需要采购的时候，可以填写采购订单，此时并不影响库存。

2）采购收货：当采购订单被批准，完成采购后到货的时候，首先给货物贴上条形码序列号标签，然后在采购收货单上扫描此条形码，保存之后，库存会自动增加。

3）其他入库：包括借出货物归还、退货等，只需要填写采购收货单。

4. 仓库管理模块

仓库管理模块包括以下功能。

1）入库管理：入库管理建立与 ERP 采购计划和到货计划的接口，对从物料入库到入库检验和上架进行严格的流程控制。采用自动识别技术加快了入库操作，并可根据既定的规则对物料的存放地点（库位）进行指定，做到物料的有序存放，并实现准确的批次管理。

2）出库管理：出库操作根据出库计划指定出库物品的具体位置和数量，采用扫描出库方式提高出库速度和准确度，避免人工操作的失误。针对制造企业和物流企业，出库操作分别设定了不同的出库类型和模式。

3）移库管理：支持仓库内和仓库间的移库操作。

4）动态盘点：仓库盘点使用手持终端进行实时的批处理操作，盘点速度快，准确度高。动态盘点过程不影响正常的出入库操作，为连续运行的仓库提供准确的动态盘点管理。

5）包装管理：提供产品内外包装管理功能，通过系统设置直接生成内外包装条形码，员工可使用扫描设备直接扫描出库。

5. 销售管理模块

当销售出库的时候，首先填写销售出库单，此时不影响库存。

当销售出库的时候，将销售出库产品序列号扫描至该出库单上，保存之后，库存报表自动减少该类产品。

6. 报表生成模块

月末、季度末以及年末销售报表、采购报表以及盘点报表的自动生成，用户自定义需要统计的报表。

7. 查询功能

1）查询报表：库存进出电子料账卡、库存状态表、库存分仓明细表、库存抽盘与全盘点差异统计表、库存进出日报表、库存理货登记表、库存料账追踪查询、生产实时状态表。

2）库存进出报表：库存进出电子料账卡、库存状态表、库存分仓明细表、库存抽盘与全盘点差异统计表、库存进出日报表、库存理货登记表、库存料账追踪查询、生产实时状态表、出货单、验收入库单和领料单。

4.3 运输管理信息系统

4.3.1 运输管理系统概述

运输管理系统（Transportation Management System，TMS）是一种"供应链"分组下的（基于网络的）管理软件。它能通过多种方法和其他相关的操作一起提高物流的管理能力，包括管理装运单位，指定企业内、国内和国外的发货计划，管理运输模型、基准和费用，维护运输数据，生成提单，优化运输计划，选择承运人及服务方式，招标和投标，审计和支付货运账单，处理货损索赔，安排劳力和场所，管理文件（尤其当国际运输时）和管理第三方物流。

4.3.2 运输管理系统的功能

运输管理系统的主要功能模块应该包括以下功能。

1）系统管理功能：用户管理模块、权限角色管理模块、数据字典维护模块和日志管理模块。

2）基本信息管理：包括客户信息管理模块、车辆信息管理模块和人员信息管理模块。

3）运输作业管理：订单处理模块、调度配载模块和运输跟踪模块。

4）财务管理：统计报表管理模块、应收/应付模块。

4.3.3 运输管理系统的应用

运输管理系统主要应用在货物的跟踪管理和车辆运行管理中。

1. 货物的跟踪管理

1）当顾客需要对货物的状态进行查询时，只要输入货物的发票号码，马上就可以知道有关货物状态的信息。查询作业简便迅速，信息及时准确。

2）通过货物信息可以确认货物是否在规定的时间内送到顾客手中，能及时发现没有在规定的时间内把货物交付给顾客的情况，便于马上查明原因并及时改正，从而提高运送货物的准确性和及时性，提高服务水平。

3）作为获得竞争优势的手段，提高物流运输效率，提供差别化物流服务。

4）通过货物跟踪系统所得到的有关货物运送状态的信息丰富了供应链的信息分享源，有关货物运送状态信息的分享有利于顾客预先做好接货以及后续工作的准备。

2. 车辆运行管理

1）提供运输任务的实时监控和查询：运输企业或货主能够方便、快速地查询与追踪货物或运输车辆，查询自己的货物在运输过程中的全部情况，获悉车辆的具体位置，了解货物运输的全过程，实现数据网络共享和对营运车辆的实时网络追踪管理（包括车号、车种、车型、所在区域、状态、内容和去向等）。

2）提供预警功能：GPS、GSM、GIS和计算机网络通信技术的应用，构成了通信与定位相结合的指挥调度、监控报警的强大管理网。当在任务执行的考察点发生应到而未到的现象时，系统自动提出警示，提醒可能产生的延误。

3）集成 SMS 功能：当发生例外事件时触发 SMS，使相关人员及时得到信息，提高反应能力。

4）企业可根据地图信息，结合自身实际，划分为若干个责任管辖区域。分完区域的地图信息中具有地理坐标，可最终确定新客户的地理位置定位或者修改老客户的地理位置，达到定位客户的目的，便于企业基于属性数据和图形数据的结合对分区进行科学、规范的管理。

5）发生车辆遇险或出现意外事故，系统自动报警并自动执行相应的处理。

4.4 配送中心管理信息系统

4.4.1 配送中心管理信息系统概述

配送中心作业除了进货、储存、保管、分拣、配货、配装、送货和流通加工等物流功能作业活动外，还包括信息流活动。而系统处理信息流的平台是配送中心管理信息系统。

4.4.2 配送中心信息系统的功能

1. 标准化管理

标准化管理负责配送中心管理信息系统涉及的商品编码、代码、人员和货位等基础信息的维护，是信息系统应用的基础。

2. 订单管理

订单管理承担配送中心对外业务的处理，包括受理客户的收、发货请求，配送中心出具的单据的验证、复核、打印和传递。

3. 合约管理

合约管理是对有关合同、客户档案的管理。

4. 存储管理

1）入库管理：负责处理不同要求、不同形式的入库指令，生成入库单。

2）理货管理：物品外观质量检验与验收，条码录入与打印，储存区域、货位分配，堆垛、苫盖，在库保管与养护，盘点作业管理。

3）出库管理：负责处理各种出库方式的出库指令。

5. 车辆调度

按照配送中心出货订单与自有车辆和外雇车辆状况合理安排车辆。

6. 配载管理

配载管理按一定的算法将轻重不同的货物分配到指定车辆上，以实现车辆较高的利用率。

7. 货物跟踪

货物跟踪指物品运输/送货过程中信息的反馈与发送，可链接 GPS 装置，实现货物跟踪的功能。

8. 到货交接

物品送达客户时交接相关信息的处理。

9. 费用结算

配送业务相关费用的结算、业务单据和报表的打印与传递。

4.5 新型物流管理系统

4.5.1 供应链管理系统

供应链管理系统（Supply Chain Management，SCM）是基于协同供应链管理的思想，配合供应链中各实体的业务需求，使操作流程和信息系统紧密配合，做到各环节无缝链接，形成物流、信息流、单证流、商流和资金流五流合一的领先模式，实现整体供应链可视化、管理信息化、整体利益最大化、管理成本最小化，从而提高总体水平。

金蝶 K/3 WISE 采购管理系统是面向制造企业和商业流通企业的采购管理人员设计的一个供应链管理系统。该系统提供采购需求管理、采购订货、仓库收料、采购退货、多汇率处理、购货结算处理和供应商评估等全面的采购业务流程管理，以及供应商管理、价格控制和供货信息管理等综合业务管理功能，帮助企业实现采购业务全过程的物流、资金流、信息流的有效管理和控制。该系统可以与销售管理、仓库管理、供应商关系管理、进口管理、存货核算管理和应付款管理等系统结合运用，提供更完整、全面的企业供应链解决方案。在我国物流行业得到广泛应用。

金蝶 K3 的供应链管理业务流程如图 4-4 所示。

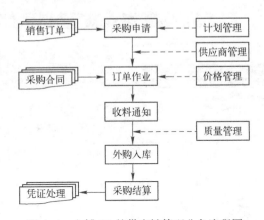

图 4-4　金蝶 K3 的供应链管理业务流程图

4.5.2 采购管理信息系统

采购物流是指包括原材料等一切生产物资的采购、进货运输、仓储、库存管理、用料管理和供应管理，也称为原材料采购物流。它是生产物流系统中独立性相对较强的子系统，并且和生产系统、财务系统等生产企业部门以及企业外部的资源市场、运输部门有密切的联系。采购物流是企业为保证生产节奏，不断组织原材料、零部件、燃料和辅助材料供应的物流活动，这种活动对企业生产的正常、高效率进行发挥着保障作用。

采购管理信息系统是综合采购申请、采购订货、进料检验、仓库收料、采购退货、购货发票处理、供应商管理、价格及供货信息管理、订单管理以及质量检验管理等功能的管理系统，对采购物流和资金流的全部过程进行有效的双向控制和跟踪，实现完善的企业物资供应信息管理。

4.5.3 第三方物流管理信息系统

第三方物流（Third-Party Logistics，3PL 或 TPL）是相对"第一方"发货人和"第二方"收货人而言的。所谓第三方物流是指生产经营企业为集中精力搞好主业，把原来属于自己处理的物流活动以合同方式委托给专业物流服务企业，同时通过信息系统与物流企业保持密切联系，以达到对物流全程管理控制的一种物流运作与管理方式。它是由第三方专业企业来承担企业物流活动的一种物流形态。它为顾客提供以合同为约束、以结盟为基础的系列化、个性化和信息化的物流代理服务。

最常见的 3PL 服务包括设计物流系统、EDI 能力、报表管理、货物集运、选择承运人、货代人、海关代理、信息管理、仓储、咨询、运费支付和运费谈判等。由于物流业服务方式一般是与企业签订一定期限的物流服务合同，所以有人称第三方物流为"合同契约物流（Contract Logistics）"。

第三方物流管理信息系统的主要功能为资源管理、客户管理、合同管理、指令管理、总部计划管理、分部计划管理、运输管理、仓储管理、结算管理和统计分析等。例如锦程物流，如图 4-5 所示。

图 4-5　锦程物流——第三方物流

4.5.4 第四方物流管理信息系统

第四方物流（Fourth party logistics）是一个供应链的集成商，一般情况下政府为促进地区物流产业发展领头搭建第四方物流平台提供共享及发布信息服务，是供需双方及第三方物流的领导力量。第四方物流系统是未来物流系统发展的方向。

中国最大的第四方物流企业是"菜鸟网络"，菜鸟网络是多家公司合并发起的"中国智能物流骨干网"项目，共同组建的一个公司。目的是希望在 5~8 年的时间，努力打造遍布全国的开放式、社会化物流基础设施，建立一张能支撑日均 300 亿元（年度约 10 万亿元）网络零售额的智能骨干网络。如图 4-6 第四方物流企业——菜鸟网络所示。

图 4-6　第四方物流企业——菜鸟网络

4.5.5　公共物流信息平台

公共物流信息平台（Public Logistic Information Platform，PLIP）：是通过对公共信息的收集、分析、处理，对物流企业信息系统完成各类功能提供支持功能，为政府相关部门的信息沟通起到信息枢纽作用，为政府宏观决策提供支持的系统；是为物流企业、物流需求企业和政府及其他相关部门提供物流信息服务的公共商业性平台，包括公共信息服务、数据交换服务、物流应用服务等模块，本质是为物流活动提供信息化手段的支持和保障；为企业提供单个无法完成的基础资料收集，并进行加工处理；为政府相关部门公共信息的流动提供支撑环境。

以国家交通运输物流公共信息平台（网址为：http://www.logink.cn/）为例对公共物流信息平台加以说明，该平台的首页如图 4-7 所示。

图 4-7　国家交通运输物流公共信息平台

国家交通运输物流公共信息平台（简称"国家物流信息平台"，英文标识"LOGINK"）是国务院《物流业发展中长期规划（2014-2020年)》的主要任务和重点工程之一，是多项国家级和部委级物流业具体发展规划的重点建设内容，是由交通运输部和国家发改委牵头，多方参与共建的公共物流信息服务网络，是一个政府主导、承载国家物流领域重大发展战略的服务机构。

国家物流信息平台经过近十年的发展，完成了多方面的探索，促进形成了我国物流信息服务领域"国家级公共平台+区域级公共平台+商业服务平台"的基本发展模式，在标准化、数据交换、国际合作方面取得了丰硕的成果。

国家交通运输物流公共信息平台共有3大模块，分别为平台服务模块、平台应用模块、开放接入中心模块。

（1）平台服务模块

平台服务模块的组成包括：

- 标准服务：标准体系、普运电子单证、危运电子单证、代码集、符合性测试；
- 交换服务：交换管理、数据交换；
- 数据服务：信用数据、跟踪数据、资源数据、综合数据。

（2）平台应用模块

平台应用模块的组成包括：

- 商业应用：物流管理软件、金融服务产品、资源类产品、信用类产品、国际贸易类产品；
- 企业应用：公路互联、海运互联、航空互联、铁路互联；
- 管理应用：药品运输监测、危货运输监测、危废运输监测、无车承运监测、物流园区监测、货运实名监测。

（3）开放接入中心模块

开放接入中心模块的组成包括：新手接入指南、管理系统、交换服务、NEAL-NET服务、信用服务、跟踪服务、无车承运人服务、危险货物承托运人服务。

4.5.6　企业资源计划（ERP）

1. ERP 简介

ERP 是英文 Enterprise Resource Planning（企业资源计划）的简写。

ERP 系统是指建立在信息技术基础上，以系统化的管理思想为企业决策层及员工提供决策运行手段的管理平台。它是从 MRP（物料需求计划）发展而来的新一代集成化管理信息系统，它扩展了 MRP 的功能，其核心思想是供应链管理。它跳出了传统企业模式，从供应链范围去优化企业的资源。ERP 系统集信息技术与先进管理思想于一体，成为现代企业的运行模式，反映时代对企业合理调配资源，最大化地创造社会财富的要求，成为企业在信息时代生存、发展的基石。它对于改善企业业务流程、提高企业核心竞争力具有显著的作用。

2. 物流企业 ERP

随着国内物流企业业务量的日益增加，采购、销售等规模的不断广大，其管理信息快速增加，企业的种种问题也随之而来，在当前市场竞争日益激烈的情况下，特别需要科学的管理工具实现企业的集成管理，解决这些企业问题。

德国 SAP 公司研发了物流行业 ERP 系统来帮助物流企业快速建立一整套完善的信息化系统，解决企业变革和发展问题。德国 SAP 公司开发的 ERP 系统起源于 Systems Applications and Products in Data Processing。SAP 是目前全世界排名第一的 ERP 软件。德国 SAP 软件公司如图 4-8 所示。

图 4-8　德国 SAP 软件公司

（1）报价管理

物流 ERP 系统可根据运费、产品采购价格（成本）等参数设置自动计算各种成交方式下的产品毛利率，也可根据利润率返算出报价，准确、快捷；系统可设置从采购询价管理中选择中标供应厂商产品，工厂价格直接参与报价计算，避免人为因素和差错的产生。

（2）销售管理

1）合同信息、产品信息输入栏目详尽，支持合同、产品的文字或图片，对产品可即时了解历史销售价格，方便用户生成合同记录；所有产品记录以合同号为中心，全程控制订单的执行，从采购到收款一一对应，脉络清晰，查询准确。

2）合同执行进度功能，通过设置监控点可汇总所有合同执行的全过程，备货、出运进展情况一目了然。

3）系统提供合同打印模板，可生成导出 Excel 格式，模板编辑权限开放给用户，用户也可自行调整。

4）物流 ERP 系统对部门、业务员、客户、国家区域和产品等可进行销售额或业绩的多角度统计制表，随时提供正确管理决策。

（3）询价管理

采购前对需要采购的产品进行广泛询价，系统可生成询价单通过传真、邮件发送给特定厂商，同时将反馈的信息记录在询价结果中，供采购模块使用。对于需要询价的产品，通过历史询价可自动列出所有厂商的历史价格参考。

（4）出运管理

对需要报关出运的产品进行组织并生成出运单，同时列明订仓、报关细节，为后期制单出运做准备，也是单证、款项、核销的数据基础。

（5）单证管理

单证管理是进行报关、结汇单据的制作。数据可以从销售合同、备货单等导入，方便操作。每一种单据系统都可支持一套独立的产品数据，同时数据可以保存，便于日后跟踪。明细完成后，系统可以一键完成商业发票、装箱单、报关单、委托书、检验检疫单、海关发票等几十种单据的打印，数量可分别设置。系统可设置每次货物的装运和交单日期提醒，防止损失发生。

（6）核销管理

核销管理完成对核销单的登记、申领和记录工作，使管理人员全面掌握每份核销的使用情况，可设置提醒时间，及时提醒相关人员进行核销，防止逾期。

4.6 实验案例：巡航卫士货运物流管理系统的使用

本实验案例以一个物流企业车辆跟踪为例，练习使用巡航卫士货物物流管理系统。具体内容是：运行管理，要求每个人进入监控系统后，进行运行管理，并能对车辆进行历史轨迹和实时运行位置监测（如下图4-9所示）。报表管理，要求每个人均生成"车辆里程油耗报表"（如下图4-10所示）和"车辆停车报表"（在道路比例和停车时间方面需要有一定差别，数据可自定义）。本实验大约4课时，具体内容参见本书配套的免费实训指导书。

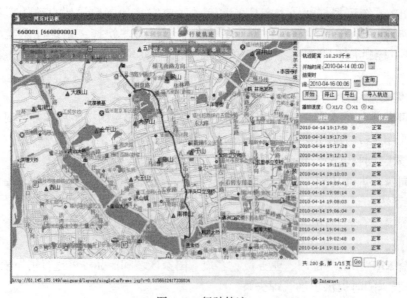

图4-9 行驶轨迹

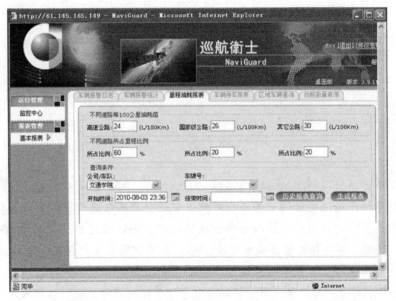

图 4-10　里程油耗报表

本章小结

本章主要介绍物流中的各种管理信息系统。首先对物流信息系统的基本背景知识进行介绍，重点对物流管理信息系统的开发过程进行详细描述；其次介绍常见的物流管理信息系统，包括仓储管理信息系统（WMS）、运输管理信息系统（TMS）、配送管理信息系统等典型的物流信息系统；接着对物流管理信息系统进行展望，特别是对第三方、第四方物流管理信息系统进行详细描述；最后通过巡航卫士货运物流管理系统的应用加深读者对物流信息化的认识。

课后习题

1. 物流管理信息系统的定义是什么？
2. 简述物流管理信息系统经历的开发过程。
3. 什么是仓储管理信息系统？
4. 什么是运输管理系统？
5. 什么是供应链管理系统？
6. 什么是采购管理信息系统？
7. 什么是第三方物流？
8. 什么是第四方物流？

第5章　仓储管理信息系统

本章要点

仓储管理信息系统（Warehouse Management System，WMS）是一个实时的计算机管理信息系统，它能够按照物流运作的业务流程对物流配送企业的信息、资源、存货和分销运作进行优化，使其最大化满足有效产出和精确管理的要求。物流配送企业采用 WMS 后，配送能力提高 20%~30%；库存和发货正确率超过 99%；仓库空间利用率提高；数据输入误差率减少；库存和短缺损耗减少；劳动力、设备、消耗等费用降低。

本章共包括三部分内容：第一部分详细介绍仓储管理的业务流程，包括入库管理、在库管理、出库管理；第二部分介绍仓储管理信息系统的概念、功能模块、MRP 库存控制法、JIT 库存控制法及自动化立体仓库；第三部分详细介绍豪锐仓库管理专家信息管理系统的使用。

引例

海尔全自动立体仓库

海尔集团公司分析发现在整个生产过程中最受制约的是仓储环节，就是原材料和零部件的仓储和配送，所以海尔选择了这个突破口，在青岛海尔信息园里面建了一座机械化的立体仓库，在黄岛开发区建了一座全自动的立体仓库。海尔公司的黄岛立体仓库长 120 m、宽 60 m，仓储面积 5400 m²，立体库有 9168 个标准托盘位，托盘是 1.2 m×1 m 的；立体库的建筑高度是 16 m，放货的高度可达 12.8 m，每天进出的托盘达到 1200 个，实际能力是 1600 个。

海尔公司的这个立体库取代了原来 65000 m² 的外租库，而且由于这个仓库使用了计算机系统，管理人员从原来的 300 多人降为 48 人。其第一个作用是减少外租库的租金，外租库到车间的来回费用，节省工人工资每年可节省费用 1200 万元。第二个作用是降低了物料的库存，因为海尔公司在计算机系统里都设定了库存量，比如说只允许放 7 天的料，超过 7 天不让进，相对来说使整个库存量下降，当时空调事业部就是一个典型的库存量下降例子。

海尔公司的物流的货品包装以往都是采用纸箱，纸箱的坏处在于产品的零部件容易压坏，上线的时候还要倒箱，多次倒箱增加了人工拣选，保证不了产品的质量。现在的自动立体仓库采用统一的产品包装，从分供方的厂里到海尔的生产线整个过程不用倒箱。对车间也是一样，以往车间的效果也是脏、乱、差，使用标准箱之后，全部是叉车作业标准化。立体库具有灵活性和扩展性，刚开始设计立体库时想的只是放空调方面的东西，但是通过计算机系统管理以后，只占很少的库容，公司马上把冰箱、洗衣机、计算机全部放进去，一下减少了这些厂的外租库，整个效果非常明显。立体库就有这么多好处。其实，并不一定非要建立体库，在车间旁边搭立体货架也可以，这样节约了车间里面宝贵的生产面积，每一寸土地都得到了充分的利用。

5.1　仓储管理的业务流程

在仓储管理（Warehouse Management）中，"仓"也称为仓库，是存放物品的建筑物和场地，可以为房屋建筑、大型容器、洞穴或者特定的场地等，具有存放和保护物品的功能；"储"表示收存以备使用，具有收存、保管、交付使用的意思，当用于有形物品时也称为储存。"仓储"则为利用仓库存放、储存未即时使用物品的行为。简而言之，仓储就是在特定的场所储存物品的行为。

传统仓储是为了存，现代仓储（物流仓储）是为了不存或减少储存。仓储管理无论在传统的物品流通领域还是在现代物流活动过程中都占据着非常重要的位置。

仓储管理的业务流程和作业流程如下图5-1仓储管理的业务流程所示，主要包括：入库管理、在库管理、出库管理。

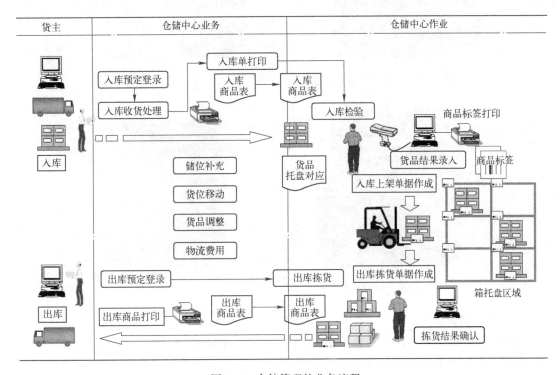

图5-1　仓储管理的业务流程

5.1.1　入库管理

商品入库作业管理包括入库准备、接运卸货、核对单据、物品检验、交接手续和入库信息处理等一系列环节，入库管理是对这些作业活动进行合理安排和组织。

1. 入库准备

（1）加强日常业务联系

仓库应按计划定期向货主、生产厂家以及运输部门进行联系，了解将要入库的商品情况，例如商品的品种、类别、数量和到库时间，以便提前做好商品入库前的准备工作。

（2）安排仓容

根据入库商品的性能、数量和类别按分区保管的要求核算所需面积（仓容）的大小，确定存放的货位，留出必要的验收场地。

按仓库保管条件分类主要有普通仓库，保温、冷藏、恒湿恒温库，危险品仓库和气调仓库，如图5-2~图5-5所示。

图5-2　普通仓库

图5-3　保温、冷藏、恒湿恒温库

图5-4　危险品仓库

图5-5　气调仓库

（3）合理组织人力

根据商品的数量和入库时间安排好商品验收人员、搬运堆码人员以及商品。入库工作流程确定各个工作环节所需的人员和设备（如图5-6~图5-8所示）。

图5-6　搬运工

图5-7　手动液压搬运车（地牛）

图5-8　叉车

（4）准备验收器具

准备点验入库商品的数量、质量、包装以及堆码所需的点数、称重、测试等器具。例如地磅是对货物的数量进行称重，称重时先将满载货物的物流车开到地磅上称出总重量，卸完货物后再次称重，两次重量之差就是该货物的重量，地磅如图5-9所示。

（5）准备苫垫及劳保用品

根据入库货物的性质、数量和储存场所的条件核算并准备所需的苫垫数量及劳保用品，常用的苫垫有枕木、方木、石条、水泥墩、防潮纸、防潮布和塑料垫板等工具，如图5-10所示。

图5-9　地磅

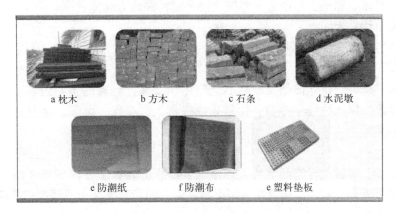

图5-10　常用苫垫

2. 接运卸货

由于商品到达仓库的形式不同，除了一小部分由供货单位直接运到仓库交货外，大部分要经过铁路、公路等运输工具转运或通过航运、空运和短途运输转运。凡经过运输部门转运的商品，均需经过仓库接运后才能进行入库验收。因此，商品的接运是商品入库业务流程的第一道作业环节，也是商品仓库直接与外部发生的经济联系。它的主要任务是及时而准确地向运输部门提取入库商品，要求手续清楚、责任分明，为仓库验收工作创造有利条件。因为接运工作是仓库业务活动的开始，也是商品入库和保管的前提，所以接运工作的好坏直接影响商品的验收和入库后的保管、保养。因此，在接运由运输部门（包括铁路）转运的商品时必须认真检查、分清责任，取得必要的证件，避免将一些在运输过程中或运输前就已经损坏的商品带入仓库，避免造成验收中责任难分和在保管工作中的困难或损失。

3. 物品检验

先核对单据上的物品，入库商品必须具备下列凭证：货主提供的入库通知单和仓储合同；供货单位提供的验收凭证，包括材质证明书、装箱单、磅码单、发货明细表、说明书、保修卡及合格证等；承运单位提供的运输单证，包括提货通知单和登记货物残损情况的货运记录、普通记录以及公路运输交接单等。

1）数量检验：按商品性质和包装情况，数量检验分为3种形式，即计件、检斤、检尺求积。计件是对按件数供货或以件数为计量单位的商品在做数量验收时清点件数；检斤是对按重量供货或以重量为计量单位的商品在做数量验收时称重；检尺求积是对以体积为计量单位的商品（例如木材、竹材、沙石等）先检尺后再求体积所做的数量验收。凡是经过数量检验的商品都应该填写磅码单。在做数量验收之前还应根据商品来源、包装好坏或有关部门规定确定到库商品是采取抽验还是全验方式。

2）质量检验：质量检验包括外观检验、尺寸检验、机械物理性能检验和化学成分检验4种形式。仓库一般只做外观检验和尺寸精度检验，后两种检验如果有必要，由仓库技术管理职能机构取样，委托专门检验机构检验。

3）包装检验：凡是产品合同对包装有具体规定的要严格按规定验收，对于包装的干、潮程度，一般用眼看、手摸方法进行检查。

4. 交接手续

入库物品经过点数、查验之后，可以安排卸货、入库堆码，表示仓库接受物品。在卸货、搬运、堆垛作业完毕，与送货人办理交接手续，并建立仓库台账。

（1）交接手续流程

接受物品→接受文件→签署单证。

（2）登账

物品入库，仓库应建立详细反映物品仓储的明细账，登账的主要内容有物品名称、规格、数量、件数、累计数或结存数、存货人或提货人、批次、金额，注明货位号或运输工具、接（发）货经办人。

（3）立卡

物品入库或上架后，将物品名称、规格、数量或出入状态等内容填在料卡上，称为立卡，料卡又称为货卡、货牌，插放在货架上物品下方的货架支架上或摆放在货垛正面的明显位置。

5. 入库信息处理

入库管理子系统中如实填写入库信息。入库管理子系统的功能是记录采购订单、采购入库单等入库信息，以及开采购发票的功能，入库管理子系统如图 5-11 所示。

图 5-11　入库管理子系统

5.1.2 在库管理

商品在库管理就是研究商品性质以及商品在储存期间的质量变化规律，积极采取各种有效措施和科学的保管方法，创造一个适宜于商品储存的条件，维护商品在储存期间的安全，保护商品的质量和使用价值，最大限度地降低商品损耗的一系列活动。典型的在库作业流程如图5-12所示。

图5-12　典型的在库作业流程

1. 理货作业

（1）货物检查与核对

仓库理货作业是仓库理货人员在货物入库或出库现场的管理工作，理货人员根据入库单或出库单的信息对入库或出库的货物进行检查与核对工作，其主要工作如下。

1）清点货物件数。清点货物件数指清点实际交货数量与送货单的数量是否相符。对于件装货物，包括有包装的货物、裸装货物、捆扎货物，根据合同要求约定的计算方法点算货物的件数。如果合同没有约定清点运输包装件数，对于要拆装入库的货物按照最小独立包装清点。

2）检查货物单重。货物单重是指每一运输包装的货物重量，货物单重一般通过称重的方式核定。对于以长度或者面积、体积进行交易的商品，入库时必须要对货物的尺寸进行丈量。丈量的项目（长、宽、高、厚等）根据约定或者货物的特性确定，通过合法的标准量器（例如卡尺、直尺、卷尺等）进行丈量。

3）查验货物重量。查验货物重量指对入库货物的整体重量进行查验。对于需要对重的货物，需要衡定货物重量，衡重可以采用以下方法。

- 衡重单件重量，则总重等于所有单件重量之和。
- 分批衡重重量，则总重等于每批重量之和。
- 入库车辆衡重，则总重＝总重车重量-总空车重量。
- 抽样衡重重量,则总重＝(抽样重量/抽样样品件数)＊整批总件数。
- 抽样在量核定，误差在1%以内，则总重＝货物单件标重＊整批总件数。

4）检验货物表面状态。理货时对每一件货物的外表进行感官检验，查验货物的外表状态，接收货物外表状态良好的货物。

（2）制作残损报告单

在理货时发现货物外表状况不良，或者怀疑内容损坏，将不良货物剔出，单独存放，避免与其他正常货物混淆。待理货工作结束后进行质量认定。确定内容有无受损以及受损程度。对不良货物采取退货、修理、重新包装等措施处理，或者制作残损报告，以便明确划分责任。

（3）确认存放方式

根据货物特性、包装方式和形状、保管的需要，确保货物质量，方便对货物进行整理、拣选，按照货物的流向、受理顺序、发运时间和到达地点来合理安排货物储存堆码。仓库货物的存放方式主要有 3 种：一是利用地面存放方式，二是利用托盘存放方式，三是利用货架存放方式。其中，地面存放方式主要有散堆法、堆垛法。

1）散堆法适用于没有包装的大宗货物，如煤炭、矿石、砂土等，在仓库内适合存放少量的谷物、碎料等散装货物。堆垛法则有包装的货物或裸装计件的货物，采取地面堆垛的方式储存。

2）地面堆垛主要有重叠式堆码、纵横交错式、仰俯相间式、压缝式、通风式、衬垫式、直立式。

- 重叠式堆码：重叠式也称直堆式，它是逐件逐层向上重叠堆码，一件压一件的堆码方式。货物堆码的层数一定要考虑 3 个因素，一是保证货垛的稳定性，二是装卸作业的可操作性，三是盘点作业的方便性。
- 纵横交错式：奇数和偶数层货物之间成 90°交叉堆码的模型，这种堆码方式层间有一定的咬合效果，但咬合效果不强。
- 仰俯相间式：对上下两面有大小差别或凹凸的货物，例如槽钢、钢轨和箩筐等，将货物仰放一层，再反一面俯放一层，仰俯相间相扣。该垛极为稳定，但装卸搬运操作不便。
- 压缝式：将底层并排摆放，上层放在下层的两件货物之间。因上下层件数的关系分为"2 顶 1""3 顶 2""4 顶 1"等，如图 5-13 所示。

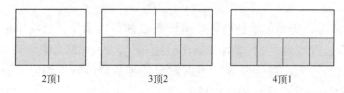

2顶1　　　3顶2　　　4顶1

图 5-13　压缝式堆码示意图

- 通风式：货物在堆码时，每件相邻的货物之间都留有空隙，以便通风。
- 衬垫式：堆码时，隔层或隔几层铺放衬垫物，衬垫物平整牢靠后再往上堆码。
- 直立式：货物保持垂直方向堆放的方法，适用于不能侧压的货物，如玻璃、油毡、油桶和塑料桶等。

2. 保管作业

物品保管是指根据仓库的实际条件对不同的物品进行保护和保存以及对其数量、质量进行管理控制。在经营过程中对物品进行保管的主要目的是通过物品的保管产生物品的时间效用。物品的保管不仅仅是技术问题，它还是一个综合管理问题，为此要做好人、物、温/湿度养护等方面的工作。

（1）仓库保管员

仓库保管员要严格遵守各项操作规程和规章制度，为了保证在仓库储存保管的物品质量完好、数量准确，必须经常、定期和有针对性地对所保管的物品进行数量、质量、保管条件和安全等的检查，特别要注意检查和测试物品与仓储环境、温/湿度变化，若检查中发现问题，如积水、漏雨、阳光照射、虫鼠害、潮湿发霉、高低温和倒垛等要及时处理。

（2）物品特征

物品的品种繁多、特征各异，仓储有必要按照物品的特性科学地归纳为类、组、品目、品种，以便于物品保管。选择是十分重要的工作，物品必须既能达到分类的要求，又能明显地区分分类对象的类别。

（3）物品的分类保管

1）危险品的保管。

① 危险品应存放于专用库场内并有明显标识，库场配备相应的安全设施和应急器材。

② 库场管理人员应经过专门训练，了解和掌握各类危险品保管知识，并经考试合格后才可上岗。

③ 危险品进入库场时，库场管理人员应严格把关，性质不明或包装不符合规定的，库场管理人员有权拒收。

④ 危险品应堆放牢固，标记朝外或朝上，一目了然。

⑤ 照明用灯应选择专用防爆灯，避免生成电火花。

⑥ 危险品库场应建立健全防火责任制，确保各项安全措施的落实。

2）金属物品的保管。

① 保管场所均应清洁干燥，避免与酸、碱、盐等化学品接触。

② 堆码时要防止金属物品受潮。

③ 确保金属材料的防护层和包装的完整，防止因防护层受损而生锈。

3）其他物品的保管。

其他物品应根据商品的特性和形状按照有效的保管方法进行保管。

（4）温/湿度控制

1）温度：温度与湿度密切相关，在一定湿度下，随着温度的变化，空气中的水分可以变成水蒸气，也可以变成水滴。仓库温/湿度与物品变质往往有密切的关系，特别是危险品的储存，关系到物品储存的安全，易燃液体的储藏温度一般不许超过28℃，爆炸品的储藏温度不许超过30℃，因此控制仓库的温/湿度是十分重要的，温/湿度标志如图5-14所示。

2）湿度：库外露天的湿度叫空气湿度，是指空气中水蒸气含量的程度，通常以绝对湿度、饱和湿度、相对湿度等指标来衡量。

图5-14 温/湿度标志

- 绝对湿度是指单位体积空气中实际所含水蒸气的重量，即每立方米的空气中含多少克的水蒸气。
- 饱和湿度指在一定的气压、气温条件下，单位体积空气中所含有的最大水蒸气重量。
- 相对湿度指空气中实际含有水蒸气量与当时温度下饱和蒸气量的百分比，即绝对湿度与饱和湿度的百分比，它表示在一定温度下空气中的水蒸气距离该温度时的饱和水蒸气量的程度。相对湿度越大，说明空气越潮湿；反之，则越干燥。在仓库温/湿度管理中，检查仓库的湿度大小主要是观测相对湿度的大小。

三者之间的关系：相对湿度=（绝对湿度/饱和湿度）×100%

一般而言，温度越高空气的绝对湿度就会越高；相对湿度越大说明空气越潮湿；当温度下降到未饱和、空气达到饱和状态时，空气中的水汽会变成水珠附在冷的物品上，俗称"出汗"，这种现象会造成物品损坏，而此时的温度称为"露点"。

在温度不变的情况下，空气绝对湿度越大，相对湿度越高；绝对湿度越小，相对湿度越低。在空气中的水蒸气含量不变的情况下，温度越高，相对湿度越小；温度越低，相对湿度越高。

3. 盘点作业

盘点方式通常有两种：一种是定期盘点；另一种是临时盘点，见表5-1。

表5-1　盘点方式和含义

盘点方式	含　义
定期盘点	一般是指每季、半年或年终财务结算前由货主派人同仓库保管员、会计人员一起进行全面的盘点对账
临时盘点	一般是当仓库发生物品损失事故或保管员更换，或仓库与货主认为有必要进行盘点时，根据具体情况，组织一次局部性或全面的盘点

盘点的内容主要包括数量盘点、重量盘点、账实核对、账卡核对和账账核对。在盘点对账中如发现问题，要做好记录，并逐一进行分析，及时与货主联系，找出原因，协商对策，纠正账目中的错误。

盘点盈亏的处理：对库存物品盘点中出现的盈亏必须及时做出处理。凡是盘盈、盘亏的数额不超出国家主管部门规定或合同约定的保管损耗标准的，可由仓储保管企业核销；对超出损耗标准的，则必须查明原因，做出分析，写出报告，承担责任；凡同类货物在不同规格上发生数量此少彼多，但总量相符的，可与货主根据仓储合同的约定直接协商处理。根据处理结果，应及时调整账、卡数额，使账、实、卡数额保持一致。

4. 库存控制管理

库存管理主要是与库存物料的计划和控制有关的业务，目的是支持生产运作。库存控制管理的主要内容有入库管理、库存管理、盘点管理、调拨管理、出库管理，如图5-15所示。

（1）ABC分类法

ABC分类法又称帕累托分析法、柏拉图分析法、主次因素分析法、ABC分析法、ABC法则、分类管理法、重点管理法、ABC管理法、ABC管理、巴雷特分析法，它是根据事物在技术或经济方面的主要特征进行分类排队，分清重点和一般，从而有区别地确定管理方式的一种分析方法。由于它把被分析的对象分成A、B、C三类，所以又称为ABC分类法（如图5-16所示）。

图5-15　库存管理的内容

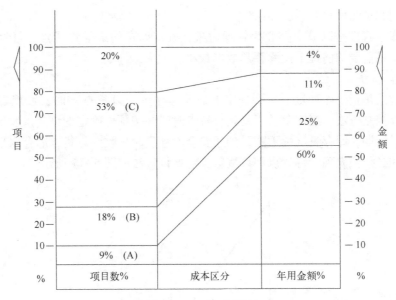

图 5-16　ABC 分类法

　　ABC 分类法是根据事物在技术、经济方面的主要特征进行分类排列，从而实现区别对待、区别管理的一种方法。ABC 法则是帕累托 80/20 法则衍生出来的一种法则，所不同的是，80/20 法则强调的是抓住关键，ABC 法则强调的是分清主次，并将管理对象划分为 A、B、C 三类。1951 年，管理学家戴克首先将 ABC 法则用于库存管理。1951 年至 1956 年，朱兰将 ABC 法则运用于质量管理，并创造性地形成了另一种管理方法——排列图法。1963 年，德鲁克将这一方法推广到更为广泛的领域。

　　我们面临的处理对象可以分为两类，一类是可以量化的，另一类是不能量化的。

　　对于不能量化的，我们通常只能凭经验判断；对于能够量化的，分类容易得多，而且更为科学。下面以库存管理为例来说明如何进行分类。

　　第一步，计算每一种材料的金额。

　　第二步，按照金额由大到小排序并列成表格。

　　第三步，计算每一种材料金额占库存总金额的比率。

　　第四步，计算累计比率。

　　第五步，分类。累计比率在 0%~60% 的，为最重要的 A 类材料；累计比率在 60%~85% 的，为次重要的 B 类材料；累计比率在 85%~100% 的，为不重要的 C 类材料。

　　应当说明的是，应用 ABC 分类法一般是将分析对象分成 A、B、C 三类，也可以根据分析对象重要性分布的特性和对象数量的大小分成两类或三类以上。

　　ABC 分类法还可以应用在营销管理中。例如企业在对某一产品的顾客进行分析和管理时可以根据用户的购买数量将用户分成 A 类用户、B 类用户和 C 类用户。由于 A 类用户数量较少，购买量却占公司产品销售量的 80%，企业一般会为 A 类用户建立专门的档案，指派专门的销售人员负责对 A 类用户的销售业务，提供销售折扣，定期派人走访用户，采用直接销售的渠道方式；而对数量众多但购买量很小、分布分散的 C 类用户则可以采取利用中间商间接销售的渠道方式。

（2）定期和定量库存

传统的库存管理是以单个企业为管理对象，确定库存的最佳订货点、订货量和订货方式，在基本满足需要的前提下使库存总成本最小。

1）定量订货法

定量订货法是指当库存量下降到预定的最低库存量（订货点）时，按规定进行订货补充的一种库存控制方法。当库存量下降到订货点时，即按预先确定的订货量发出订单，经过订货期、交货周期，库存量继续下降，到达安全库存量时，收到订货，库存水平回升。采用定量订货方式必须预先确定订货点和订货量，定量订货法如图5-17所示。

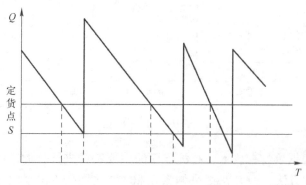

图5-17 定量订货法

其中：

Q——批量或订货量，T——周转期，S——安全库存。

通常，订货点的确定主要取决于需求率和订货交货周期两个因素。在需求为固定、均匀和订货交货期不变的情况下，订货点由以下公式确定：

订货点＝平均交货期全年需求量/365+安全库存量

2）定期订货法

所谓定期订货法是指按照预先确定的订货间隔期订购物品，以补充库存的一种库存控制方法。通俗地说，每隔一个订货周期就要检查库存，发出订货，每次的订货量的大小都是使订货后的名义库存量达到最高库存量，如图5-18所示。

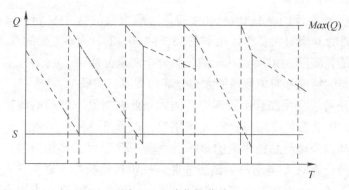

图5-18 定期订货法

84

其中：

Q——批量或订货量，T——周转期，S——安全库存。

定期订货法中订货量的确定方法如下：

订货量=最高库存量-现有库存量-订货未到量+顾客延迟购买量

5.1.3 出库管理

出库作业的流程主要包括 SO 销售订单、生成拣货计划、扫码出库和配送环节。典型的出库作业流程如图 5-19 所示。

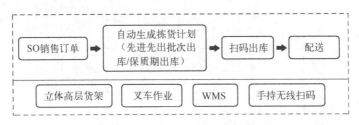

图 5-19 典型的出库作业流程

1. 出库前的准备

为了安全、准确、及时、节约地搞好物品出库，提高工作效率，在物品出库前保管人员应做好出库准备，如图 5-20 所示。

（1）挑选作业

拣选作业是根据出库信息或订单将顾客订购的物品从保管区或拣货区取出，也可以直接在进货过程中取出，并运至配货区的作业过程。

计算机辅助拣选工具——电子标签拣选系统：一直以来，拣选作业都是仓库（配送中心）理货系统作业中最费时、占用人工最多的作业之一。近年来，随着仓库（配送中心）配送物品数量以及配送范围的不断扩大，拣选作业量也大大增加了。为了提高拣选作业的效率，很多仓库（配送中心）引进自动拣选系统，电子标签拣选系统就是其中之一，如图 5-21 所示。

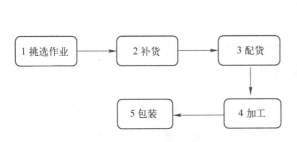

图 5-20 出库前的准备

图 5-21 电子标签拣选系统

85

（2）补货

补货作业与拣选作业息息相关，补货作业要根据订单需求制定详细计划，不仅要确保库存，也不能补充过量，而且还要将其置在方便存取的位置上。

当拣选区的存货水平下降到预先设定的标准以后，补货人员就要将需要补充的存货种类由保管区搬运至拣选区，然后拣选人员再将物品拣出，放到出库输送设备上运走，补货作业流程如图5-22所示。

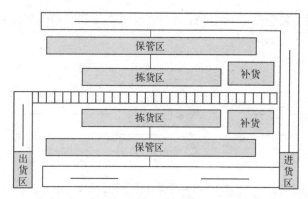

图5-22 补货作业流程

（3）补货时机

补货作业的发生与否取决于拣选区的物品数量能否满足要求，因此何时补货取决于拣选区的物品存量，同时还取决于临时补货对整个出货时间的影响。

补货时机一般有批量补货、定时补货、随机补货3种方式。

（4）配货

配货作业的基本流程如图5-23所示。

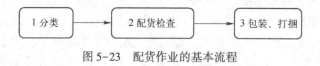

图5-23 配货作业的基本流程

配货作业的主要形式如下。

1）单一配货作业：单一配货作业是指每次只为一个客户进行配货服务，因此配货作业的主要内容是对物品进行组配和包装。

2）集中配货作业：集中配货作业是指同时为多个客户进行配货服务，所以其配货作业通常比单一配货多拆箱、分类的程序，其余和单一配货作业大致相同。

（5）加工

这里所说的"加工"实际上是指出库流通加工，即在物品由生产领域向消费领域流动的运输过程中为了提高物流效率和运输实载率而对物品进行的流通加工，如图5-24所示。

（6）包装标识

包装的种类可以从功能、形态和作用等不同角度划分，包括按功能划分可分为销售包装（也称为商业包装）和运输包装（也称为工业包装），这也是最常用的分类方式。这里主要研究的是运输包装或称为工业包装。

图 5-24　流通加工

运输包装是为了使物品在运输途中不受损坏，物品包装一般需符合以下要求：

1）根据物品的外形特点选择适宜的包装材料，包装尺寸要便于物品的装卸和搬运。

2）要符合物品运输的要求：包装应牢固，怕潮的物品应垫一层防潮纸，如图 5-25 所示，易碎的物品应垫软质衬垫物。

3）包装的外部要有明显标志，如识别标志、运输标志等；标明对装卸搬运的要求及操作标志，危险品必须严格按规定进行包装，并在包装外部标明危险品的有关标志，如下图 5-26 所示。

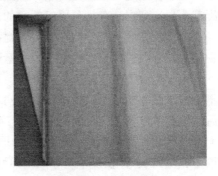

图 5-25　防潮纸

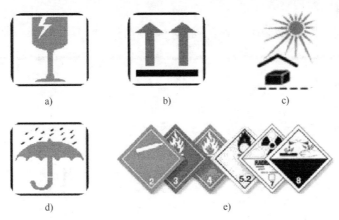

图 5-26　危险品标志

a）小心轻放　b）此面朝上　c）防热　d）防潮　e）部分危险品标志

2. 出库验收

物品的出库验收工作实际上包括"品质的检验"和"数量的点收"双重任务。物品出库验收的标准是要求物品达到客户满意，因而验收要符合预定的标准。验收物品时，可根据下列几项标准进行检验，如图 5-27 所示。

出库验收工作是一项细致复杂的工作，一定要仔细核对，这样才能做到准确无误。验收合格的物品就可以准备交付了，主要验收内容如图 5-28 所示。

图 5-27　物品验收标准

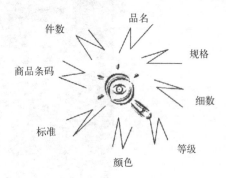

图 5-28　主要验收内容

3. 装载上车

装载上车是指车辆的配载，应根据不同配送要求在选择合适的车辆的基础上对车辆进行配载，以达到提高车辆利用率的目的。

由于物品品种、特性各异，为提高配送效率，确保物品质量，首先必须对特性差异大的物品进行分类，并分别确定不同的运送方式和运输工具。

由于配送物品有轻重缓急之分，所以必须预先确定哪些物品可配于同一辆车，哪些物品不能配于同一辆车，以做好车辆的初步配载工作。在具体装车时，装车顺序或运送批次的先后一般按用户要求的时间先后进行，对同一车辆送的物品装车则要依"后送先装"的顺序。但有时在考虑有效利用车辆空间的同时，还要根据物品的一些特性（怕震、怕压、怕撞、怕湿）、形状、体积及重量等做出弹性调整。

4. 货物出库的后续处理

（1）信息登录

登录仓储信息系统，填写相关信息，如图 5-29 所示。

图 5-29　出库管理子系统

（2）退货处理

退货处理是售后服务的一项任务。物品退还有各种原因，有的是发货人员在按订单发货时发生了错误；有的是运输途中物品受到损坏，负责赔偿的运输单位要求发货人确定所需修理费用；有的是顾客订货有误等。以上 3 种情况处理起来比较简单。最难办的是如何正确处理有缺陷物品的退货，退货处理如图 5-30 所示。能否处理好退货涉及方方面面的关系，例如制造商与采购商、采购商与仓库经营者、仓库经营者与承运人、承运人与经销商、经销商与客户、客户与制造商等。

图 5-30　退货处理

妥善处理退货的方法就是对每个环节都要检验，一环扣一环，环环都负责，环环都满意，这样才能使相关方面维持满意的良好关系。

5.2　仓储管理信息系统概述

5.2.1　仓储管理信息系统的概念和特点

仓储管理信息系统（WMS）是应用条码和自动识别技术的现代化仓库管理系统，能有效地对仓库流程和空间进行管理，实现批次管理、快速出入库和动态盘点。并快速帮助企业的物流管理人员对库存物品的入库、出库、移动、盘点、配料等操作进行全面控制和管理，有效利用仓库存储空间，提高仓库的仓储能力，在物料的使用上实现先进先出，最终提高企业仓库存储空间的利用率及企业物料管理的质量和效率，降低企业库存成本。

5.2.2　仓储管理信息系统的功能模块

仓储管理信息系统的功能模块包括以下几部分。

1）基本信息设置：包含原料、成品、供货商、仓库、储位等相关基本信息的管理和系统的权限管理。

2）仓库管理：支持多仓库多区域，按照区位划分来实现仓库空间的充分利用。

3）入库管理：入库管理建立与 ERP 采购计划和到货计划的接口，从物料入库到入库检验和上架进行严格的流程控制。采用自动识别技术加快入库操作，并可根据既定的规则对物料的存放地点（库位）进行指定，做到物料的有序存放，并实现准确的批次管理。

4）出库管理：出库操作根据出库计划指定出库物品的具体位置和数量，采用扫描出库方式提高出库速度和准确度，避免人工操作的失误。针对制造企业和物流企业，出库操作分别设定了不同的出库类型和模式。

5）移库管理：支持仓库内和仓库间的移库操作。

6）动态盘点：仓库盘点使用手持终端进行实时的批处理操作，盘点速度快，准确率高。支持动态盘点，盘点过程不影响正常的出入库操作，为连续运行的仓库提供准确的动态盘点管理。

7）包装管理：提供产品内外包装管理功能，通过设置系统直接生成内外包装条形码，员工可使用扫描设备直接扫描出库。

8）统计分析：提供库存周转分析、仓库利用分析等功能，并可对滞留货品进行报警提示。

9）查询报表：库存进出电子料账卡、库存状态表、库存分仓明细表、库存抽盘与全盘点差异统计表、库存进出日报表、库存理货登记表、库存料账追踪查询、生产实时状态表。

10）库存进出报表：库存进出电子料账卡、库存状态表、库存分仓明细表、库存抽盘与全盘点差异统计表、库存进出日报表、库存理货登记表、库存料账追踪查询、生产实时状态表、出货单、验收入库单、领料单。

5.2.3　MRP库存控制法

1. 物料需求计划（MRP）的原理

MRP是物料需求计划（Material Requirement Planning system）的简称，这种方法是由美国著名生产管理和计算机应用专家欧·威特和乔·伯劳士在对多家企业进行研究后提出来的。是指根据产品结构各层次物品的从属和数量关系，以每个物品为计划对象，以完工时期为时间基准倒排计划，按提前期长短区别各个物品下达计划时间的先后顺序，是一种工业制造企业内物资计划管理模式。

2. MRP系统的运行步骤

MRP系统的运行步骤如下。

1）根据市场预测和客户订单正确编制可靠的生产计划和生产作业计划，在计划中规定生产的品种、规格、数量和交货日期。同时，生产计划必须是和现有生产能力相适应的计划。

2）正确编制产品结构图和各种物料、零件的用料明细表。

3）正确掌握各种物料和零件的实际库存量。

4）严格规定各种物料和零件的采购交货日期，以及订货周期和订购批量。

5）通过MRP逻辑运算确定各种物料和零件的总需要量以及实际需要量。

6）向采购部门发出采购通知单或向本企业生产车间发出生产指令。

5.2.4　JIT库存控制法

准时制生产方式（Just In Time，JIT）又称作无库存生产方式（Stockless Production）、零库存（Zero Inventories）、一个流（One-piece Flow）或者超级市场生产方式（Supermarket Production）。

JIT是日本丰田汽车公司在20世纪60年代实行的一种生产方式，1973年以后，这种方式对丰田公司度过第一次能源危机起到了突出的作用，后来引起其他国家生产企业的重视，并逐渐在欧洲和美国的日资企业及当地企业中推行开来，这一方式与源自日本的其他生产、流通方式一起被西方企业称为"日本化模式"。

JIT运作的基本理念是"需定供"，即供给方根据需要方的要求（或称看板）按照需要方的品种、规格、质量、数量、时间和地点等要求将物资配送到指定的地点，不能早、不能晚、不能多、不能少，并且确保所送物资没有任何残次品。由此可知，准时制对库存的认识与传统的库存控制方法截然不同，其认为库存是毫无用处的，是对资源的浪费。传统的观念认为，库存可以对运作起到缓冲作用，因此，库存管理者总是思考如何能在最小成本的基础上提供缓冲；而信奉准时制运作的管理者则是思考怎么样才能消除对库存的依赖。他们还认为持有库存会把运作过程中的一些明显问题掩盖起来，例如订单提前期太长、运作不均衡、设备出现故障、物料质量不过关、供应商不可靠、大量的文案工作以及改变过于随意等。解决这问题不能依赖持有大量的库存，真正具有建设意义的是在明确问题之后加以解决。

JIT 的目标之一就是减少甚至消除从原材料的投入到成品的产出全过程中的存货，建立起平滑且更有效的生产流程。在 JIT 体系下，产品完工时正好是要运输给顾客的时候；同样，材料、零部件等到达某一生产工序时正好是该工序准备开始生产之时。没有任何不需要的材料被采购入库，没有任何不需要的成品被加工出来，所有的"存货"都在生产线上，由此使库存降到最低程度。

5.2.5 仓储管理信息系统在物流自动化中的应用

物流自动化广泛应用在物流的六大模块中，即仓储、采购、配送、运输、包装和装卸中。其中，仓储管理信息系统在仓储中的典型应用是在自动化立体仓库中的应用。

自动化立体仓库（AS/RS）是由立体货架、有轨巷道堆垛机、出入库托盘输送机系统、尺寸检测条码阅读系统、通信系统、自动控制系统、计算机监控系统、计算机管理系统以及其他（如电线电缆桥架配电柜、托盘、调节平台、钢结构平台等）辅助设备组成的复杂的自动化系统。仓储管理信息系统运用一流的物流信息集成化物流理念，采用先进的控制、总线、通信和信息技术，通过以上设备的协调动作进行出/入库作业。

5.3 实验案例：豪锐仓库管理专家信息管理系统的使用

本节实验案例目的是指导学生通过豪锐仓库管理专家信息管理软件（如图 5-31 所示）的应用，模拟入库管理、在库管理、出库管理的流程的练习，掌握仓储信息系统的基本功能

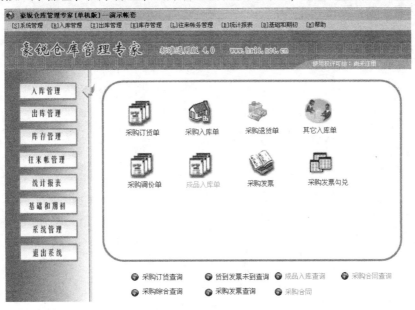

图 5-31　豪锐仓库管理专家功能模块

和使用方法。练习的具体要求如下。

1. 利用"豪锐仓库管理专家信息管理软件"，录入入库任务单的内容。

2. 利用"豪锐仓库管理专家信息管理软件"，进行轩辉超市采购订单（出库单）的操作。

3. 盘点库存大世界橄榄、鼎鼎肉松、小白兔奶糖、海天生抽、牛肉干商品的库存数量。本实验大约6课时，具体内容参见本书配套的免费实训指导书。

本章小结

本章主要介绍物流信息中的仓储管理信息系统。首先对仓储管理的理论知识，包括仓储管理的入库管理、在库控制、出库管理进行详细介绍，同时重点介绍库存的控制方法，包括ABC库存控制法、MRP库存控制法和JIT库存控制法；其次介绍仓储管理信息系统的功能模块，并结合实际应用介绍了仓储管理信息系统在物流自动化中的应用；最后通过豪锐仓库管理专家信息管理系统的实验案例加深读者对物流仓储管理信息系统的理解。

课后习题

1. 什么是仓储管理？

2. 简述ABC分类法。

3. 简述定量订货法。

4. 简述定期订货法

5. 简述MRP库存控制法。

6. 简述JIT库存控制法。

7. 什么是自动化立体仓库？

第6章　物流呼叫中心系统和物流 CRM 系统

本章要点

呼叫中心系统可以从总体上提升物流企业的整体竞争力。从成本到效益，再到增值，呼叫中心系统不仅仅是物流企业和客户的"桥梁""纽带"，还能为物流企业带来更多、更大的收益。

本章共包括三部分内容：第一部分详细介绍物流呼叫中心的概念、发展、业务流程、网络与通信技术、系统组成、呼叫中心的信息系统；第二部分通过联邦快递的客户关系管理的小案例介绍物流客户管理系统的概念、功能及应用；第三部分详细介绍淘宝物流在线下单系统的使用。

引例

德邦快递的呼叫中心

德邦快递自 1996 年成立，现已成长为一家以大件快递为主业，联动快递、物流、跨境、仓储与供应链的综合性物流供应商，并于 2018 年在上海证券交易所挂牌上市。2019 年在中国年度最佳雇主三十强中排名第二十二名。

随着我国物流业的蓬勃发展，各大物流公司之间的竞争日趋激烈，服务的质量和效率直接影响着各物流企业的声誉和经济效益。德邦借助计算机、网络、现代通信、多媒体等丰富的信息技术手段建设呼叫中心达到以下目的：受理客户的接单请求、物流查单服务、客户信息管理从而提高企业经营效率并降低成本；整合企业内部资源，提升业务处理能力，使呼叫中心不仅成为与客户有效联络的统一的服务窗口，还要与业务系统能够进行高效的集成，更要成为企业的生产系统，对利润的产生有直接的支持。

德邦快递呼叫中心目前拥有 1000 人的规模，为企业创造了极为可观的利润。日前，德邦快递与科大讯飞共同研发的"智能语音交互系统"正式上线。用户拨打德邦快递客服电话 95353，可以在没有人工干预的情况下完成快递价格、时效、状态等查询操作，且全天 24 小时无间歇。通过在快递客服这种标准的人工服务场景中引入 AI 语音技术，德邦快递解决了业务量递增与客服人员疲于应对之间的矛盾，在提升用户体验的同时，还大大降低了企业人力成本（如图 6-1 所示的德邦快递呼叫中心智能应用）。

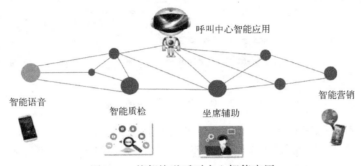

图 6-1　德邦快递呼叫中心智能应用

6.1 物流呼叫中心概述

6.1.1 物流呼叫中心的概念和发展

1. 物流呼叫中心的概念

呼叫中心（Call Center）又称客户服务中心，传统意义上的呼叫中心是指以电话接入为主的呼叫响应中心，为客户提供各种电话响应服务。

通信和计算机技术的发展和融合，给呼叫中心系统技术结构赋予了新的内容：分布式技术的引入使呼叫中心的服务区域扩大到不同地方；自动呼叫分配能成批地处理来电呼叫，并均衡地分配到具有相对应职能或技能的业务代表；自动应答设备很大程度减轻了人工座席的劳动强度；计算机集成技术实现了计算机数据和电话信息的共享；互联网和通信方式的革命使呼叫中心不仅能处理电话，还能处理传真、电子邮件以及 IP 电话、视频会议等。

现代的呼叫中心应用了计算机电话集成（CTI）技术，使呼叫中心的服务功能大大加强。CTI 技术以电话语音为媒介，用户可以通过电话机上的按键来操作呼叫中心的计算机。接入呼叫中心的方式可以是用户电话拨号接入、传真接入、计算机及调制解调器（MODEM）拨号连接以及互联网网址（IP 地址）访问等。

用户接入呼叫中心后就能收到呼叫中心任务提示音，按照呼叫中心的语音提示就能接入数据库，获得所需的信息服务，并且可以进行存储、转发、查询、交换等处理，还可以通过呼叫中心完成交易，例如锦程物流全球服务中心如图 6-2 所示。

图 6-2　锦程物流全球服务中心

呼叫中心业务系统主要基于 B/S、C/S 两种结构，由于 B/S 系统容易部署、维护量小，因此在少量座席的情况下采用 B/S 结构有着较大的优势。但是 B/S 服务器的负荷较重，当呼叫中心的座席数达到上百、上千时，B/S 结构的缺点就显现出来了。由于 C/S 结构客户端和服务器端都能够处理任务，因此 C/S 结构适合座席数量大的呼叫中心。

2. 中国呼叫中心的发展阶段

我国呼叫中心发展经历了 4 代发展。

（1）第一代呼叫中心：基于交换机的人工热线电话系统

在呼叫中心发展的早期，只是单纯地利用电话向用户提供简单的咨询服务。采用普通电话机或小交换机（排队机），功能简单、自动化程度低，由专门的话务员或专家凭借经验和记忆为打入电话的顾客进行咨询服务，技术水平还不足以将与用户有关的数据存入计算机，信息容量有限，服务能力也无法提高。

第一代呼叫中心的特点是基本靠人工操作，对话务员的专业技能要求相当高，而且劳动强度大、功能差、效率低，一般仅用于受理用户投诉、咨询。目前，没有正式设立呼叫中心的企业、单位一般采用这种方式。

（2）第二代呼叫中心：交互式自动语音应答呼叫中心系统

随着技术的进步、转接呼叫和应答等需求的增多，为了高效率地处理客户提出的具有普遍性的问题，为了节省人力资源，不需要人工座席介入，大部分常见问题的应答交由机器（即"自动话务员"）应答和处理，即第二代呼叫中心交互式语音应答系统（IVR）。为了方便用户、向用户提供增值业务，数据库技术也引入到了呼叫中心。电信运营商设立的"114"特服电话就被认为是早期的一个比较典型的呼叫中心。接着，大量声讯台、寻呼台普遍采用自动应答系统提供服务，这也被称为呼叫中心服务。现在电信运营商已建成多个呼叫中心，例如 1000/1001 和 1860/1861 等，都通过其方便快捷的服务为客户提供支持和帮助。

第二代呼叫中心广泛采用了计算机技术，例如通过局域网技术实现数据库数据共享；采用语音自动应答技术减轻话务员的劳动强度，减少出错率；采用自动呼叫分配器均衡座席话务量、降低呼损，提高客户的满意度等。此呼叫中心需要采用专用的硬件平台与应用软件实现，难以满足客户个性化需求，灵活性差、升级不方便、成本高。

（3）第三代呼叫中心：基于语音板卡的客服系统

随着计算机电话集成技术（Computer Telephony Intergration，CTI）的发展，实现了通信技术与计算机技术的结合，可以将通过电话语音、计算机及网络获取的数据（例如客户信息等）进行集成和协同，可以大大增加服务的信息量、提高速度、拓展新型客户服务业务。因此，为了满足计算机、信息技术的演进和客户服务的需求，利用 CTI 技术、面向用户、提供综合服务的基于语音板卡（板载声卡）的第三代呼叫中心系统应运而生。CTI 技术的引入使呼叫中心发生了飞跃性的变革。

第三代呼叫中心采用 CTI 技术实现了语音和数据同步，具有一定的灵活性，在"开放标准化通信平台"理念的推动下得到了一定的发展。CTI 技术是小型而且稳定性要求不高的呼叫中心用户选择的方案之一。它主要采用软件来代替专用的硬件平台及个性化的软件，由于采用了标准化的通用的软件平台和通用的硬件平台，使得呼叫中心成为一个纯粹的数据网络的应用。对于用户，呼叫中心系统能够提供更优质的用户服务，能够得到 24 小时的持续服务，能够同时得到语音、图像、数据多方面的信息支持。对于企业，呼叫中心在提高客户服务质量的同时还能有效地控制成本、增加收入，树立专业化的企业形象，建立完善的客户服务资料库。

由于基于板卡的呼叫中心的软件是针对具体的呼叫中心项目开发的，或者是在此基础上组合和封装的，因此软件结构的规划性、科学性、紧凑性以及应用的灵活性都很有限。当呼叫量很大时，系统的稳定性和运行效率得不到有效的保障。

（4）第四代呼叫中心：新一代基于IP的呼叫中心系统

随着互联网的发展和普及，与互联网应用相关的技术也得到快速发展，呼叫中心呈现出多媒体化、分布式的发展趋势。目前，呼叫中心已发展到第四代，即以IP技术为基础的IP呼叫中心。第四代呼叫中心在很大程度上是为互联网用户服务的，其功能更加强大，应用范围将更加广泛，并逐步普及。通过IP的方式将本地座席、自助服务放在企业的分支，可以最大限度地整合整个企业的呼叫中心资源，更利于管理和资源共享，并且可以通过备份中心的方式来实现整个企业呼叫中心的容灾。IP呼叫中心是一个结合互联网技术的新型呼叫中心，除了具备传统呼叫中心的各项功能和以"电话"为主的接入方式外，还提供Web呼叫服务，支持用户从Web站点直接访问呼叫中心，而且还支持未来的宽带音频、视频终端，将传统业务和新型增值业务完美地融合在一起；另外具有实用的呼叫中心管理体系。由于采用了先进的VoIP及软件交换技术，能为电话和互联网的客户提供统一的客户服务。因此相比传统呼叫中心，IP呼叫中心更具有功能和成本优势，同时处理能力也将大幅度提升。

第四代呼叫中心在接入方式上集成了互联网渠道，使用户可以用各种方便快捷的方式与呼叫中心客户代理人进行沟通和交流；其设计重点主要集中在应用层面上，而不是硬件（如Pabx）上，因此更能适应企业的要求、更有效地配合企业客户关系管理CRM的进程；第四代呼叫中心系统在技术上采用了开放式的设计，大大提高了系统的灵活性，同时加强了与其他系统的整合性。

第四代呼叫中心具有用户接入多样化、服务模式多样化、系统高度集成化、管理一体化、办公移动化、业务组合多元化等特点，完全突破了传统的基于交换机和板卡模式呼叫中心的局限性，系统架构灵活、开放，易于建设、扩容和维护。

3. 呼叫中心的发展方向

2018年我国呼叫中心产业投资规模将达到1,562亿元，年均复合增长率约为4.91%，2022年将达到1,892亿元。随着呼叫中心促成的销售额的增长，包括金融业在内，越来越多的企业看好呼叫中心的应用和服务，这为呼叫中心向利润中心转变提供了坚实的基础。专家表示，未来呼叫中心的服务应朝3个方向努力。

（1）把呼叫中心建成"互动营销中心"

"互动营销中心"是呼叫中心发展的必然趋势。现在，越来越多的跨国公司相继进入中国市场，国内企业在营销方式上纷纷与国际接轨，特别是大型企业，不可避免地要将更多的业务通过与呼叫中心整合来实现。

例如通过呼叫通路实现营销、服务、内部支持和渠道管理等多种功能的有机整合。作为企业与客户的重要接触点，呼叫中心将承担起企业营销策略的核心任务，例如电话销售、客户维系、营销渠道管理、网络营销管理等。

（2）把呼叫中心建成企业的"对外窗口"

呼叫中心与企业的关系越来越紧密，呼叫中心必须成为企业整个商务活动过程的有机组成部分，其发展的最高层次就是提升到战略高度。作为企业的统一对外窗口，呼叫中心担负着客户信息采集、客户需求分析、客户价值分级、客户需求满足，以及企业的客户服务、信息发布、市场调研、直接营销和形象展示的重要责任。

（3）把呼叫中心建成服务客户的"枢纽"

随着我国进一步开放市场，中外企业的竞争将日益加剧。随着市场竞争的进一步加剧，企业必须缩小产品质量上的差别，服务将被推向前台。企业要想保持市场占有率，就必须保证顾客对其产品有较高满意度与忠诚度。

服务质量是检验一切产品优劣的"最终标准"，企业竞争优势必须通过提高对用户的服务意识来实现。同时，用户对服务的需求也越来越高，对企业来说，用户对服务的要求既是压力，也是推动企业发展的动力，只有服务赢得了用户的信赖，市场占有率才能有保证。为此，呼叫中心能够高效处理好短期促销活动中的大量咨询和投诉，既能够提高客户服务质量，又能够为企业节省成本。

6.1.2 物流呼叫中心的业务流程

呼叫中心业务系统的功能描述如下。

1. 交互式语音服务（IVR）

通过 IVR 可实现语音菜单提示、按键识别（如输入卡号）、自动语音报读（TTS）等。当用户拨打呼叫中心电话进入本呼叫中心后，如果选择自动语音服务，呼叫中心将为客户提供公司全面业务介绍、公司概况、公司最新政策、投诉等自动语音服务。

2. 传真服务

呼叫中心业务系统的传真功能包括传真发送和传真接收，传真发送有单机发送、网络传真发送、传真群发（Fax Broadcasting）、FOD（Fax-on-Demand）。

3. 与 GPS 无缝结合

呼叫中心业务系统可以和 GPS 系统无缝连接，将 GPS 系统中的实时数据通过 TTS（文本语音转换）功能自动读取，例如车辆的状态信息、出发时间、预计到达时间、目的地、出发地等信息。

4. 人工座席服务

呼叫中心业务系统可为客户提供业务受理、咨询、投诉、建议等服务。座席系统提供来话应答、电话转接、呼叫终止等电话功能，同时提供电话保持功能，座席界面来电弹屏如图 6-3 所示。

5. 来电弹屏

当话务员接听客户来电时，有关该客户的资料会自动在呼叫中心业务系统的计算机屏幕上显示，如果是新客户，则显示来电号码、所属的基本区域等信息；如果是老客户，则显示客户的基本资料，包括客人姓名、地址、主叫号码、联系电话和以往的服务记录等。当需要将客户来电转给其他座席时，客户资料信息将随着话路同步转移。

图 6-3　座席界面来电弹屏图示

6. 其他功能

呼叫中心业务系统还具有录音监听功能、客户关怀、系统资料管理、统计分析处理、监控管理和市场分析等。

6.1.3 物流呼叫中心的系统组成

1. 呼叫中心的系统组成

一个完整的呼叫中心系统通常由以下几部分组成：智能网络（IN）、自动呼叫分配（ACD）、交互式语音应答（IVR）、计算机电话综合应用（CTI）、来话呼叫管理（ICM）、去话呼叫管理（OCM）、集成工作站、呼叫管理（CMS）和呼叫计费等。其中，智能网络（IN）、自动呼叫分配（ACD）、交互式语音应答（IVR）和计算机电话综合应用（CTI）是呼叫中心的核心。

智能网络是呼叫中心依托的通信基础设施，它可以根据企业的需要制定不同的路由策略、提供800免费呼叫服务、支持虚拟专用网等。智能网络还可提供自动号码识别（ANI）和被叫号码识别（DNIS）功能。ANI允许呼叫中心的业务代表收到语音呼叫的同时在屏幕上看到有关呼叫者的信息，加快呼叫处理过程；DNIS则允许企业通过一组共用线路处理不同的免费呼叫号码。

自动呼叫分配（ACD）系统性能的优劣直接影响到呼叫中心的效率和顾客的满意度。ACD成批地处理来话呼叫，并将这些来话按规定路由传送给具有类似职责或技能的各组业务代表，如图6-4所示。交互式语音应答（IVR）系统实际上是一个"自动的业务代表"。通过IVR系统，顾客可以利用音频按键电话或语音输入信息，从该系统中获得预先录制的数字或合成语音信息。先进的IVR系统甚至已具备了语音信箱、互联网和语音识别的能力。

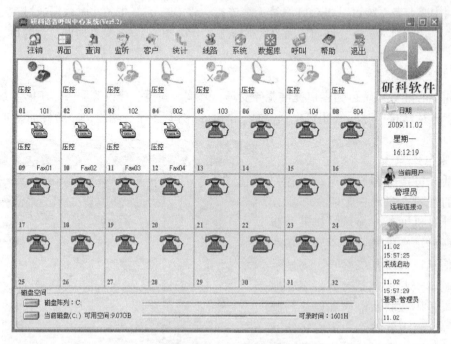

图6-4 语音呼叫中心系统自动呼叫分配

IVR 可以利用驻留在数据库中的信息筛选来话并选择传送路由，也可与主计算机连接，使呼叫者得以直接访问主机数据库信息。这一点尤其重要，当客户来电仅仅是查询或提出惯例问题的时候，IVR 可以自动回复他们，大大提高了工作效率。

计算机电话综合应用（CTI）技术可使电话与计算机系统实现信息共享，并允许根据呼叫者、呼叫原因、呼叫所处的时间段和呼叫中心的通话状况等选择呼叫路由、启动功能和更新主机数据库。CTI 技术在呼叫中心中的典型应用包括屏幕弹出功能、协调的语音和数据传送功能、个性化的呼叫路由功能，例如为呼叫者接通上一次为其服务的业务代表，开启预览功能、预拨功能。

一个典型的基于 CTI 的呼叫中心软/硬件系统构成如图 6-5 所示。

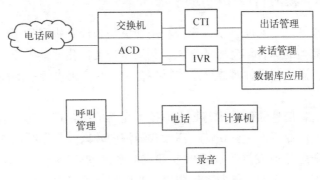

图 6-5　CTI 软/硬件系统构成

2. 呼叫中心系统结构的关键技术

（1）自动呼叫分配

自动呼叫分配的作用是成批处理来话呼叫，将外界来电按照预先制定的排队规则均匀地分配给相应的座席代表或自动语音系统。不同品牌的自动呼叫分配（Automatic Call Distribution，ACD）设备之间最主要的区别在于其条件呼叫路由选择、综合语音处理、报表和容量等方面的不同。

尽管这方面的市场竞争将更加激烈，但是用户购买设备主要考虑设备的组装和不断的升级换代而不是价格因素。因此，自动呼叫分配将继续成为小交换机厂商的首选。

（2）交互式语音应答

交互式语音应答（Interactive Voice Response）相对于其他呼叫中心技术来说能使企业获得更高的生产率。在通常情况下，用户呼叫的处理有 70% 至 80% 是无须人工（即代理）干预的。从市场方面（如用户金融服务和民航系统等）来看，交互式语音应答系统是不可替代的必需品。

（3）用户交互管理

用户交互管理（Customer Contact Management）可以定义为提供呼叫指示、事件报告、数据库功能、呼出电话策略的应用程序，同时它还可以提供对其他应用程序和语音连接的接口。

用户交互管理在呼叫中心技术方面曾一度显得无足轻重，当时由于自动呼叫分配和交互式语音应答对呼叫中心体系结构的影响力甚微，因此用户交互管理系统被认为用处不大，但现在它已经成为立即获取客户有效数据的最有效的方法。它不仅带来了技术上的支持，同时使终端用户的操作十分灵活。

CTI 是英文 "Computer Telecommunication Integration" 的简写形式，翻译为 "计算机电话集成"，是呼叫中心（Call Center）系统的核心技术。CTI 是将计算机与电话两种技术集成，使电话通信和计算机信息处理两种功能结合在一起的应用技术。

传统 CTI 技术关注的是如何将基于计算机的智能技术运用到电话的发送、接收及管理，而如今的 CTI 技术则要考虑对其他媒体类型信息的传送，如传真、电子邮件和视频信号等问题。CTI 技术跨计算机技术和电信技术两大领域，涉及的内容很多，主要包括：用户设备的信息系统、交互语音应答、呼叫中心系统、增值业务功能、IP 电话和硬件核心技术等。

6.1.4　呼叫中心在物流行业中的应用

目前的呼叫中心是基于 CTI 技术、充分利用通信网和计算机网的多项功能集成，并与企业连为一体的一个完整的综合信息服务系统，利用多种现代化通信手段，将电话、传真、互联网访问、E-mail、视频等多种媒体渠道进行整合，为客户提供统一的高质量、高效率、全方位的服务。

呼叫中心也同时将信息通信技术与数据库技术完美地结合在一起，信息资源可实现集中管理和全面共享，使商业运作达到快捷、高效和经济的效果。基于呼叫中心原理的客户服务系统已经在电信、金融行业发展为成熟的业务支撑系统的一部分，而且在物流、邮政、医疗、保险、税务、烟草、交通、旅游、出版以及政府部门等诸多行业也正表现出极大的业务应用需求。呼叫中心对于提升物流行业信息化水平起到巨大作用。

物流是商业发达社会必然高速发展的产业之一，不仅仅要求物品从供应地向接收地的实体流动过程，同时也是信息流和资金流的过程。

1. 物流瓶颈问题

1）物流行业分公司遍布全国，各分公司业务难以统一调度、统一管理。

2）物流客服很难有统一的服务口径，客户办理业务或投诉时找不到对口部门或电话。

3）客户的订货需求不能及时获得和反馈。

4）物流行业客户分散，资料难以收集、掌握、统计。

5）少数精干的业务员掌握着公司大多数客户的动态资料，一旦他们被其他公司挖走，客户也会被随之带走。

2. 物流信息化

为解决传统物流企业成本高、效率低的瓶颈问题，物流行业信息化的第一层次——信息化平台在很多企业已经实施，例如企业内部的财务管理、仓储管理、订单管理、运输管理等，相关系统包括 ERP、物流管理（LM）、SCM 等应用系统。更进一步，针对物流企业的核心是提供 "服务" 这个概念，呼叫中心、电子商务以及 CRM 技术的结合对物流基础信息平台起到至关重要的整合作用。

呼叫中心将电话、传真、短信、E-mail、Web 接入以及传统的邮包整合成面对客户的统一的服务窗口，支持计算机自动语音应答设备自助下单、自助查单，还可以通过人工座席受理业务，派发工单配送，并与调度监控系统联合一体随时为客户提供咨询服务，并能通过外呼服务进行客户回访，进行满意度调查，以通过经常性的客户关怀维系老客户，而且，外呼电话营销系统的支持会更深入地挖掘市场潜力，提高企业赢利能力。

以呼叫中心为接入的信息交换平台不仅可以提供本地区服务,还可以做到长距离的跨区域服务,有效地帮助物流企业解决客户信息的采集、传输、共享、决策,从而在满足客户需求的前提下进行合理的库存、运输、配送,给企业带来更多的效益。

在整个物流过程中,涉及的各个环节分散在不同的区域,需要一个信息平台将整个物流环节连接起来,及时把握客户的订货需求,进行车辆的调度管理、库存管理以及票据管理等,力求实现用最少的库存、最短的运输距离满足客户的需求。现代物流企业与以往的物流企业不同,在各个业务环节普遍采用了信息化管理技术,呼叫中心和电子商务、CRM系统的运用有效地结合了物流信息化手段,将遍布在各地的物流中心与客户连接起来,形成了一个更高效的物流配送网络。

6.1.5 物流呼叫中心的信息系统

物流呼叫中心是在一个相对集中的场所由一批物流客服人员组成的服务机构,利用计算机通信技术处理来自企业、服务对象的电话查询;它是一个统一、高效的服务工作平台,它将企业内分属各职能部门为客户提供的服务集中在一个统一的对外联系"窗口",采用统一的标准服务界面为用户提供系统化、智能化、个性化的服务。物流呼叫中心的信息系统功能视图如图6-6所示。

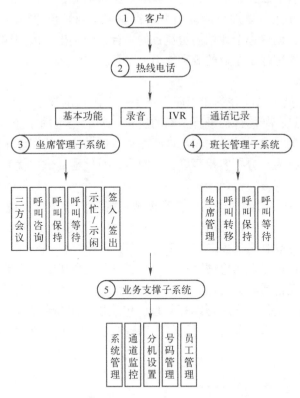

图6-6 物流呼叫中心的信息系统功能视图

6.2 物流客户关系管理系统

6.2.1 物流客户关系管理系统的概念

客户关系管理系统（CRM）利用信息技术实现市场营销、销售、服务等活动的自动化，它是企业能更高效地为客户提供满意、周到的服务，以提高客户满意度、忠诚度为目的的一种管理经营方式。客户关系管理既是一种管理理念，又是一种软件技术。客户关系管理系统（CRM）具有以下特点。

1. 显而易见的投资回报

事实证明，CRM给中小企业带来了正面的投资回报。该系统所收集的通信、采购和互动信息加深了企业对客户的了解，简化了知识管理，并运用这些知识来提高销售，扩大回报。

2. 大幅度改善销售流程

CRM改善了中小企业的销售流程，为销售活动的成功提供了保障。它缩短了销售周期，加强了潜在客户的机会管理，杜绝了以往由于潜在客户管理不当而造成的损失。信息更加集中，销售人员也更加有的放矢。通过分析这些客户交易信息，未来交易的成功率得到了大幅度提高。CRM能让中小企业更加简捷地预测销售业绩，测量企业绩效。它能更深入地挖掘横向与纵向销售机会，创造一个评估销售流程的平台，识别出现的问题、最新的趋势及潜在的机会，直接或间接地增强了企业的盈利能力。

3. 客户知识共享

CRM为中小企业员工访问共享知识库提供了一个绝佳的途径。它便捷、有效地向员工提供了客户的相关信息，帮助他们进行正确的决策，同时也巩固了企业与客户之间的联系，及时判别出客户未来的需求，并设法满足这些需求。借助这一数据库中的客户历史数据，企业能更好地了解客户行为，分析客户喜好，从而有针对性地提供更优秀的产品及服务，提高企业收入。

CRM可让中小企业了解哪些渠道将会帮助他们提高营业收入，该怎样把公司中的各种设施、技术、应用、市场等有机地结合到一起。作为一种关键的CRM组件，销售队伍自动化（SFA）能直接或间接地挖掘客户购买潜力，提高企业盈利。此外，CRM还能帮助中小企业增进客户满意度，打造更多的忠诚客户，加强自己的竞争优势。它帮助中小企业优化了电子商务、广告战略等经营活动，管理并分析了客户组合，改善了市场活动的成效。通过将订单、客户服务、销售、支付、仓库与库存管理、包装以及退货等流程融为一体，CRM显著降低了中小企业的经营成本，节省了时间与可用资源。客户关系管理系统业务功能如图6-7所示。

6.2.2 客户关系管理系统的功能

客户关系管理系统着重客户关系和团队管理，包括客户、联系人、对手、产品、合同、回款、售后、费用、日程、公告、知识库、备忘录、个性网址、邮件群发、图表统计、自动提醒、团队和呼叫中心等功能模块。

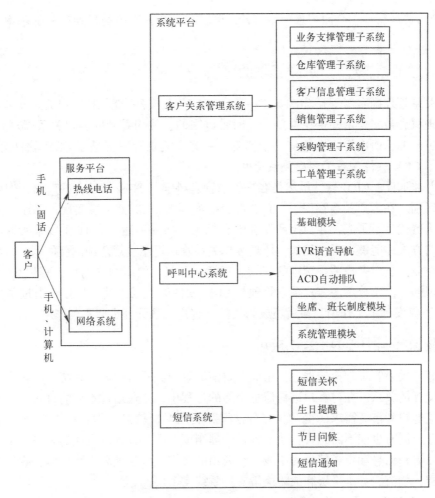

图 6-7 客户关系管理系统业务功能图

客户关系管理系统核心的系统功能如图 6-7 所示。

1) 客户资料管理：全面记录客户信息，包括客户基本信息、历史跟进记录、购买记录、账款往来、售后记录、费用记录、积分信息等，在一个界面里可以查看以上所有信息。

2) 联系人资料管理：全面记录联系人信息，联系人基本信息、历史跟进记录、亲友关系等都在一个界面集中显示。

3) 合同资料管理：全面记录合同信息，合同基本信息、销售明细、历史跟进记录、关联售后、关联费用、关联回款等都在一个界面集中显示。

4) 售后资料管理：全面记录售后信息，在售后界面可以集中查看售后各阶段的处理情况。

5) 竞争对手资料管理：全面记录竞争对手的基本信息，竞争对手的最新动态、业务方向、主打产品、销售模式、竞争优劣势等都在一个界面集中显示。

6) 团队管理：记录团队的跟进管理、点评管理、日程管理、绩效管理、提成管理、员工通信录管理。

7) 产品资料管理：全面记录产品信息，可以在一个页面中查看到产品的基本信息、销售明细。

6.2.3　客户关系管理与 CRM 系统的区别

客户关系管理确实离不开 CRM 软件，但 CRM 软件毕竟不能代替客户关系管理。由于客户关系管理概念最早是由外企在推广产品时带进来的，最初看到的客户关系管理是与 CRM 软件一起进入的，所以给人们造成一个错觉——客户关系管理就是以 CRM 软件为标志的，似乎引进了 CRM 软件就有了客户关系管理。

事实并非如此，CRM 软件虽然是客户关系管理科学与 IT 技术结合的产物，但两者还是有很大的区别。在客户关系管理中，有的部分确实需要依靠 IT 手段实现，并通过其发挥作用。毕竟机器代替不了人，客户关系管理中有很大一部分不能依靠 IT 手段来实现，而必须借助传统的方式才能够实现。例如，体现客户关系管理思想、规范和制度的制定，考核方法的确立，企业人员对客户关系管理的认知、理解、参与，组织结构的调整等依靠 IT 手段都是无法实现的。由于分不清客户关系管理与 CRM 软件的误区，其结果导致引进国外先进的 CRM 软件不仅发挥不了作用，最后还成为负担，客户关系管理也起不到作用。

6.2.4　物流呼叫中心的 CRM 应用

根据客户关系管理理论的理念，企业需要借助客户关系管理软件系统，和客户之间建立双向信息交互的关系。在与客户进行信息交互的过程中，企业通过不断的自我学习和自我调整能够适应客户和市场需求的变化，充分挖掘和利用客户信息，为客户提供"一对一"的个性化服务，同时也能不断完善企业的各种管理制度。第三方物流企业的客户关系管理实施体系主要以客户信息和市场信息为主线，将公司的客户关系管理分为客户信息收集层、客户信息处理层、物流服务水平层和战略决策支持系统 4 个层次。

1. 客户信息收集层（门户系统）

客户信息收集层的主要功能是从企业的外部环境中收集各种市场信息和客户信息，主要包括市场的变化和需求、客户的基本信息、客户的各种物流需求，以及客户的咨询、建议及投诉信息等。收集信息需要充分利用日益成熟的信息技术，例如以多媒体技术、计算机电话集成技术等作为工具来提高信息收集的效率和效果。获取信息的渠道也是多种多样的，包括客户与物流公司各个部门接触所使用的电话、信函、传真、E-mail、Web 以及客户的宣传资料、直接接触获取的信息等。

2. 客户信息处理层（营业系统）

客户信息处理层的主要功能是对客户信息收集层所收集的信息进行筛选、比较、分析以及对客户咨询做出迅速反馈等处理，主要包括物流服务管理、客户分析、呼叫中心和市场管理 4 个部分。这一层次要求企业有较先进的信息处理手段和处理工具，能够对客户信息进行及时、有效的分析处理，以获得对企业有价值的信息。在客户信息处理层，物流公司主要由市场营销中心和客户服务中心负责运作和管理。

市场营销中心会根据客户的特定物流需求制定各种合理的物流方案，并将这些物流方案下达给相应的承运商等各种合作伙伴。同时，营销中心还需要不断分析市场的需求和变化，为企业战略的及时调整提供决策依据，制定更加合理的市场策略，以满足客户不断变化的需求，为客户提供更合适的服务。

客户服务中心首先要对客户的咨询、建议和投诉等进行及时答复，或者是通知给相关部门进行处理，然后做出答复。它是客户与公司进行直接接触的窗口，因此公司派出一批训练有素的业务人员专门负责这项工作，以期同客户之间达成充分沟通。其次，物流公司下达物流任务后还需要及时掌握任务的完成情况，通过计算机网络与合作伙伴进行实时的信息交互，对物流任务的实时完成情况可以进行有效的监控和及时的调度，并且及时把物流服务信息反馈给客户。最后则是对客户的基本信息和业务信息进行详细的筛选、分析和比较，最终提炼出各种有价值的信息，从而充分挖掘出客户的潜在需求，争取为客户提供更多、更好的增值服务。

客户信息处理层通过公司内部各部门的相互协作，利用各种先进的信息技术，不断挖掘客户的潜在需求，收集客户的相关信息，处理客户的各种意见和建议，把事情做到细致，从而为物流公司的经营和发展提供了十分有效的帮助，赢得了大量客户的满意和忠诚，使得物流公司的竞争力平稳增长。

3. 物流服务水平层（运输和仓储系统）

在处理完收集到的客户信息后，物流公司将这些信息输出给客户或者是企业内部，作为制定各种决策的依据，这就是物流服务水平层的主要业务和功能。在物流服务管理的处理过程中，公司将物流任务分解，然后下达给相应的合作商，并发挥协调和监督的作用，为客户提供物流服务和信息服务的双重功能，而这些服务正是物流公司的主要业务内容。其中，物流服务包括运输、仓储、装卸、搬运、包装、配送以及流通加工等，而信息服务包括回复客户的各种查询、库存信息、物流调度信息、货物流向信息以及车辆或货物在途信息等。另外，客户服务中心经过信息处理，一方面将客户咨询的结果及时反馈给客户，另一方面也把客户的建议和投诉等转达给相关部门，促使其改进。

4. 业务决策层（战略决策支持系统）

经过前面几个层次的分析处理后，公司已经得到很多深层的信息，主要包括客户基本信息分析、客户分类、客户业务数据分析、客户利润分析、客户忠诚度分析以及客户前景分析等，这些信息可以帮助物流公司极好地掌握客户基本情况和业务往来情况，并对客户进行细分，区分各种客户为企业带来的利润，然后综合情况，对客户的经营状况以及同客户长期合作的前景进行相关预测。因此，客户分析可以为决策者制定企业战略和各种营销策略提供信息支撑和依据。

物流公司在经过市场管理的处理阶段之后，就可以形成相应的市场策略，有效掌握竞争对手的各种信息，并依据这些信息制定各种有针对性的策略，以吸引新客户和维持老客户，使企业在市场中能够保持长期的竞争力和市场地位。

6.3 实验案例：名片全能王（轻量级移动 CRM 管理）

本节实验案例目的是指导学生通过使用名片全能王 APP，对物流 CRM 和相关应用进一步加深理解，本案例将手机版的名片全能王 APP 进行 CRM 管理，名片全能王 APP 界面如图 6-8 和图 6-9 所示。本次实验大约 2 课时，具体内容参见本书配套的免费实训指导书。

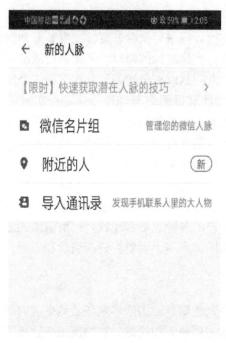

图 6-8　新的人脉

图 6-9　CRM 管理

本章小结

本章主要介绍物流呼叫中心和物流客户管理系统。首先对物流呼叫中心的理论知识进行介绍，包括对呼叫中心的发展、呼叫中心的业务流程、呼叫中心的系统组成进行详细描述，同时重点介绍呼叫中心的关键技术，包括自动呼叫分配、交互式语音应答、用户交互管理、计算机电话集成、远距离网络等技术；其次介绍物流客户关系管理的业务功能，并结合物流呼叫中心的 CRM 实际应用描述物流客户关系管理的优势；最后通过名片全能王案例的应用加深对物流呼叫中心的 CRM 的理解。

课后习题

1. 简述中国呼叫中心发展的 4 个阶段。
2. 交互式语音服务（IVR）是什么？
3. 详述呼叫中心的系统组成。
4. 简述呼叫中心系统结构的关键技术。
5. 什么是客户关系管理？

第7章　快递管理信息系统

本章要点

　　快递信息管理系统是由人员、硬件、软件、网络通信设备及其他物流设备组成的人机交互系统，其主要功能是进行快件信息的收集、存储、传输、加工整理、维护和输出，为快件的收寄、分拣、封发、运输、派送提供支持。

　　本章共包括四部分内容：第一部分详细介绍快递服务的概念、国内快递业务、国际快递业务；第二部分介绍快递的业务环节，包括收件环节、仓储环节、中转环节、运输环节、派件环节；第三部分详细介绍快递信息管理系统的手持终端功能、快递呼叫中心、快递货物跟踪系统和顺丰速运通的功能；第四部分通过案例介绍宏达快递信息系统的使用。

引例

顺丰快递"大闸蟹"

　　顺丰速运（集团）有限公司（以下简称顺丰）由王卫于1993年成立，2016年12月12日，取得证监会批文获准登陆A股市场。2017年2月24日，正式更名为顺丰控股。

　　为满足蟹类产品客户的多样化、个性化需求，保障蟹类快件的配送时效和商品品质，顺丰速运为大闸蟹的寄递专门推出了一项新产品——"大闸蟹专递"。整个大闸蟹的包装是全密封的，会在保温泡沫箱里放入2~3个冰瓶；然后将大闸蟹单个捆绑，依次放在冰瓶上；箱子外部套上一个透明的防水袋后，装入印有大闸蟹标识的编织袋或纸箱中。大闸蟹快递的冷链包装的6个步骤如图7-1所示。

步骤一：将大闸蟹单个捆绑　　　步骤二：将大闸蟹袋装　　　步骤三：放入保温泡沫箱

步骤四：放入2~3个冰瓶　　步骤五：密封并用专用纸箱包装　　步骤六：装入贴有大闸蟹标识的编织袋中

图7-1　大闸蟹快递的冷链包装的6个步骤

7.1 快递概述

7.1.1 快递服务概述

1969年3月，一位美国青年在旧金山的一家海运工时办公处等朋友，偶然得知当时正有一艘德国船停泊在夏威夷等待正在旧金山缮制的提单。如果通过正常的途径，提单需要一个星期才能到达那里，这位年轻人提出他愿意乘坐飞机将提单送到夏威夷，船运公司管理人员通过比较，发现此举可以节约昂贵的港口使用费和滞期费用，于是将文件交给了这位年轻人，年轻人完成任务后立即联络朋友创立了世界上第一家快递公司，专门从事银行、航运文件的传送工作，后来又将业务扩大到样品等小包裹服务。由于强调快速、准确的服务，快递业务一出现就深受从事跨国经营的贸易、金融各界的热烈欢迎，行业发展非常迅速。

古有驿马，今有快递。快递又称快件，即快递公司与承运人（航空公司、陆运公司、铁路公司等）合作，在寄件人、收件人之间运送除信函之外的公函、商业信函、小件包裹或者急需物品。

快递是兼有邮递功能的门对门物流活动，即指快递公司通过铁路、公路等交通工具对客户货物进行快速投递。在很多方面，快递优于邮政的邮递服务。除了较快送达目的地及必须签收外，现在很多快递业者均提供邮件追踪功能、送递时间的承诺及其他按客户需要提供的服务。因此，快递的收费比一般物流高出许多。

自世界上第一家快递企业成立10年后，中国于1979年引入"快递"这种新的服务理念和运行模式。

快递服务（Express Service）是快速收寄、运输、投递单独封装的、有姓名和地址的快件或其他不需储存的物品，按承诺时限递送到收件人或指定地点，并获得签收的寄递服务。

国际快递服务是指专业公司以收取高运费为代价，派遣所属从业人员将客户的有价证券（票据、提单等）、商业文件或货物样品以最迅速的方法专程带往国外收件地，交付收件人的一种服务业务。

7.1.2 国内、国际快递业务

1. 国内快递业务

2019年，我国物流企业50强的物流业务收入合计1.1万亿元，按可比口径计算，同比增长15%。其中中国远洋海运集团有限公司、厦门象屿股份有限公司和顺丰控股股份有限公司分别以2437亿元、1634亿元和1060亿元的物流业务收入位居前三。

从民营物流企业50强来看，2019年民营物流企业的物流业务总收入超4000亿元，同比增长24%，增速高于物流企业50强增速的9个百分点。其中顺丰、百世、中通、韵达、圆通、德邦、申通、苏宁依次占据前10强，其中快递企业占据前五，反映出国内快递企业在物流市场的重要地位。

这里以顺丰速运为例，顺丰业务按客户群分为商务客户业务、电商客户业务、个人客户业务，分别如图7-2~图7-4所示。

图 7-2　顺丰商务客户业务

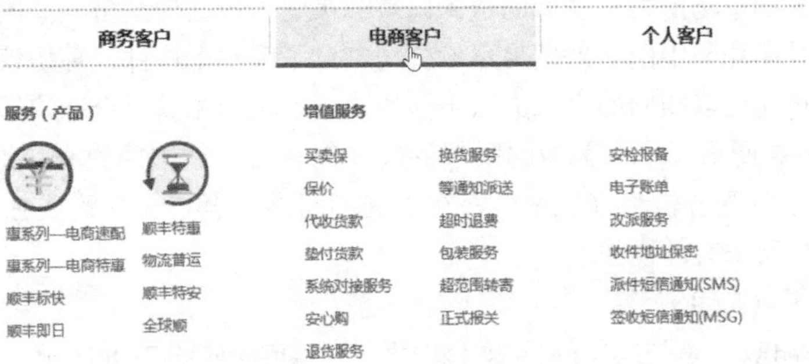

图 7-3　顺丰电商客户业务

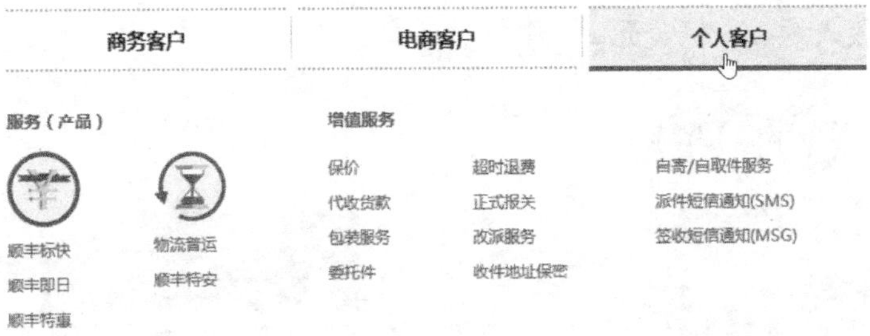

图 7-4　顺丰个人客户业务

其中"顺丰标快"为最主要的业务，具体描述如下：

（1）服务介绍

顺丰为客户提供高品质的门到门快递服务，各环节均以最快的速度进行发运、中转和派送，并提供超时退费承诺。

（2）服务特性

1）365 天，不分节假日提供服务。

2）时效快，安全有保障。

3）中国大陆地区互寄支持超时退费。

4）提供代收货款、保价、等通知派送、签单返还、委托件和签收短信通知等增值服务。

（3）时效

1）中国大陆地区互寄：1~2 天，部分偏远地区加 0.5~1 天。

2）中国大陆地区至港澳台地区：1.5~2.5 天，部分偏远地区加 0.5~1 天。

3）中国大陆地区至海外地区：3~5 天。

具体线路时效可单击时效查询。

（4）服务范围

中国大陆地区、港澳台地区，以及韩国、日本、新加坡、马来西亚、美国、泰国、越南、澳大利亚。

2. 国际快递业务

我国的物流及快递行业已于 2005 年 12 月 1 日开始完全对外开放，中国快递市场丰厚的利润回报率、庞大的市场潜力、较低的进入门坎，吸引了国内外众多同业的目光。日本海外新闻普及株式会社率先与中国对外贸易运输公司签订了第一个快件代理协议。随后，其他国际跨国快递巨头也先后以相同的方式进入中国的快递市场。尤其是全球快递行业的四大巨头（其 LOGO 如图 7-5 所示）——美国的联邦快递（FedEx）、德国的敦豪快运（DHL）、荷兰的 TNT 快递、美国的联合包裹（UPS）等在中国不断参与合资、并购或独资，给我国现有的快递企业带来前所未有的挑战。

（1）联邦快递（FedEx）

联邦快递（FedEx）是一家国际性速递集团，其 LOGO 如图 7-6 所示。联邦快递提供隔夜快递、地面快递、重型货物运送、文件复印及物流服务，总部设于美国的田纳西州。联邦快递集团通过相互竞争和协调管理的运营模式提供了一套综合的商务应用解决方案，2020 年联邦快递包裹收入约 276 亿美元。

图 7-5　全球快递行业的四大巨头

图 7-6　联邦快递商标

（2）敦豪快运（DHL）

DHL 是全球著名的邮递和物流集团 Deutsche Post DHL 旗下公司，DHL 形象如图 7-7 所示。主要包括以下几个业务部门：DHL Express、DHL Global Forwarding, Freight 和 DHL Supply Chain。1969 年，DHL 开设了他们的第一条从旧金山到檀香山的速递运输航线，公司的名称 DHL 由三位创始人姓氏的首字母组成（Dalsey，Hillblom and Lynn）。很快，敦豪航空货运公司把他们的航线扩张到日本、菲律宾、澳大利亚和新加坡。2018 年 12 月，DHL 入围 2018 世界品牌 500 强，位列第 63。

敦豪航空货运公司的机队大约有 420 架飞机，机型主要包括空中客车 A300 型货机和波音 757 型货机；原有的波音 727 机队正在逐步退出服务。敦豪航空货运公司机队的枢纽机场设在比利时的布鲁塞尔。

DHL 快运还与中国对外贸易运输总公司合资成立了中外运-敦豪，在国内 21 个城市设立了 130 多个办事处，形成了国内最具规模、覆盖面最广的空运速递网络。该公司有员工

图 7-7　DHL 形象图

1800 多名，拥有运输车 450 多辆，其市场占有率达到了 1/3。

（3）TNT 快递

TNT 集团是全球领先的快递邮政服务供应商，为企业和个人客户提供全方位的快递和邮政服务。其总部位于荷兰的 TNT 集团，在欧洲和亚洲提供高效的递送网络，并且正通过在全球范围内扩大运营分布来最大幅度地优化网络效能。

TNT 快递其 LOGO 如图 7-8 所示，其通过其在全球 200 多个国家和地区近 2376 个运营中心、转运枢纽以及分拣中心，每周在全球递送 440 万个包裹、文件和货件。TNT 拥有151000 名员工，分布在 200 多个国家和地区。2008 年，该集团销售收入为 111.5 亿欧元，营业收入为 9.82 亿欧元。TNT 快递有超过 26610 辆货车与 40 架飞机，以及欧洲最大空陆联运快递网络，实现门到门的递送服务。

TNT 中国成立于 1988 年，主要提供国际快递和国内公路快运服务。在国际快递方面，它拥有 34 家国际快递分公司和 3 个国际快递口岸。在国内公路快运，TNT 通过其所属的全资公路货运公司——天地华宇运营着国内覆盖最广泛的私营公路递送网络，下辖 56 个运转枢纽及 1260 个运营网点，服务覆盖中国 500 多个城市。

（4）UPS 快递

UPS 快递（United Parcel Service）在 1907 年作为一家信使公司成立于美国华盛顿州西雅图，其 LOGO 如图 7-9 所示。UPS 快递是一家全球性的公司，其商标是世界上最知名、最值得景仰的商标之一。作为世界上最大的快递承运商与包裹递送公司，它同时也是运输、物流、资本与电子商务服务的领导性的提供者。

图 7-8　TNT 快递商标

图 7-9　UPS 快递商标

UPS 每天都在世界上 200 多个国家和地域管理着物流、资金流和信息流。通过结合货物流、信息流和资金流，UPS 不断开发供应链管理、物流和电子商务的新领域，如今 UPS 已发展为拥有 300 亿美元资产的大型企业。

7.2　快递业务基础

快递业务环节主要有收件环节、仓储环节、中转环节、运输环节、派件环节，其快递业务作业流程如图7-10所示。

图7-10　快递业务作业流程

7.2.1　快件收寄

快件收寄是快件服务的一项重要工作，是快递从业人员的日常工作之一。这项工作需要与顾客接触，必须能够指导顾客准确地填写快递运单，同时也为后续的快件服务做好保障工作。快件收寄的主要工作是向客户说明寄快件的服务范围、资费标准、时限、运输方式、保价和赔偿的相关规定；指导客户正确，完整填写运单，告知客户快件查询、更址、撤回和索赔的渠道等内容。

1. 收寄业务

（1）快件业务流程

快件收寄的精简流程大体如下。

112

来电→下订单→上门收件→手持读卡器录入快递单号→上传到公司网站→发件→途经城市以及目的地人员扫描快件→送件到达目的地→上传签收扫描件→自动关闭单号，快件精简业务流程如图7-11所示。

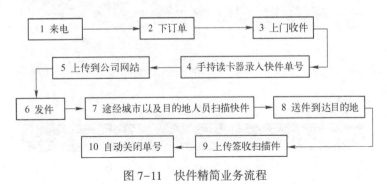

图7-11　快件精简业务流程

（2）快运业务流程

快运业务流程有别于快递和传统运输。一般快运对象的重量、数量多，体积大。传统运输是点对点的运输，局限于火车站、机场、货运市场或指定的集中收货场地，快运则以做门到门服务为主要产品，直接送到终端收货人手中。快运业务流程如图7-12所示。

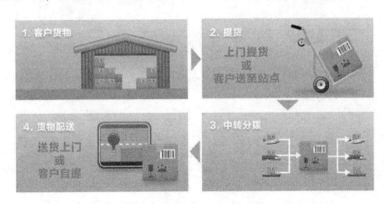

图7-12　快运业务流程图

（3）快运增值服务

1）上楼：送货上楼（或地下楼层），单件重量不超过50 kg。

2）回单返还：货物送达后，签收单据原单返回寄件人。

3）运费到付：运费由收货方支付。

4）开箱验货：开箱按件清点、交接服务。

5）进仓业务：提供进仓及报关服务。

（4）快件查询

快件查询是快递物流公司向顾客反馈快件快递质量的一种服务方式，快递物流公司可提供电话或Web网站、APP、微信小程序等查询方式。

1）网站查询：在顺丰速运网站（http://www.sf-express.com/），在快件追踪中输入快件单号，快件追踪查询窗口如图7-13所示。

图 7-13　快件追踪查询窗口

单击"查询"按钮，就可以查询快件的监控记录，运单追踪如图 7-14 所示。

图 7-14　运单追踪

2）电话查询：顾客可以拨打客服热线告诉服务人员运单号码进行查询，如顺丰拨打全国统一热线电话"95338"就可进行人工查询。

3）APP 查询。

小知识

邮政 EMS 在线下单和查询

邮政 EMS 网上的下单地址为"http://www.11183.com.cn/ec-web/"，填写寄件人姓名、寄件人手机、寄件人地址、收件人姓名、收件人地址等信息即可，邮政速递网上下单系统如图 7-15 所示。当然，也可以拨打电话联系 11183 下单。

快递件的查询追踪可进入 EMS 网站进行查询，网址为"http://www.11183.com.cn"，邮政速递网上查询界面如图 7-16 所示。

2. 快件收验

（1）查验快件

在上门取件的方式下，对于客户已封装好的快件，快件业务员必须征得客户同意后方可

图 7-15　EMS 邮政速递网上下单系统

图 7-16　邮政速递网上查询界面

开箱检查快件内容，核对内容物申报资料属实且无公司规定的拒收寄物品、无损坏、包装符合标准才能接收。快件收验操作程序如图 7-17 所示。

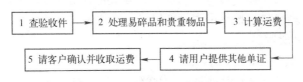

图 7-17　快件收验操作程序

小知识

| 禁止任何有毒物品 | 禁止易燃性物品 | 禁止易爆性物品 | 禁止易腐蚀性物品 |

快件禁寄物品

禁寄物品的主要种类如下。

1）武器/弹药：如枪支、子弹、炮弹、手榴弹、地雷和炸弹等。

2）易爆炸性物品：如雷管、炸药、火药和鞭炮。

3）易燃烧性物品：包括液体、气体和固体，如汽油、煤油、桐油、酒精、生漆、柴油、气雾剂、气体打火机、瓦斯气瓶、磷、硫黄和火柴等。

4）易腐蚀性物品：如过氧化氢、硫酸、盐酸、硝酸、有机溶剂和农药等。

5）放射性元素：如钚、钴、镭和铀等。

6）烈性毒药：如铊、砒霜等。

7）毒品系列：如冰毒、大麻、海洛因、可卡因、吗啡、鸦片、麻黄素和摇头丸等。

8）生化制品/传染性物品：各类生化制品和传染性物品，如炭疽、危险性病菌和医药用废弃物等。

9）危害性出版物：危害国家安全和社会政治稳定以及淫秽的出版物、宣传品、印刷品等。

10）妨害公共卫生的物品：如尸骨、动物器官、肢体、未经硝制的兽皮等，可能危害人身安全、污染或者损毁其他寄递件或设备的物品等也属于禁忌物品范围。

11）国家秘密文件/国家货币：国家法律、法规、行政规章明令禁止流通、寄递或进/出境的物品，如国家秘密文件和资料、国家货币及伪造的货币和有价证券。

12）珍贵文物/濒危野生动物：国家法律、法规、行政规章明令禁止流通、寄递或进/出境的物品，如珍贵文物、濒危野生动物及其制品等。

13）管制刀具/仿真武器：国家法律、法规、行政规章明令禁止流通、寄递或进/出境的物品，如仿真武器、管制刀具等。

14）各寄达国（地区）禁止寄递进口的物品等。

15）其他禁止寄递的物品。

（2）处理易碎物品和贵重物品

为避免易碎物品在运送过程中受到挤压造成破损，应在外箱上粘贴"易碎"标签（如图7-18所示）。贵重物品在包装后粘贴封签，请客户在封签上签名。

（3）计算运费

可用弹簧秤或磅秤直接称取重量，比较材积重量和实际重量，材积重量大于实际重量的要取材积重量作为计费重量，按价格表计算价格，确认付款方式，重量和价格不能有任何涂改。主流秤如图7-19所示。

（4）请用户提供其他单证

如接收需要其他单证才能通关或清关、派送的货物，务必请客户提供有效单证，以便顺利地申报、清关和派送。

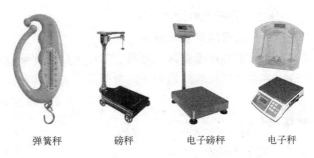

| 弹簧秤 | 磅秤 | 电子磅秤 | 电子秤 |

图 7-18 "易碎"标签   图 7-19 各种秤

（5）请客户确认并收取运费

上述操作完成后请客户确认并在"寄件人签名"栏签名。

小知识

快件的包装

快件包装的注意事项如下：

1）根据货物体积选择包装的尺寸，未装满的包裹容易坍陷，包裹装得过满容易胀裂。

2）包装托运快件时必须使用优质包装材料，选择包装材料时要考虑其强度、防震性能及耐久性。

3）选择瓦楞纸板包装盒、高质量的封箱带，珍贵物品使用耐磨损双层板包装盒。

4）利用防震材料，特别要尽量避免包裹内物品的移动。

5）必要时使用封箱胶带，这是密封并确保包裹完好的有效方法，如果没有封箱机，要使用强力胶带。

6）将易碎品放在包裹的中间位置，确保其没有接触到包裹的任何一侧，货物各个侧面均要填满防震填料。

7）确保液体装在不会泄漏的容器里，用轻便、强力的内包装材料（如泡沫聚苯乙烯）包装，并用塑料袋进行密封。切记包装不当会损坏周围的物品。

8）将胶状、油脂或有强烈气味的物品用胶带密封，再用防油纸包裹。切记包装不当会损坏周围的物品。

9）将粉末和颗粒状物品放在强力塑料袋里密封，并使用坚硬的纤维板包装盒。

10）非固体物品使用"向上箭头"标签。

11）将要发运的礼物进行重新包装，许多礼品的精美包装可能并不适于运输。

12）在运送盒装卷轴、地图和设计蓝纸等时使用三角形筒包装，不要用圆形筒。切记将小件物品装在合适的包装袋内。

13）对于数据盘、磁带和录影带，每个都要用柔软的防震材料独立包装。

14）完整、清晰地填写地址，手写标签时使用大写字母，以便快件人员识别。

15）在托运锋利物品（如刀子或剪子）时，要确保所有刀刃和尖端都得到妥善防护，应采用坚实的厚纸板，防护材料应安全固定，以免运输途中脱落。

16）托运扁平的易碎物品（如聚乙烯唱片）时，必须使用厚纸板夹裹。

17）重复使用包装物料时，要去除所有标签和贴纸，并确保包装完好无损。

快件包装要避免的情况如下：

1）不要使用编织袋或布袋。

2）包装不要过度密封。海关有可能对任何货物进行开箱检查。

3）不要使用玻璃纸的带子或绳子封箱托运货物。

4）不要以为有了"易碎"和"轻拿轻放"标签就可以取消细致的包装，标签仅可作为提供信息之用。

7.2.2 快件接收

快件接收是快件处理的第一个作业环节。在到站快件接收作业过程中，场地接收人员对快件运输车辆的封志、快件交接单证的填写、总包快件的规格和质量等方面要认真执行交接验收规定，明确责任环节，确保快件的处理质量。

为防止在运输途中超小快件（航空运输，其长、宽、高之和不得小于 40 cm；铁路运输，不得小于 60 cm）发生遗失和信件型快件或快件运单被折叠、损坏，同时也为了便于快递服务过程中两个环节的交接，缩短时间、提高效率，在快件运输环节中往往采取将多个小快件汇成总包运输的方法。因此，办理交接主要是指办理总包的交接。

1. 到件验收

（1）总包交接

将寄往同一寄达地的多个快件集中装入的容器或包（袋）称为总包。交接进站总包是处理环节的总进口，快递服务组织对总包交接实行"交接单"交接。交接时应以"交接单"上登记的内容或网上的信息为准，并与总包实物进行对比。对于验收发现异常的总包，交接双方应当场及时处理，明确责任。

（2）总包交接单

交接的工作内容以交接单内容为准，EMS 寄发人与接收人的交接单如图 7-20 所示、封发清单如图 7-21 所示。

图 7-20 EMS 寄发人与接收人的交接单

总包号码	封发日期		封发时间		页号		
	车(航)次						
封发日期 邮戳	原寄局： EMS		寄达局：		接收日期 邮戳		
格数	邮件编号	收寄局	备注 ■	格数	邮件编号	收寄局	备注
1			■	2			
3			■	4			
5			■	6			
7			■	8			
9			■	10			
11			■	12			
13			■	14			
15			■	16			
17			■	18			
19			■	20			
21			■	22			
23			■	24			
25			■	26			
27			■	28			
29			■	30			
总件数		封发人员签章			接收人员签章		

图 7-21　封发清单

在总包交接过程中认真填写以上交接单，并进行验视，验视总包发运路向是否正确；总包规格、重量是否符合要求；包牌或封条是否有脱落或字迹不清、无法辨别的现象；总包是否破损或有折动的痕迹；是否有水湿、油污等现象。

小知识

车 辆 封 条

车辆封条大体上分为两大类：一类是信息封条，另一类是实物封条。其中，信息封条是全球卫星定位系统（GPS）和地理信息系统（GIS）相结合的信息记录；实物封条主要有纸质类、金属类、塑料类封条，如图 7-22～图 7-24 所示。

图 7-22　纸质封条

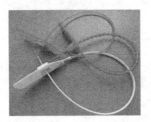

图 7-23　塑料封条

图 7-24　金属封条

2. 总包卸载

将进站总包从快件运输车辆上卸载到处理场地的作业过程称为总包卸载。卸载总包时要注意快件的安全。各快递企业的实际操作往往是总包卸载和总包交接验收同时进行，目的是提高作业效率。总包卸载的作业要求如下：

1）按照要求卸载总包，不得有任何可能损坏快件的行为，例如抛掷、拖拽、摔打、踩踏、踢扔、坐靠等。

2）对于贴有"易碎品"标签的总包单件要轻拿轻放，放置时要注意在快件底部低于作业面30厘米的时候才能放手。

3）卸载破损总包时，应注意保护内件，避免二次损坏快件。

4）使用机械或工具辅助卸载，应正确地操作卸载机械或工具，禁止任何有可能损坏快件的操作，尤其禁止野蛮粗暴操作。

5）遇到雨雪天气，应做好防水、防潮及受潮物品处理工作。一旦遇有受潮快件，应妥当处理，严禁挤压，并烘干受潮物品。

6）总包卸载后，应区分直达与中转路向、手工与机械分拣快件，并按堆位分别码放。码放时要做到重不压轻、大不压小。码放的总包应有序、整齐、稳固，总包袋口一律向外。

7）为防止码放时砸坏轻件、小件，将偏大、偏重的总包单独码放或码放在底层，易碎物品、不耐压的快件放置顶层或单独码放。此外，对标有不准倒置、怕晒、怕雨、禁止翻滚、堆码重量和层数受限的快件应按操作标准进行作业。其运输标志如图7-25所示。

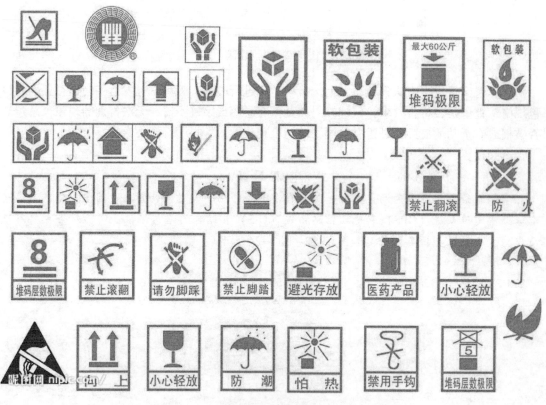

图7-25 运输标志

8）码放在拖盘、拖车、拖板上的总包，其高度一般不超过把手。

9）不规则快件、一票多件快件、需特殊处理以及当面交接的快件都应单独码放。

10）水湿、油污、破损的总包应交专人进行处理。

11）卸载结束后，接收人员应检查车厢和场地周围有无其他遗留快件。

7.2.3 快件分拣

快件分拣工作是快件处理过程中的重要环节，快件处理人员只有掌握了相关的地理知识、邮政编码、信息录入方法等才能避免错分，保证快件按预计的时限、合理的路线及有效的运输方式送达客户。

1. 常规件分拣

（1）快件分拣作业

为保证邮件技术准确的传递，在速递出口分拣封发环节，相关工作人员必须严格按照以下流程作业（如图7-26所示）。

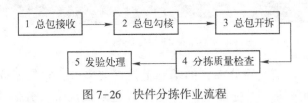

图7-26 快件分拣作业流程

1）总包接收。分拣部门接收快递车和转运部门交来的邮件，点验总包数目、规格，与交方办理邮件及路单交接手续。速递系统、营业系统和中心局系统已实现互联互通，同时接收网上路单信息。转运作业与分拣作业为流水线方式的，总包邮件由转运部门接收后，分拣部门直接进行开拆作业，不再进行点验接收处理。

2）总包勾核。分拣部门接收转运部门交来的总包，点数正确则无须勾核，分拣部门直接接卸趟车和快班汽车邮件的，应利用中心局生产作业系统进行总包扫描勾核。

3）总包开拆。开拆特快专递总包，点验内件数目、规格，扫描袋牌条形码，下载网络清单；逐件扫描散件条形码，与网上的清单信息进行勾核。如果无网上清单，则逐件扫描补录开拆清单，开拆人员应根据机器分拣和人工分拣作业的要求整理快件。

4）分拣质量检查。质检员随机抽查人工或机器的分拣质量。分拣作业完毕后，应对现场进行检查。现场检查工作应该由当天作业的负责人进行，检查应按顺序和步骤进行，以避免快件漏分拣或者各种作业工具遗失的情况发生。

5）发验处理。对总包接收、开拆或内件勾核、分拣过程中发现的各类不符情况要进行发验处理。

（2）人工分拣

人工分拣也称为手工分拣，是县（市）级以下邮政企业进行邮件分拣的主要作业方式。

手工分拣是指依靠人力使用简单的生产工具来完成整个分拣作业过程的一种分拣方式，需要分拣人员掌握一定的交通、地理知识，熟记大量的邮件直封、经转关系，具备熟练的操作技术以及书写能力等。手工分拣所需要的工具简单，作业流程简捷，经济节约，在未实行机械化分拣的单位仍然是一种十分重要的分拣手段，人工分拣如图7-27所示。

1）双手分拣。双手分拣是信函分拣的一种通用方式。双手分拣不局限左、右手的分工，取适当数量的待分信函正面顺向放在特制的分拣托板上，按照收件人地址或邮政编码将信函分送到相应的格口内。双手分拣是在传统的右手分拣法（左手持信右手分拣）

图 7-27 人工分拣

与左手分拣法（右手持信左手分拣）的基础上发展起来的，它借助分拣托板代替单手持信，使双手分拣更为灵活，"左右开弓"、上下并进从而加快了分信的速度，提高了工作效率。

2）按码分拣。按码分拣是按照邮件上收件人地址的邮政编码进行分拣的一种方式。实行邮政编码后，除投递前的落地邮件分拣必须按收件人详细地址分拣外，其他环节的进、出、转邮件都可按码分拣。采用手工分拣的，出、转口处理按照邮件上的收件人邮政编码的前 3 位号码分拣；进口处理按照收件人邮政编码的后 3 位号码分拣。对于按码分拣尚不够熟练的，可采用按址分拣和按码分拣两种方式并用的方法，以保证分拣准确，避免错分、错发。

3）专人专台分拣。专人专台分拣指对贵重或特殊邮件指定专人或设置专台进行专门处理，其目的在于确保相关邮件的安全与迅速传递。如保价信函和保价印刷品不得与其他邮件混合作业，应由专人或专台分妥后逐件登入封发保价邮件清单，注明保价金额和总件数，然后交主管人员或指定人员检查封发规格，核对总件数，填写重量并加盖名章，封成保价专袋或专套。封好的专袋或专套必须装入邮件袋套或平挂邮件封袋套内，再逐件登入相关清单并发运。

（3）自动分拣

自动分拣系统（Automatic Sorting System）是先进配送中心所必需的设施条件之一，具有很高的分拣效率，通常每小时可分拣商品 6000~12000 箱。可以说，自动分拣机是提高物流配送效率的一项关键因素。它是第二次世界大战后在美国、日本的物流中心广泛采用的一种自动分拣系统，该系统目前已经成为发达国家大中型物流中心不可缺少的一部分。

自动分拣机是自动分拣系统的一个主要设备（如图 7-28 所示）。它本身需要建设短则40~50 m，长则 150~200 m 的机械传输线，还有配套的机电一体化控制系统、计算机网络及通信系统等，这一系统不仅占地面积大（动辄 20000 m² 以上），而且还要建 3~4 层楼高的立体仓库和各种自动化的搬运设施（如叉车）与之相匹配，这项巨额的先期投入通常需要花 10~20 年才能收回。

该系统的作业过程可以简单描述如下：物流中心每天接收成百上千家供应商或货主通过

图7-28 自动分拣机

各种运输工具送来的成千上万种商品，在最短的时间内将这些商品卸下并按商品品种、货主、储位或发送地点进行快速准确的分类，将这些商品运送到指定地点（如指定的货架、加工区域、出货站台等），同时，当供应商或货主通知物流中心按配送指示发货时，自动分拣系统在最短的时间内从庞大的高层货存架存储系统中准确地找到要出库商品所在的位置，并按所需数量出库，将从不同储位上取出的不同数量的商品按配送地点的不同运送到不同的理货区域或配送站台集中，以便装车配送。

2. 问题件处理

（1）禁限寄物品处理

1）企业发现各类武器、弹药等物品，应立即通知公安部门处理，疏散人员、维护现场，同时通报国家安全机关。

2）企业发现各类放射性物品、生化制品、麻醉药物、传染性物品和烈性毒药，应立即通知防化及公安部门按应急预案处理，同时通报国家安全机关。

3）企业发现各类易燃易爆等危险物品，在收寄环节发现的，不予收寄；经转环节发现的，应停止转发；投递环节发现的，不予投递。对危险品要隔离存放，对其中易发生危害的危险品应通知公安部门，同时报国家安全机关，采取措施进行销毁；需要消除污染的，应报请卫生防疫部门处理。其他危险品，可通知寄件人限期领回。对内件中其他非危险品，应当整理重封，随附证明发寄或通知收件人到投递环节领取。

4）企业发现各种危害国家安全和社会政治稳定以及淫秽的出版物、宣传品、印刷品，应及时通知公安、国家安全和新闻出版部门处理。

5）企业发现影响公共卫生的物品和容易腐烂的物品，应视情况通知寄件人限期领回，无法通知寄件人领回的可就地销毁。

6）企业对包装不妥，可能危害人身安全，污染或损毁其他寄递物品和设备的，在收寄环节发现后应通知寄件人限期领回，经转或投递中发现的，应根据具体情况妥善处理。

7）企业发现禁止进/出境的物品，应移交海关处理。

8）其他情形，可通知相关政府监管部门处理。

（2）收件人地址有误的快件及其处理办法

收件人地址有误的情况。

1）运单脱落，无法知道收件人地址。

2）外包装有两个地址，无法判断使用哪个地址。

3）地址错误或邮编、电话区号等错误。

4）填写的街路不清或只写街路而无门牌号。

5）寄达地址用同音字代替或使用相似字。

6）运单目的地址填写与收件人地址不符。

收件人地址有误的处理方法：

前面所列的 6 种情况，处理方法不太一致。

1）若运单脱落，可以联系收寄局补充运单信息，重新制作运单后，正常分拣派送。

2）在有两个地址或地址、电话填写错误或者模糊不清等情况下，需要与发件人联系确定地址，请发件人发一份确认地址的传真，修改运单地址后，正常分拣派送。

3）若上述方法都无法联系到收件人，应在详情单上粘贴"改退批条"，批明无法投递原因，并加盖经手人员和主管人员名章，仍用特快方式退回原寄局。快件退回原寄局后，由原寄局填发"领取快件通知单"，按规定在营业窗口投交寄件人，免收退回费。无法投递的快件退回原寄局后，如无法退给寄件人，保管期满一个月寄件人仍不领取的按无着快件处理。无着快件一律由指定的无着快件处理部门集中开拆处理，其他各局不得自行处理。

7.2.4 快件派送

快件派送是快递服务中最重要的一个环节，快件派送不仅仅是把快件送到客户手中这么简单，快件派送必须有一个系统的流程，要求相关单位和人员密切的配合，快递业务员应尽心尽责。

1. 快件派送前的准备

在快件发送前，应核对交接快件的数量、重量、规格。在快件交接时不仅要做到准确，并且要核实快件的数量、重量，检查包装是否完好及快件派单信息是否完整等。

（1）快件接收

快递员领取按址投递的快件时，应与总台人员办理交接，注意检查以下事项。

1）应清点快件数量是否与投递总台合拢表登记的本派送区域快件数相符。

2）应验视快件的封装是否完好，有无破损、拆动痕迹。

3）对代封快件要复称其重量，若遇有破损或重量不符的异常情况，应交主管人员处理。

4）若有快件详情单第一联脱落的，应补做一份单据。

5）若遇有错分投送区域的快件，应交回指定人员，让其转交，并在相关派送单上批注签章，不得擅自处理。

（2）确认

1）粗分：将本投送区域的快件按照划分的投递路线进行粗分。

2）细排：粗分后，将快件按照投递路线的先后顺序进行细排。

3）复核：细排后的快件要进行复核，核查有无错排和现场遗留的快件，防止错投、漏件。

4）填写投递清单，盖章戳：在投递清单上登列经细排复核无误的快件，以便投递签收。对信封封装的文件资料类快件，在封套右上角"投递日戳"处加盖投递日戳；对物品类快件可在相应处用日戳盖章。

（3）判断快件收件人的地址

判断收件人信息是否准确主要有以下步骤。

首先检查收件人的地址是否在自己所在的派送区域内。

然后查看收件人的地址是否正确、详细。若地址不详则与收件人联系，确认地址，正常派送；若联系不到收件人则与发件人联系，确认地址，正确派送。若无法确认地址则视为无法派送的快件，退回。

最后，若地址准确则检查收件人的姓名是否具体，若不具体则与收件人联系，确认后派送。

（4）派送路线设计

快件的派送速度受交通运输状况、气候状况、收件人状况等方面因素的制约，所以在设计派送路线时一定要考虑各种因素，做到"及时、准确、经济、安全"地将快件送到客户手中，遵守及时原则、准确原则、经济原则和安全原则。

2. 快件派送服务

（1）快件捆扎材料

1）钢片捆扎带：钢片捆扎带一般用于使非常重的载荷成一整体运输件或将载荷固定在火车车厢、拖车或远洋货轮内，很少用于经捆扎后下陷或移位的收缩型载荷，但能牢固地捆扎已经压缩了的载荷，并经常用于刚性载荷的捆扎。金属捆扎带最适用于包装非常沉重的货物，钢片捆扎带如图7-29所示。

2）尼龙捆扎带：尼龙扎带也称为扎带、扎线、束线带、扎线带，尼龙扎带分为自锁式尼龙扎带、活扣尼龙扎带、防拆（铅封）尼龙扎带、固定头尼龙扎带、标牌尼龙扎带、插销（飞机头）尼龙扎带、珠孔尼龙扎带、鱼骨尼龙扎带、耐候尼龙扎带等。尼龙捆扎带广泛用于圣诞礼品厂、电子厂、线材加工厂、电线电缆、玩具厂、喜庆节日、文具百货、生鲜超市、民居日用、电工电器、接插件等物品的捆扎，尼龙捆扎带如图7-30所示。

图7-29 钢片捆扎带

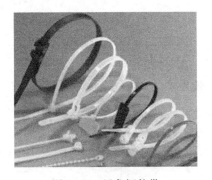
图7-30 尼龙捆扎带

3）聚丙烯捆扎带：聚丙烯捆扎带又称PP打包带、黄色打包带，学名聚丙烯，是常见塑料中较轻的一种。PP打包带的主要材料是聚丙烯拉丝级树脂，因其可塑性好、断裂拉力强、耐弯曲、比重轻、使用方便等优点，被加工成的捆扎带在各领域中广泛应用。PP打包带半透明至不透明，质地透明薄膜。PP 打包带用于纸箱打包，配合自动打包机使用。聚丙烯捆扎带如图 7-31 所示。

图 7-31　聚丙烯捆扎带

（2）快件捆扎方法

不同规格的快件有不同的捆扎方法。

1）单结（Overhand Knot）：若想在绳子上打一个结，单结是最简单的，当绳子穿过滑轮呈洞穴状时，单结可发挥绳栓的作用。除此之外，在拉握绳子时，单结可以用来防止滑动，而且它也可以用来当绳端绽线时暂时地防止其继续脱线。单结的缺点是，当结打太紧或弄湿时很难解开。其效果如图 7-32 所示。

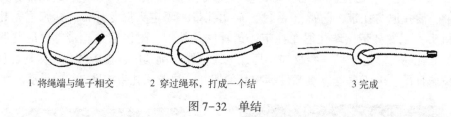

1 将绳端与绳子相交　　　2 穿过绳环，打成一个结　　　　3 完成

图 7-32　单结

2）八字结（Figure-eight Knot）：八字结的结目比单结大，适合作为固定收束或拉绳索的把手，八字结的打法十分简单、易记。它的特征在于即使两端拉得很紧，依然可以轻松解开。其效果如图 7-33 所示。

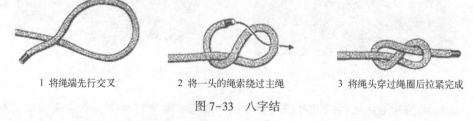

1 将绳端先行交叉　　　2 将一头的绳索绕过主绳　　　3 将绳头穿过绳圈后拉紧完成

图 7-33　八字结

图 7-34 所示为 10 种常用结的打法。

小知识

领带的打法

快递服务中服饰得体与否，与个人形象和公司形象均有极大关系，其中领带可参考如图7-35所示的打法。

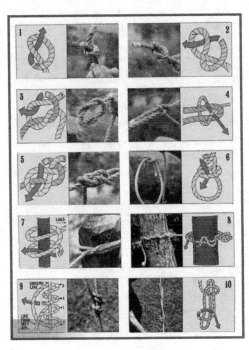

图7-34 10种常用结的打法

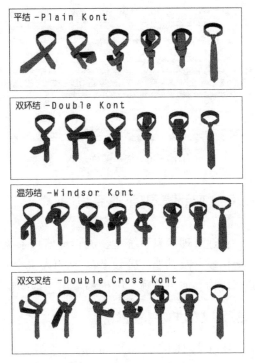

图7-35 常见领带结

3. 快件派送的后续处理

（1）快件信息的录入

快件信息的录入是指对快件所涉及的相关内容在计算机上进行登记，实际上是对快件运单相关内容的再描述，也是对客户运单的信息维护。快件在每一站点的快件接收、转发或派送等状态要记录，并要记录时间，这样方便客户查询其快件在途中的情况。

（2）快件信息录入操作

快件录入中包括快件的信息、快件单号、快件类型、发件人姓名、收件人姓名（公司或个人）、发件人联系方式（电话或邮件）、发件人传真、收件人联系方式（电话或邮件）、收件人传真、发件人地址、收件人地址、起始地址、目的地址、货件内容、重量、包装形式、下一站地址和备注信息等。

单击面板中的"揽件录入"或主窗口中的工具按钮（或双击表格界面），即可打开窗口录入快件的基本属性，包括收件人、发件人和揽件人等信息，快件揽件录入如图7-36所示。

在"外部来件待审"界面中单击面板中的"外部来件待审"或在主窗口工具栏上单击"录入窗口"按钮（或双击表格界面），即可打开窗口选择调拨审核情况，如果通过审核，快件就等待派送到收件人手中了，如图7-37所示。

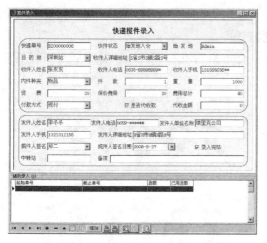

图 7-36　快件揽件录入

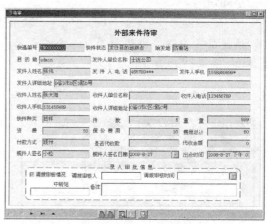

图 7-37　外部来件待审

7.3　快递信息管理系统

快递管理信息系统是物流管理信息系统的子系统，它是由人员、计算机硬件、软件、网络通信设备及其他办公设备组成的人机交互系统，其主要功能是进行快递信息的收集、存储、传输、加工整理、维护和输出，提高快递运作的效率与效益。

7.3.1　HHT 手持终端

HHT 是 Hand Held Terminal（手持终端）的英文缩写，HHT 作为快递信息系统的"终端扫描枪"，也叫"手持数据采集器"或"巴枪"（顺丰第 4 代 SF-HHT 如图 7-38 所示），可以拍照扫条形码。其应用很广泛，快递员人手一台，顺丰 HHT 终端扫描枪功能如图 7-39 所示。

图 7-38　顺丰第 4 代 SF-HHT

图 7-39　顺丰 HHT 终端扫描枪功能

7.3.2　快递呼叫中心系统

随着电话的普及，人们以电话、传真等方式作为业务交流手段已经逐渐形成习惯，特别是快递公司，有大量的快递公司方面业务受理电话、查询电话、投诉电话、用户基本价查询/收费查询电话等，用户通过电话达成的业务已经占到快递公司业务的绝大多数比例。但快递公司由于各种业务电话分散，给客户带来诸多不便；同时，快递公司内部各部门也难以及时有效沟通，无法对外提供统一口径的服务。

随着快递企业的不断涌现，快递市场的竞争在不断加剧。同时，市场竞争的加剧和客户需求的增大使得客户对服务质量的要求不断提高，以往的服务质量已远远不能满足广大客户的需求。在这种情况下，只能以更完善、更高效、更优质的服务来提高客户的满意度，增强自身的竞争能力。另一方面，对于企业的内部管理来说，一成不变的管理模式不但不能满足日益扩展的业务需要，而且会在一定程度上阻碍企业的发展。

快递公司目前普遍的做法是开通热线，人工接听，然后上门取货。但这些热线往往不能覆盖并统筹管理整个服务层面，因此，无论是客户向快递公司索取服务，或快递公司向客户提供服务，仍然存在许多不便，服务响应速度和服务质量也无法得到有效的控制，不仅增加了服务成本，还制约了快递业务在本地区大规模的发展。此外，由于传统热线没有将客户数据、业务数据和业务流程整合起来，许多有价值的记录，许多重复出现的问题，都淹没在日常工作中，对快递公司进一步提升运营管理水平、挖掘业务潜力、提高企业效益都极为不利。

新一代的呼叫中心将计算机网络和通信网紧密结合起来，这有利于把呼叫中心的技术平台与快递公司现有的业务平台及业务数据库有机地结合起来，其主要的业务功能如下。

1. 自动语音功能

为客户提供灵活的交互式语音应答服务，其中包括语音导航、资讯查询、信息定制、语音留言、转接人工座席等。这里以客户自助式服务为主，完全可以根据语音提示进行相应的操作，从而得到自己需要的相关信息，使原来需要座席员解答的一些信息直接在 IVR 中完成，在一定程度上减轻了转人工操作的工作量。

2. 智能座席分配

系统可以自动判别出等待时间最长的顾客，还可以转接到技能最高或者回答时间最短的客服人员线路上，这样有力地保证了工作效率的提高。

3. 电话录音管理

呼叫中心系统对于用户与座席的通话全程录音，并保存录音文件，以方便日后对其进行查询，达到回顾通话信息和考核座席的目的。

4. 智能统计分析

呼叫中心平台可以记录所有的呼叫信息，并对呼叫中心使用情况的各项指标进行统计，统计可按时间段、按日、按月、按季度、按年等各种统计时间，最终生成各项报表，为企业的发展决策提供支持。

7.3.3 快递自动分拣系统

自动分拣系统一般由自动控制和计算机管理系统、自动识别装置、分类机构、主输送装置、前处理设备及分拣道口组成（快递自动分拣系统如图7-40所示）。

1. 自动控制和计算机管理系统

自动控制和计算机管理系统是整个自动分拣的控制和指挥中心，分拣系统的一切动作均

图 7-40　快递自动分拣系统

由控制系统决定。其作用是识别、接收和处理分拣信号，根据分拣信号指示分类机构按一定的规则（如品种、地点等）对产品进行自动分类，从而决定产品的流向。分拣信号可通过条形码扫描、色码扫描、键盘输入、质量检测、语音识别、高度检测及形状识别等方式获取，经信息处理后转换成相应的拣货单、入库单或电子拣货信号，自动分拣作业。

2. 自动识别装置

自动识别装置是物料能够实现自动分拣的基础系统。在物流配送中心，广泛采用的自动识别系统是条形码系统和无线射频系统。条码自动识别系统的光电扫描安装在分拣机的不同位置，当物料在扫描器可见范围时，自动读取物料上的条码信息，经过对码软件即可翻译成条码所表示的物料信息，同时感知物料在分拣机上的位置信息，这些信息自动传输到后台计算机管理系统。

3. 分类机构

分类机构是指将自动识别后的物料引入到分拣机主输送线，然后通过分类机构把物料分流到指定的位置，分类机构是分拣系统的核心设备。

4. 主输送装置

主输送装置的作用是将物料输送到相应的分拣道口，以便进行后续作业，主要由各类输送机械组成，又称主输送线。

5. 前处理设备

前处理设备是分拣系统向主输送装置输送分拣物料的进给台及其他辅助性的运输机和作业台等。进给台的功能有两个，一是操作人员利用输入装置将各个分拣物料的地址送入分拣系统，作为物料的分拣作业指令；二是控制分拣物料进入主输送装置的时间和速度，保证分类机构能准确地进行分拣。

6. 分拣道口

分拣道口也称分流输送线，它是将物料脱离主输送线使之进入相应集货区的通道，一般由钢带、传送带、滚筒等组成滑道，使物料从输送装置滑入缓冲工作台，然后进行入库上架作业或配货工作。

7.3.4　快递货物跟踪系统

快递货物跟踪系统是指物流公司利用物流条形码和 EDI 技术及时获取有关货物运输状态的信息，提高物流运输服务的方法。具体来说就是工作人员在向货主取货时、在物流中心重新集装运输时、在向顾客配送交货时利用扫描仪自动读取货物包装或者货物发票上的物流条形码等货物信息，通过公共通信线路、专用通信线路或卫星通信线路把货物的信息传送到总部的中心计算机进行汇总整理，这样所有被运送的货物的信息都集中在中心计算机里。

7.3.5　快递信息管理系统案例：顺丰速运

顺丰速运是国内最大的综合物流服务商、全球第四大快递公司，致力于成为独立的第三方物流行业解决方案的数据科技服务公司，以领先的技术赋能客户，为客户提供涵盖多行业、多场景、智能化、一体化的智慧供应链解决方案。同时，顺丰还是一家具有"天网+地网+信息网"网络规模优势的智能物流运营商，拥有对全网络强有力管控的经营模式。

1. 顺丰速运-PC 客户端

顺丰速运网址是 https://www.sf-express.com/，顺丰速运主要提供以下七大服务，其 PC 端主界面如图 7-41 所示。

1）即时配：面向所有客户的全场景同城物流配送，专人专送，为客户提供全城范围内的点到点急速配送服务。

2）快递服务：顺丰即日、顺丰特快、顺丰标快服务。

3）快运服务：支持快运标准达、大票直送、整车直达、丰城专运服务。

图 7-41　顺丰速运 PC 端服务主界面

4）冷运服务：支持冷运标快、冷运到店、顺丰冷运零担、冷运小票零担、冷运专车、冷运仓储服务。

5）医药服务：支持精温专递、精温定达、精温定航、精温整车、医药仓储服务。

6）国际服务：支持国际标快、国际特惠、海购丰运、国际重货、海外仓、国际电商专递、国际电商小包服务。

7）增值服务：支持普通保价、委托件、包装服务、代收货款、保鲜服务、签单返还、送货上楼、验货服务、签收确认、电子图片、定时派送、保单配送、大件入户、特殊入仓、送货服务、提货服务、装卸服务、安装服务、货物保管、资源调节费、超长超重、住宅附加费、燃油附加费、原单转寄退回、国际偏远附加费服务。

图 7-42　顺丰速运
手机客户端 APP

2. 顺丰速运–手机客户端

顺丰速运手机客户端，免费向客户提供自助下单、订单管理、服务查询等一站式掌上便捷快件服务。扫描下方二维码可下载并安装"顺丰速运"APP，如图 7-42 所示。

顺丰速运 APP 可为用户提供查、寄快递，网点查询、运费查询等相关服务的一站式快递物流服务，其主界面如图 7-43 所示。

（1）功能介绍

- 快速寄件：手机下单，灵活设定快递员上门取件时间，省时省心。
- 快速查件：快递信息实时更新，在途运输状况自动推送。
- 地址簿：历史收/寄件地址一键选择，智能地址填写，方便快捷。
- 服务点：附近顺丰网点、丰巢快递柜一网打尽，地图导航方便直达。
- 工具：运费计算、收送范围查询、禁寄品查询、汇率查询、时效查询。
- 新鲜发现：积分、优惠券享不停。

（2）服务介绍

- 中国内地快递服务、大件包裹物流、同城急送服务。
- 中国港澳台地区快递服务。
- 国际快递物流服务。

3. 顺丰速运+的微信小程序

在微信中搜索："顺丰速运+"，就可进入顺丰的小程序中。"顺丰速运+"是顺丰速运在微信平台上开通的自助服务，让客户可以轻松便捷地寄快递和查快递。"顺丰速运+"的用户界面如图 7-44 和图 7-45 所示。

图 7-43　顺丰速运 APP 主界面

图 7-44　微信小程序寄快递界面　　　　图 7-45　微信小程序查快递界面

7.4　实验案例：宏达快递信息系统的使用

　　本节实验案例目的是指导学生通过对一个快递信息系统进行完整的使用，对快递信息系统相关应用进一步加深理解。本案例将通过宏达快递信息管理系统软件的练习，使学生学会快件的收寄，并可熟练地进行快件信息录入；学会快件派送，掌握排序知识、派送路线设计等知识；学会应用快件系统，为顾客提供查询服务（包括仓库管理的各种查询）。本实验大约 2 课时，具体内容参见本书配套的免费实训指导书。

本章小结

　　本章主要介绍物流信息系统中的快递信息系统。首先对快递的理论知识进行介绍，包括对快件的收寄、分拣、封发、运输、派送进行详细描述，同时重点介绍快递信息系统中的关键技术，包括自动下单系统、自动分拣系统、货物跟踪系统；其次介绍顺丰速运通在快递中的应用；最后通过宏达快递信息系统的实验案例加深读者物流快递中应用信息化系统的理解。

课后习题

　　1. 什么是快递？
　　2. 什么是快递服务？
　　3. 快递业务作业流程是什么？
　　4. 快递呼叫中心的主要业务功能是什么？
　　5. 简述快递自动分拣系统的组成。
　　6. 什么是快递货物跟踪系统？

第8章　电子商务与现代物流

本章要点

本章共包括三部分内容：第一部分详细介绍电子商务和物流相互依存的关系以及电子商务物流信息系统的功能；第二部分介绍电子商务物流信息管理系统的配送规划、电商物流网站管理和电商巨头的 IT 架构等内容；第三部分通过案例介绍淘宝卖家物流工具的使用。

引例

电商企业和物流企业联手打造中国智能物流骨干网

2013 年 5 月 28 日，阿里、顺丰、三通一达（申通、圆通、中通、韵达）等共同组建"菜鸟网络科技有限公司"。2017 年 9 月 26 日，阿里巴巴宣布，为进一步推进新零售战略，将增持旗下菜鸟网络的股份，并将在已投入数百亿元的基础上，未来五年继续投入 1000 亿元。按照协议，此次阿里巴巴将投资菜鸟网络 53 亿元人民币。2020 年 12 月，菜鸟裹裹与中国邮政速递物流达成战略合作，在城乡共建 5 万个寄件点。

"中国智能骨干网"在阿里集团内部被称为"地网"，菜鸟地网如图 8-1 所示。阿里巴巴集团希望通过 8~10 年的努力，将 CSN 项目建成一张能支撑日均 300 亿元（年度约 10 万亿元）网络零售额的智能物流骨干网络，做到在全中国任何一个地区 24 小时内送货必达。

图 8-1　菜鸟地网

国家智能物流骨干网由两部分组成，一个是在国内，要做到任一地方 24 小时必达，把中国物流成本占 GDP 的比重从 15% 降到 5% 以下；另一个是在全球，要沿着一带一路，打造全球 72 小时必达。

国家智能物流骨干网将在继续完善物流信息系统的同时，依托城镇化的推进，在全国范围内建设物流仓储基地网络，并向所有的制造商、网商、快递物流公司、第三方服务公司开放、与产业链中的各个参与环节共同发展。

8.1 电子商务与物流的关系

8.1.1 电子商务物流

1. 电子商务物流信息的含义

电子商务物流是基于互联网技术、旨在创造性地推动物流行业发展的新商业模式；通过互联网，物流公司能够被更大范围内的货主客户主动找到，能够在全国乃至世界范围内拓展业务；贸易公司和工厂能够更加快捷地找到性价比最适合的物流公司；电子商务物流致力于把世界范围内最大数量的有物流需求的货主企业和提供物流服务的物流公司吸引到一起，提供中立、诚信与自由的网上物流交易市场，帮助物流供需双方高效地达成交易。

电子商务物流信息是反映物流中运输、仓储、包装、装卸、搬运、流通加工等活动中相关知识、资料、图像和文件的总称。电子商务物流信息是伴随着物流活动的发生而产生的，现代信息技术的发展使人们能够更及时准确地掌握物流信息，并通过其对物流活动进行有效的控制，随着计算机技术和互联网的广泛应用，基于计算机技术和互联网的物流信息技术将成为现代物流技术发展的一个主要趋势。

2. 物流与电子商务的关系

（1）物流是电子商务的支点

物理学家阿基米德说过"给我一个支点和一个足够长的杠杆，我能撬起地球"。如果电子商务能成为撬起 21 世纪传统产业和新兴产业的杠杆，那么现代物流将成为这个杠杆的支点。因为没有现代物流作为支撑，电子商务的巨大威力不能得到很好的发挥。合理化、现代化的物流，通过降低费用来降低成本、优化库存结构、减少资金占压、缩短生产周期，保障了现代化生产的高效进行。如果没有现代化的物流，生产不能顺利进行，电子商务将成为无米之炊。电子商务领域的先锋——亚马逊网上书店比世界上最大的零售商沃尔玛开通网上业务早 5 年，然而，沃尔玛拥有遍布全球的由通信卫星联系的物流配送系统，这使得在送货时间上沃尔玛比亚马逊快许多。

（2）物流现代化是电子商务的基础

电子商务以快捷、高效地完成信息和所有权的交换而著称，然而，只有商品通过现代化物流系统以最快的速度到达消费者手中才标志着电子商务活动的最终实现。因此，物流现代化是电子商务的基础。它提高了电子商务的效益和效率，扩大了电子商务的市场范围，协调了电子商务的目标。物流现代化包括物流技术现代化和管理现代化。物流技术主要指条码技术、信息处理技术、安全装载技术等软技术和自动化仓库、运输专业化、装卸设备效率化等硬技术。物流管理现代化是应用现代化的管理思想、理论和方法有效地管理物流，实现基于电子商务供应链的集成。物流现代化中的物流信息化是电子商务物流的基本要求，表现为物流信息的商品化、信息收集的数据化、信息处理的电子化和传递的标准化等。

3. 电子商务对物流的影响

（1）物流服务对象发生变化

随着电子商务的发展，使物流服务的对象不仅仅是燃料、粮食、水泥等大宗物资。如今，由于需求多样化的拉动，出现了"多品种、小批量、多批次"的物流需求，物流对象也从以大宗物资为主体向多样化和"轻、薄、短、小"化的方向发展，同时，通过电子商务平台获得主导权的用户提出了更低物流成本、更高水平服务的要求。

（2）电商需要物流专业化

电子商务的发展要求物流专业化，因为实力雄厚的大企业采用自建物流是可行的，而对于广大中小企业来说，自建物流则无效率可言。这就要求物流向专业化方向发展，第三方物流的实质就是物流专业化。第三方物流是指由商品的供、需方之外的第三方去完成物流服务。第三方物流解决了企业物流某些方面的问题，例如节约了物流的成本，提高了物流效率。在欧洲，物流服务市场约四分之一是由第三方物流来完成的，很多仓储和运输业务都是由第三方物流来实现的。甚至有的零售店，早上只管开门，晚上只管关门，缺什么全由计算机管理，该送时有人送，根本就没有仓库。

（3）拓展了物流服务空间

电子商务不仅对物流的增值服务提出了要求，而且使物流的增值服务成为可能。电子商务条件下物流的增值服务表现在服务的便利性、物流反应的快速性、服务低成本化和延伸服务。利用电子商务技术改造传统物流加快了物流的反应速度，减少不必要的物流过程和环节，从而起到降低成本的作用。

（4）电商对物流库存的影响

在电子商务条件下，物流的运作是以信息为中心的。通过网络信息的收集、整理、分析、传递和及时沟通，有效地实现对物流的控制，实现物流的合理化。虚拟库存（或者叫信息代替库存）和动态库存是物流合理化的表现。虚拟库存的办法是建立需求端数据收集系统，在供应链的不同环节采用 EDI 交换数据，基于 Internet 和 Intranet，为用户提供 Web 服务器，便于数据时时更新和浏览查询。由于供求信息得到及时传递和处理，物品在流动过程中满足生产和消费的需要，大大降低了库存。

（5）电子商务促进物流技术发展

电子商务的飞速发展促使传统的物流技术向现代物流技术转变。传统的物流技术主要指物资运输技术，包括运输材料、机械、设施等。现代物流技术则是以计算机信息技术为基础的，例如地理信息系统（GIS）、全球卫星定位系统（GPS）、电子数据交换（EDI）、条码技术（Bar Code）等。

8.1.2　电子商务物流的运营模式

1. 自营物流

企业自身经营物流称为自营物流。自营物流出现在电子商务刚刚萌芽的时期，那时的电子商务企业规模不大，从事电子商务的企业多选用自营物流的方式。企业自营物流模式意味着电子商务企业自行组建物流配送系统，经营管理企业的整个物流运作过程。在这种方式下，企业也会向仓储企业购买仓储服务，向运输企业购买运输服务，但是这些服务都只限于一次或一系列分散的物流功能，而且是临时性的纯市场交易的服务，物流公司并不按照企业独特的业务流程提供独特的服务，即物流服务与企业价值链的松散联系。如果企业有很高的顾客服务需求标准，物流成本占总成本的比重较大，而企业自身的物流管理能力较强，企业一般不应采用外购物流，而应采用自营方式。由于我国物流公司大多是由传统的储运公司转变而来的，还不能满足电子商务的物流需求，因此，很多企业借助于他们开展电子商务的经验开展物流业务，即电子商务企业自身经营物流。

目前，在我国采取自营模式的电子商务企业主要有两类：一类是资金实力雄厚且业务规模较大的电子商务公司，电子商务在国内兴起的时候，国内第三方物流的服务水平远不能满足电子商务公司的要求；第二类是传统的大型制造企业或批发企业经营的电子商务网站，由于其自身在长期的传统商务中已经建立起初具规模的营销网络和物流配送体系，在开展电子商务时只需将其加以改进、完善，即可满足电子商务条件下对物流配送的要求。选用自营物流可以使企业对物流环节有较强的控制能力，易于与其他环节密切配合，全力专门地服务于该企业的运营管理，使企业的供应链更好地保持协调、简洁与稳定。

此外，自营物流能够保证供货的准确和及时，保证顾客服务的质量，维护了企业和顾客间的长期关系。但自营物流所需的投入非常大，建成后对规模的要求很高，只有大规模才能降低成本，否则将会长期处于不盈利的境地。而且投资成本较大、时间较长，对于企业柔性有不利影响。另外，自建庞大的物流体系需要占用大量的流动资金。更重要的是，自营物流需要较强的物流管理能力，建成之后需要工作人员具有专业化的物流管理能力。

2. 物流联盟

物流联盟是制造业、销售企业、物流企业基于正式的相互协议建立的一种物流合作关系，参加联盟的企业汇集、交换或统一物流资源以谋取共同利益；同时，合作企业仍保持各自的独立性。

物流联盟为了比单独从事物流活动取得更好的效果，在企业间形成了相互信任、共担风险、共享收益的物流伙伴关系。企业间不完全采取导致自身利益最大化的行为，也不完全采取导致共同利益最大化的行为，只是在物流方面通过契约形成优势互补、要素双向或多向流动的中间组织。联盟是动态的，只要合同结束，双方又变成追求自身利益最大化的单独个体。在选择物流联盟伙伴时，要注意物流服务提供商的种类及其经营策略，一般可以根据物流企业服务的范围大小和物流功能的整合程度这两个标准确定物流企业的类型。

物流服务的范围主要是指业务服务区域的广度、运送方式的多样性、保管和流通加工等附加服务的广度。物流功能的整合程度是指企业自身所拥有并能够提供物流服务所必要的物流功能的多少，必要的物流功能是指包括基本的运输功能在内的经营管理、集配、配送、流通加工、信息、企划、战术和战略等各种功能。一般来说，组成物流联盟的企业之间具有很强的依赖性，物流联盟的各个组成企业明确自身在整个物流联盟中的优势及担当的角色，内部的对抗和冲突减少，分工明确，使供应商把注意力集中在提供客户指定的服务上，最终提高了企业的竞争能力和竞争效率，满足企业跨地区、全方位物流服务的要求。

3. 第三方物流

第三方物流（Third-Party Logistics，3PL 或 TPL）是指独立于买卖之外的专业化物流公司，它长期以合同或契约的形式承接供应链上相邻组织委托的部分或全部物流功能，因地制宜地为特定企业提供个性化的全方位物流解决方案，实现特定企业的产品或劳务快捷地向市场移动，在信息共享的基础上实现优势互补，从而降低物流成本，提高经济效益。

它是由相对"第一方"发货人和"第二方"收货人而言的第三方专业企业来承担企业物流活动的一种物流形态。第三方物流公司通过与"第一方"或"第二方"的合作来提供其专业化的物流服务，它不拥有商品、不参与商品买卖，而是为顾客提供以合同约束、以结盟为基础的系列化、个性化、信息化的物流代理服务。其服务内容包括设计物流系统、EDI能力、报表管理、货物集运、选择承运人、货代人、海关代理、信息管理、仓储、咨询、运费支付和谈判等。

在国内，第三方物流企业一般都是具有一定规模的物流设施设备（库房、站台、车辆等）及专业经验、技能的批发、储运或其他物流业务经营企业。第三方物流是物流专业化的重要形式，它的发展程度体现了一个国家物流产业发展的整体水平。

第三方物流是一个新兴的领域，企业采用第三方物流模式对于提高企业经营效率具有重要作用。首先，企业将自己的非核心业务外包给从事该业务的专业公司去做；其次，第三方物流企业作为专门从事物流工作的企业，有丰富的专门从事物流运作的专家，有利于确保企业的专业化生产，降低费用，提高企业的物流水平。目前，第三方物流的发展十分迅速，有几个方面是值得我们关注的：第一，物流业务的范围不断扩大，商业机构和各大公司面对日趋激烈的竞争不得不将主要精力放在核心业务上，将运输、仓储等相关业务环节交给更专业的物流企业进行操作，以求节约和高效；另一方面，物流企业为提高服务质量也在不断拓宽业务范围，提供配套服务。第二，很多成功的物流企业根据第一方、第二方的谈判条款，分析比较自理的操作成本和代理费用，灵活运用自理和代理两种方式提供客户定制的物流服务。第三，物流产业的发展潜力巨大，具有广阔的发展前景。

4. 第四方物流

第四方物流主要是指由咨询公司提供的物流咨询服务，但咨询公司并不等于第四方物流公司。

第四方物流有众多的优势，第一，它对整个供应链及物流系统进行整合规划。第三方物流的优势在于运输、储存、包装、装卸、配送、流通加工等实际的物流业务操作能力，在综合技能、集成技术、战略规划、区域及全球拓展能力等方面存在明显的局限性，特别是缺乏对整个供应链及物流系统进行整合规划的能力。第四方物流的核心竞争力就在于对整个供应链及物流系统进行整合规划的能力，这也是降低客户企业物流成本的根本所在。第二，它具有对供应链服务商进行资源整合的优势。第四方物流作为有领导力量的物流服务提供商，可以通过其影响整个供应链的能力，整合最优秀的第三方物流服务商、管理咨询服务商、信息技术服务商和电子商务服务商等，为客户企业提供个性化、多样化的供应链解决方案，为其创造超额价值。第三，它具有信息及服务网络优势。第四方物流公司的运作主要依靠信息与网络，其强大的信息技术支持能力和广泛的服务网络覆盖支持能力是客户企业开拓国内外市场、降低物流成本极为看重的，也是取得客户的信赖，获得大额长期订单的优势所在。最后，具有人才优势。第四方物流公司拥有大量高素质国际化的物流和供应链管理专业人才和团队，可以为客户企业提供全面的、卓越的供应链管理和运作，提供个性化、多样化的供应链解决方案，在解决物流实际业务的同时实施与公司战略相适应的物流发展战略。

发展第四方物流可以减少物流资本投入、降低资金占用。通过第四方物流，企业可以大大减少在物流设施（如仓库、配送中心、车队和物流服务网点等）方面的资本投入、降低资金占用、提高资金周转速度、减少投资风险、降低库存管理及仓储成本。第四方物流公司通过其卓越的供应链管理和运作能力可以实现供应链"零库存"的目标，为供应链上的所有企业降低仓储成本。同时，第四方物流大大提高了客户企业的库存管理水平，从而降低库存管理成本。发展第四方物流还可以改善物流服务质量，提升企业形象。

5. 物流一体化

物流一体化是指以物流系统为核心，由生产企业、物流企业、销售企业直至消费者的供应链整体化和系统化。它是在第三方物流的基础上发展起来的新的物流模式。20 世纪 90 年代，西方发达国家（如美、法、德等国）提出物流一体化现代理论，并应用和指导其物流发展，取得了明显效果。

在这种模式下物流企业通过与生产企业建立广泛的代理或买断关系，使产品在有效的供应链内迅速移动，使参与各方的企业都能获益，使整个社会获得明显的经济效益。这种模式还表现为用户之间的广泛交流供应信息，从而起到调剂余缺、合理利用、共享资源的作用。在电子商务时代，这是一种比较完整意义上的物流配送模式，它是物流业发展的高级和成熟阶段。

物流一体化的发展可进一步分为 3 个层次，即物流自身一体化、微观物流一体化和宏观物流一体化。物流自身一体化是指物流系统的观念逐渐确立，运输、仓储和其他物流要素趋于完备，子系统协调运作、系统化发展。微观物流一体化是指市场主体企业将物流提高到企业战略的地位，并且出现了以物流战略作为纽带的企业联盟。宏观物流一体化是指物流业发展到这样的水平：物流业占到国家国民生产总值的一定比例，处于社会经济生活的主导地位，它使跨国公司从内部职能专业化和国际分工程度的提高中获得一定规模的经济效益。物流一体化是物流产业化的发展形式，它必须以第三方物流充分发育和完善为基础。物流一体化的实质是一个物流管理的问题，即专业化物流管理人员和技术人员充分利用专业化物流设备、设施发挥专业化物流运作的管理经验，以求取得整体最优的效果。同时，物流一体化的趋势为第三方物流的发展提供了良好的发展环境和巨大的市场需求。

8.2 电子商务物流信息管理系统

8.2.1 物流电子商务网站管理

电子商务网站的 IT 系统包括电子商务订单在线交易、后台管理、供应链管理、物流管理和产品数据库、客服系统等。

这里以路歌物流电商平台（www.log56.com）为例，直观体现物流和电商的有机融合。路歌物流电商平台采用 O2O（即 Online To Offline）的模式，将线下物流的机会与互联网结合在了一起，让互联网成为线下物流交易的前台。在这一模式下，可以完成实时车库，聚合400 万辆诚信卡车会员。货源方不用到场，直接线上进行车辆交易；管车宝聚合 10 万家信息网点，它承接线下物流交易必须进行的交接工作，提供物流服务；路歌呼叫中心是物流行业最大的呼叫中心，作为双方线上交易的信用纽带；交易支撑平台集合交易流程、支付流程、监控流程，支撑线上的交易过程，提供物流服务的保障。路歌新一代物流网络平台如图 8-2 所示。

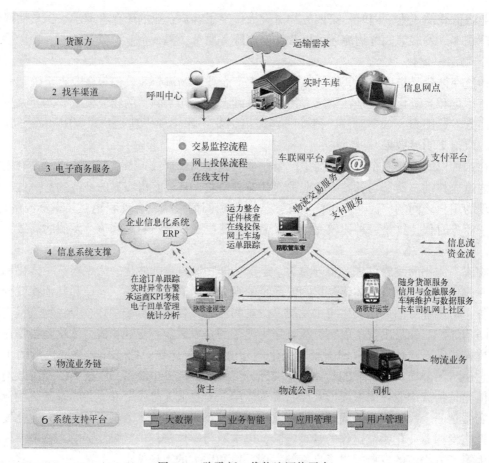

图 8-2　路歌新一代物流网络平台

8.2.2　电商平台的 IT 架构设计

完善的电子商务网站需要有一个高可靠性、高性能并具有良好弹性扩展的 IT 系统的良好支撑。特别在"双 11"或"双 12"时，用户会对电商网站产生瞬间巨大访问量的冲击，这就需要各个电商平台采取相适应的 IT 系统架构。

1. 京东商城

京东的业务种类繁多，涉及 SKU 几千万种，外部需要对接供应商、消费者和第三方商家三大板块，内部系统包括了商品供应链中除商品设计和生产外的几乎所有环节，包括登录、交易、后台、供应链、仓配、客服等。所有这些涉及大小系统几千个，造就了一个极其复杂庞大的体系。除此之外，京东系统交互强，各个功能模块之间关联性强，牵一发而动全身。

京东的电商平台 IT 架构设计体现了以下特点。

（1）非结构化存储——静态内容

对于京东来说，非结构化的数据量非常大，比如商品的图片。这些图片非常重要，因为商家要上传，它的可靠性以及性能很重要，消费者在浏览这些图片的过程中，稳定、流畅的体验也都很关键。

京东自营商品占了很大的比例，京东有众多的库房，每个库房每天要产生海量的运单，这些运单在内部库房流转的数据都是用非结构化的文本来描述的，这些数据量比图片还要大。

这些非结构化的数据都通过京东IT架构中的非结构化存储支撑。

（2）结构化存储——动态内容

商品的介绍、商品的价格、搜索和推荐的最终结果，还有缓存、广告等等，这些都是动态内容，由京东的IT架构中结构化存储来支撑。为了用结构化存储去支持这些动态内容，京东内容完全以内存为中心，让磁盘去做归档，让数据驻留在内存里面，通过日志及快照，保证数据可靠性；采用分布式的系统架构，聚合很多大内存的机器，建成一个共享的资源池，提供业务。

京东有大概四五千台大内存的机器去支撑公司的业务，几乎所有动态内容，如搜索推荐结果，商品的介绍、价格、库存等这些动态内容都用它来存，性能非常好。

（3）中间件体系

京东还把应用开发中的一些范式提炼出来，加以抽象做成一个大的软件系统，构成中间件体系，供各种应用使用其中两个中间件特别重要，一个是消息队列，一个是服务框架。

2. 阿里巴巴的淘宝系电商平台

阿里经历了14次技术架构演进，分别如下。

第一次演进：Tomcat与数据库分开部署；

第二次演进：引入本地缓存和分布式缓存；

第三次演进：引入反向代理实现负载均衡；

第四次演进：数据库读写分离；

第五次演进：数据库按业务分库；

第六次演进：把大表拆分为小表；

第七次演进：使用LVS或F5来使多个Nginx负载均衡；

第八次演进：通过DNS轮询实现机房间的负载均衡；

第九次演进：引入NoSQL数据库和搜索引擎等技术；

第十次演进：大应用拆分为小应用；

第十一次演进：复用的功能抽离成微服务；

第十二次演进：引入企业服务总线ESB屏蔽服务接口的访问差异；

第十三次演进：引入容器化技术实现运行环境隔离与动态服务管理；

第十四次演进：最终演化为以云平台承载系统。

阿里巴巴淘宝系电商平台系统可部署到公有云上，利用公有云的海量机器资源，解决动态硬件资源的问题。所谓的云平台，就是把海量机器资源，通过统一的资源管理，抽象为一个资源整体。在云平台之上可按需动态申请硬件资源（如CPU、内存、网络等），并且云平台之上提供通用的操作系统，提供常用的技术组件（如Hadoop技术栈、MPP数据库等）供用户使用，甚至提供开发好的应用，云平台承载系统如图8-3所示。

阿里巴巴在电商大促的时间段里，在云平台中临时申请更多的资源，结合Docker和k8s来快速部署服务。在大促结束后释放资源，真正做到按需付费，资源利用率大大提高，同时大大降低了运维成本。

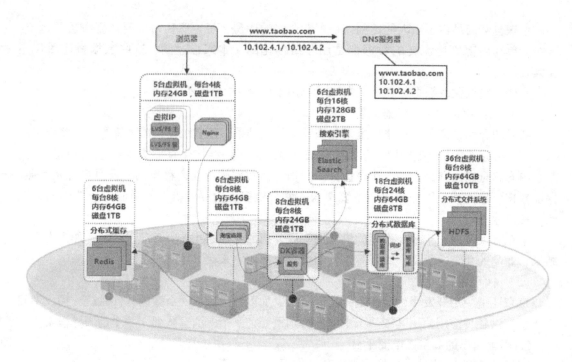

图 8-3   云平台承载系统

8.3   实验案例：淘宝卖家物流工具的设置

本节实验案例目的是指导学生设置淘宝卖家物流工具，主要包括服务商设置、运费模板设置、物流跟踪信息、地址库、运费模板设置，如图 8-4 所示。本实验大约 2 课时，具体内容参见本书配套的实训指导书。

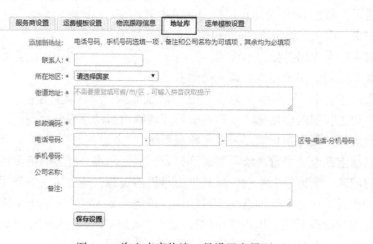

图 8-4   淘宝卖家物流工具设置主界面

本章小结

本章主要介绍电子商务与物流的依存关系。首先对电子商务中的物流信息系统进行介绍，包括对接受订货信息系统、订货信息系统、收货信息系统、库存管理信息系统、发货信息系统、配送信息系统、退货信息系统、物流数据分析信息系统、运输规划系统等系统模块进行详细描述，同时重点介绍电商运营物流的模式，包括自营物流、物流联盟、第三方物流、第四方物流、物流一体化等内容；其次介绍物流电子商务网站管理、电商巨头的 IT 架构设计；最后通过淘宝卖家物流工具的实验案例，加深读者对于在电子商务中应用物流信息化系统的理解。

课后习题

1. 什么是电子商务物流信息？
2. 电子商务物流信息系统有哪些功能？
3. 电商运营物流的模式有哪些？
4. 简述京东、阿里巴巴的 IT 架构。

第9章 物流园区的信息化

本章要点

本章共包括5个部分的内容：第一部分详细介绍物流园区的概念、作用、选址、布局、设计等内容；第二部分介绍物流园区的开发模式、运营模式、盈利模式等内容；第三部分详细介绍物流园区信息化建设、物流园区信息技术及信息平台；第四部分介绍第四方物流的定义及分类、运作模式；第五部分通过物流园区信息化的规划案例说明物流园区的信息化运作。

引例

吉林省香江物流园区信息中心

不同的车辆信息、每个车辆的联系电话、货品是从哪里发出，等等这些信息不停地在吉林省香江物流园区的大屏幕上滚动播出，让物流企业和货主时时掌握车辆和货品动态。

香江物流园区信息中心是吉林省第一家拥有信息交易平台的现代化物流园，同时，该信息中心也是东北三省第一家现代化物流信息平台。

香江物流园区信息中心由线上、线下两部分构成。进入大厅后首先看到的是一块LED大屏幕，上面实时滚动着物流货源、车源信息，物流园区的LED信息屏如图9-1所示。司机、物流公司、货主都可以在大屏幕上找到自己感兴趣的信息进行对接。另外，大厅内设有300多个交易席位，对货源感兴趣的司机、物流公司可以直接找到信息席位，进行面对面的交易。除此之外，大厅内还设有8个电子触摸屏，触摸屏上与计算机同步显示滚动的车源、货源信息。而且大厅内的服务台有专业的技术人员和客服人员为客户实际操作演示信息大厅的服务体验，并提供办理保险、办证、代缴罚款和价格查询等一站式的服务。

图9-1 物流园区的LED信息屏

香江物流的信息中心作为第四方物流平台，为一、二、三方物流及司机提供信息整合化的平台，解决目前物流市场存在的信息不对称问题，如车源、货源信息传递不及时、不匹配等问题，这样避免增加过多的成本；将解决物流行业的诚信缺失问题，避免了货物欺诈、骗货和低价揽货、肆意涨价等情况发生，做到了透明化；除此之外，信息中心还可以有效降低物流成本，例如减少中间环节、降低货车空驶率等，这样就大大提高了物流企业和车辆的对接率，从而提高运输效率。

9.1 物流园区概述

9.1.1 物流园区

从最初出现物流园区的概念到现在，物流园区在国外还没有统一的定义，由于各个国家的实际情况不同，对于物流园区功能的理解也有所不同。

2004年1月，欧洲物流园区联合会公布的《物流中心使用指南》中有这样的文字描述："物流中心"（Logistics Centre）一词通常是指那些为开展物流活动而组织的专门站点。

物流园区（Distribution Park）可理解为符合相关条件的（进入企业及标准或规则）一家或多家企业或单位（运营主体和投资主体），采用相关设施设备（物流设施）管理和从事具有特定功能的物流活动（物流功能和服务），在一定区域空间上（土地规模）集中布局的场所，它是具有一定规模和综合服务功能的物流集结点。

1. 日本的物流园区，又称物流团地（Distribution Park）

日本从1965年起在规划城市发展的时候，政府从城市整体利益出发，为解决城市功能紊乱、缓解城市交通拥挤、减轻产业对环境的压力、保持产业的凝聚力、顺应物流业的发展趋势、实现货畅其流，在郊区或城乡边缘带主要交通干道附近专辟用地，确定了若干集约运输、仓储、市场、信息和管理功能的物流团体。通过逐步配套完善各项基础设施、服务设施提供各种优惠政策，吸引大型物流（配送）中心在此聚集，使其获得规模效益，对于整合市场、实现降低物流成本经营起到了重大作用。同时，减轻了大型配送中心在市中心分布所带来的种种不利影响，成为支撑日本现代经济的基础产业。

2. 在欧洲，物流园区被称为货运村（A Freight Village）

货运村是指在一定区域范围内所有有关商品运输、物流和配送的活动，包括国际和国内运输，通过各种经营者（Operator）实现。这些经营者可能是建在那里的建筑和设施（仓库、拆货中心、存货区、办公场所、停车场等）的拥有者或租赁者。同时，为了遵守自由竞争的规则，一个货运村必须允许所有与上面陈述的业务活动关系密切的企业进入。一个货运村也必须具备所有公共设施以实现上面提及的所有运作。如果可能，它也应当包括对员工和使用者设备的公共服务。为了鼓励商品搬运的多式联运，必须通过更适宜的多样性的运输模式（陆路、铁路、深海/深水港、内河、空运服务于一个货运村）。最后，一个货运村必须通过一个单一的主体经营（Run），或者公共的或者私有的，这一点是必需的。

3. 德国物流园区，又称GVZ

德国物流园区是一种交通便利、拥有独立入驻企业的物流经济区，具有以下特征。

1）物流园区处在交通枢纽处，应该与两种及两种以上交通设施连接。

2）物流园区吸引入驻企业，企业间相互独立。

3）物流园区具有经济属性，是一种物流经济区。

4）物流园区具有管理公司，加强各方面的合作。

4. 荷兰物流园区强调中转功能

荷兰物流园区强调中转功能，同时，在重要的交通节点处，例如铁路、港口，注重的是铁路运输服务中心与邻近的新工业区的配套服务。目前，鹿特丹港已经先后建成了3个港口物流园区。对于港口物流园区的定位，鹿特丹港当局的观点是港口物流区拥有完善的设施，可以为物流特别是配送活动提供一站式服务，它应邻近港口集装箱码头和多式联运设施，并采用最先进的信息和通信技术。依托这些物流园区的建设，从20世纪90年代以来，鹿特丹港的物流服务取得了长足的发展，目前经过3个物流园区处理的货物已经占到了全港集装箱吞吐量的7%左右。

5. 国内物流园区，被称为"建设物流事业基础的一个特定区域"

第一个物流园区是深圳平湖物流基地，始建于1998年12月1日，第一次提出物流基地这个概念，称为"建设物流事业基础的一个特定区域"，它有3个特征：一是综合集约性；二是独立专业性；三是公共公益性。物流基地即从事专业物流产业、具有公益特性的相对集中的独立区域。

9.1.2　物流园区的作用和发展

物流园区作为重要的物流基础设施，具有功能集成、设施共享和用地节约的优势，促进物流园区健康、有序的发展，对于提高社会物流服务效率、促进产业结构调整、转变经济发展方式和提高国民经济竞争力具有重要意义。

1. 现代物流园区的作用的具体表现

（1）对各类物流资源的有效整合作用

物流园区建立后，有利于物流业的集聚，发挥整体集聚效应，吸引物流相关企业及政府的相关部门进驻园区或在园区设立分支机构，从而把运输、配送、仓储、信息和政务等所有物流资源适当地融合在一起，形成较为完善的物流系统。通过系统内部优化，物流园区能更完整地发挥出物流行业的整体优势，使各类资源优势互补、各取所长，从而加快流通速度、提高流通效率、降低物流成本。通过建设物流园区，有利于物流业健康、有序的发展，也便于政府及相关部门实施规范而有效的管理。

（2）对货站与堆场、技术与管理的集约作用

数量的集约，将过去许多个货站、货场集约在一处；货场处理的集约，表现在将过去多处分散的货场处理集约在一起；技术的集约，表现在物流园区中采用类似生产流程式的流程和大规模处理设备；管理的集约，可以利用现代化手段进行有效的组织和管理。

（3）对各类运输方式的衔接作用

具有多式联运功能的物流园区能把传统运输方式下相互独立的海、陆、空的各个运输手段以科学合理的流程统筹组织起来。一般来说，长距离运输宜采用铁路、水路或空运等运输方式，而两头的衔接和货运集散则以公路运输为主。

（4）对联合运输的支撑作用

其主要表现在对已经应用的集装、散装等联合运输形式上，通过物流园区使这种联运形式获得更大的发展。

（5）对联合运输的扩展作用

受过去条件的限制，联运仅在集装系统等领域获得稳固的发展，其他散杂和分散接运的货物很难进入联合运输的领域。采用物流园区后，可通过园区之间的干线运输和与之衔接的配送、集货运输使联运对象扩展。

（6）对提高物流水平的作用

其主要表现在缩短了物流时间，提高了物流速度，减少了多次搬运、装卸和储存环节，提高了准时服务水平，减少了物流损失，降低了物流费用。

（7）对改善城市环境的作用

其主要表现在减少了线路、货站、货场和相关设施在城市内的占地，减少车辆出行次数，集中进行车辆出行前的清洁处理，从而起到了减少噪声、尾气、货物对城市环境的污染。

（8）对促进城市经济发展的作用

其主要表现在降低物流成本、降低企业生产成本，从而促进经济发展方面的作用，以及完善物流系统在保证供给、降低库存从而解决企业后顾之忧方面的作用。

（9）汇集在一起，有利于搭建物流公共信息平台

实现对区域内货源的集散进行统一管理、调度和合理配载，有效衔接生产供应与市场需求，提高货车装载率，降低车辆空驶率，提高运输效率，缓解城市交通压力。

2. 国际物流园区的发展经验

物流园区是现代物流发展中出现的新兴事物，与物流发展历史相比，物流园区的发展历史较短。即使是在西方物流较发达的国家，物流园区也属于近 10 年发展起来的新事物。

园区作为现代物流业发展的一个新趋势，目前仍处于迅速发展的过程之中，其建设经营经验较少且并不成熟。

（1）日本的经验

在西方经济发达国家中，日本的物流园区建设历史稍长，在建设中积累了一定的经验，其基本做法如下。

1）重视规划

物流园区的规模较大，影响的范围较广，政府十分重视制定园区发展规划和配套的市政规划；在城市的市郊边缘带、内环线外或城市之间的主要干道附近规划有利于未来具体配套设施建设的地块作为物流园区。

2）优惠的土地使用和政府投资政策

将规划的园区内土地分地块以生地价格出售给不同类型的物流行业协会，这些协会再以股份制的形式在其内部会员中招募资金，用来购买土地和建造物流设施，若资金不足，政府可提供长期低息贷款。

3）良好的市政设施配套及投资环境

政府对规划的物流园区，积极加快交通、市政设施的配套建设，吸引物流企业进驻园区；并在促进物流企业发展的同时，促使物流园区的地价和房产升值，使投资者得到回报。

（2）德国的经验

德国政府在物流园区的规划和建设上与日本存在一定区别，也是近几年国内较为推崇的园区发展经验。德国一般采取联邦政府统筹规划，州政府、市政府扶持建设，公司化经营管理，入驻企业自主经营的发展模式，其基本做法有 4 个方面的内容。

1）联邦政府统筹规划

联邦政府在统筹考虑交通干线、运输枢纽规划的基础上，通过对经济布局、物流现状进行调查，根据各种运输方式衔接的可能性，在全国范围内对物流园区的布局、用地规模与未来发展进行合理科学的规划。

2）州政府、市政府扶持建设

德国政府扶持物流园区发展的重要原因是对园区公共服务职能的定位，认为园区建设并非为了单纯地追求盈利。在物流园区的建设和运营过程中，州及地方市政府扮演了主要投资人的角色。例如位于德国中部图林根州的首府 Erfurt 市郊的图林根物流园区，其建设投资比例为市政府占 42.5%，州经济开发部占 35.5%，联邦铁路（CB）占 14.7%，行业协会占 7.3%。

3）企业化经营管理

德国物流园区的运营管理经历了由公益组织管理到企业管理两个阶段。负责管理物流园区的企业受投资人的共同委托，负责园区的生地购买、基础设施及配套设施建设，以及园区建成后的地产出售、租赁、物业管理和信息服务等。

4）入驻园区企业自主经营

入驻物流园区的企业实行自主经营、照章纳税，依据自身经营需要建设相应的仓储设施、堆场、转运站，配备相关的机械设备和辅助设施。

（3）美国经验

美国是物流发展最早的国家，其在物流园区的建设方面也积累了丰富的经验。

1）税收优惠政策

为支持物流园区的开发和建设，美国政府提供许多政策上的优惠以吸引投资和物流企业入驻。以圣安东尼奥市为例，该市政府制定了前 10 年免征收财产税、销售税返还和对从事中转货运的企业免征财产税等一系列税收优惠政策。

2）进行行业资源整合

为了使物流业在激烈的市场竞争中生存和发展，对国家物流节点进行合并优化，形成高效的物流体系，其中涌现了一些世界级别的大型公司，如 UPS、FedEx 等，它们规模庞大，网络资源丰富、效率高，推动了物流的快速发展。

3）美国的多式联运中心

实际上，美国也有类似物流园区的地方，但主要是对已经关闭的空军基地的二次开发。比较成功的是被称为南加州第二国际通道的南加州物流空港（SCLA），它是在 1992 年关闭的乔治空军基地原有设施（包括铁路专用线、机场和仓库等）的基础上，由当地政府接管后通过招商重新开发建成的。开发商承诺为当地提供 1.5 万个工作机会。在约 3 万亩占地中，除了各种运输功能外，还包括海关监管的集装箱货运站和仓库、自由贸易区、制造和分销企业园区，实际上是融我国的工业园区、保税区和交通枢纽于一体。但是，它不叫物流园区，媒体称其为多式联运中心，而开发商自己的目标是把它建成国际分销基地和工业园区。

3. 国内物流园区的发展

我国的物流发展起步较晚，国内第一个物流园区是深圳平湖物流基地，始建于1998年12月1日。虽然物流园区开发与建设的历史较短，但是物流在我国发展较快，特别是作为现代物流系统高级节点的物流园区获得了较快的发展。物流园区的建设在我国已初具规模，园区的基础设施和现代化建设水平不断提高，随着现代化电子信息系统的引入，以及良好的信息化服务平台的建立，使得园区能为入驻企业提供更优质、便捷的服务。我国正在推进自贸区建设和"一带一路"建设，为物流园区的发展带来了新的增长点。

我国物流园区的发展趋势是总量增长，物流园区类型不断丰富，物流园区功能日趋完善，物流园区集聚效应初步显现。

1）物流园区总量较快增长。各级政府纷纷把兴建物流园区、发展物流产业当作各地发展经济的一个重要举措，物流园区规划建设也如雨后春笋般涌现。目前，从我国物流园区建设总体情况来看，物流园区的建设数量增长速度非常迅速。经过多年的不断发展，我国各类物流园区的总体数量已超过1000家，数据显示2018年我国物流园区数量达1638家。

2）物流园区类型不断丰富。各地因地制宜建设发展了不同类型的物流园区。在交通枢纽城市，具备多式联运条件、提供大宗货物转运的货运枢纽型物流园区不断涌现；面向大城市商圈和批发市场，提供仓储配送功能的商贸服务型物流园区蓬勃发展；毗邻工业园区，提供供应链一体化服务的生产服务型物流园区配套而建；在口岸城市，提供转运、保税等功能的口岸服务型物流园区快速发展；特大城市周边，出现了不少融合上述功能的综合服务型物流园区。从总体上看，全国初步形成了定位准确、类型齐全的物流园区体系。

3）物流园区功能日趋完善。园区基础设施建设不断加快，集疏运通道逐步完善，仓储、转运设施水平显著提高；信息平台建设稳步推进，园区信息化和智能化水平明显提升。园区通过不断完善各项功能，打造形成坚实的硬件基础和高效的软件平台，为园区入驻物流企业提供完善的公共服务，使物流企业能够专注从事物流业务，进一步提高物流效率和服务水平。

4）物流园区集聚效应初步显现。园区利用设施优势集聚物流企业，减少了货物无效转运，优化了装卸和处理流程，提高了物流效率；利用信息平台匹配物流供需信息，提高了货物运输组织化程度，降低了车辆空驶率；通过整合分散的仓储物流设施，节约了土地资源，优化了城市空间布局；通过为园区周边生产制造、商贸等企业提供一体化物流服务，促进了区域经济转型升级。

物流园区发展中存在很多问题。虽然我国的物流有了一定的发展，但从总体而言尚处于起步发展阶段，整体发展水平较低。尽管城市物流园区的规划对区域经济的发展有许多促进作用，但是物流园区的建设也要结合实际需求。普遍认为，我国的城市物流园区规划超前于经济与市场的需要，这在中西部地区更为明显。

在物流园区的规划建设超前于经济与市场需要的情况下，不可避免地会出现一些重复建设的情况。从总体来看，我国物流业发展水平还比较低，物流园区在规划、建设、运营、管理以及政策方面还存在一些问题。一是建设发展有待规范。由于缺乏统一规划和管理，一些地方脱离实际需求，盲目建设物流园区，片面追求占地面积和投资规模。另一方面，由于缺乏对物流园区内涵的认识，一些市场和物流企业也冠以物流园区的名称。二是设施能力有待提高。从已建成的园区看，多数物流园区水、电、路、网络和通信等基础设施建设滞后，集疏运通道不畅，路网配套能力较差，普遍缺少铁路和多式联运中转设施。另外，在一些重要物流节点，仍然缺少设施齐全、服务能力较强的物流园区。三是服务功能有待提升。多数物流园区虽然具备了运输、装卸、仓储配送和信息服务等功能，但与物流发展的市场需求相比，仍然存在着专业化程度不高、设施装备配套性差、综合服务能力不强和信息联通不畅等问题，多式联运和甩挂作业、冷链物流服务、信息管理、流程优化和一站式服务等功能亟待完善和提高。四是经营管理体制有待健全。有的物流园区缺乏政府的协调和推动，面临规划、用地、拆迁和建设等方面的困难；有的物流园区缺乏市场化的运作机制和盈利模式，园区服务和可持续发展能力不足。五是政策扶持体系有待完善。由于缺少针对物流园区发展的优惠政策和建设标准，物流园区普遍存在"落地难""用地贵"和基础设施投资不足的问题。

9.1.3 物流园区的选址

物流园区选址是指在一个具有若干需求点和供应点的经济区域范围内选一个合适的地址进行园区建设的规划过程。较好的物流园区选址方案是使货物流入园区、汇集、中转、分拨、流出园区，直到需求点的全过程的效率最好、效益最佳。

在布局城市选址建设物流园区时应遵循以下原则：一是与综合交通体系和运输网络相配套，依托主要港口、铁路物流中心、公路货运枢纽、枢纽机场及主要口岸，具有交通区位优势，便于发展多式联运。二是与相关规划和现有设施相衔接，符合土地利用总体规划、城市总体规划和区域发展总体规划，充分利用现有仓储、配送和转运等物流设施。三是突出功能定位，紧密结合产业布局和区位优势，突出专业服务特点，明确物流园区功能定位。

1. 选址具体要求

（1）接近交通线路或交通节点

不论是大型国际物流园区还是区域性物流园区，一般都选择在铁路、港口、高速公路、航空节点及重要场、站附近或几种运输方式的交汇点，园区要求交通便利，各种运输方式相互补充，多式联运，出入自由。货运通道的通达性直接影响到运输的效率，能否实现准时运送是物流系统服务质量高低的重要指标，在选址过程中应综合考虑道路网分布、通行能力和交通管制等情况。

（2）接近物流企业

物流园区尽可能选在靠近物流企业的地方，或是把物流企业云集的地区直接划为物流园区，这样有助于园区快速成长壮大。例如可靠近仓储企业建设物流园区，也可靠近运输企业建设物流园区。

（3）接近生产企业

物流园区也可选择大型工商企业周围，因为大型工商企业会产生诸多生产、消费及废弃物流，在这里建园区，有较强大的物流需求者，物流业务也比较频繁。

（4）接近消费市场

物流园区选址也应靠近消费市场，这样有利于商品的分拨、配送，实现货物高效运转，商品直接抵达消费者手中。

（5）物流基础好的地方

流园区应尽可能选择在基础设施较好的地区，例如交通、通信、水、电、物流设备及其他配套完善的地区，有助于减少一次性建设投资，缩短建设工期。

（6）经济合理性

园区选址还要考虑价格是否低廉、面积是否充足、劳动力素质高低等其他方面因素，要保证入园企业能够获得必要的利益。

（7）其他

考虑绿化、生态环境等因素，尽可能降低对城市生活的干扰；并且，周围有足够的发展空间，为工业企业发展留有余地。

2. 物流园区选址决策的影响因素

（1）政治经济因素

政治因素包括一个国家的证券稳定程度、法律健全程度、贸易禁用政策存在与否等。宏观经济中的税收政策、关税和汇率等都与企业的选址决策直接相关。但政治因素无法量化，主要依靠企业的主观评价。

（2）自然环境因素

1）气象条件。在物流园区选址过程中，主要考虑的气象条件有温度、风力、降水、无霜期、冻土深度、年平均蒸发量等指标。如选址时要避开风口，因为在风口的建设会加速露天堆放商品的老化。

2）地质条件。物流园区是大量商品的集结地，某些很重的建筑材料堆起来会对地面造成很大的压力。如果物流园区地面以下存在着淤泥层、松土层等不良地质条件，会在受压地段造成沉陷、翻浆等严重后果，为此，物流园区选址要求土壤有足够的承载力。

3）水文条件。物流园区选址需要远离容易泛滥的河川流域与地下水上溢的区域，要认真考察近年的水文资料，地下水位不能过高，洪泛区、内涝区、故河道、干河道等区域禁止选择。

4）地形条件。物流园区应该选择地势较高、地形平坦之处，且应具有适当的面积与外形，选在完全平坦的地形上是最理想的，其次选择稍有坡度或起伏的地方，对于山区陡坡地区则应完全避开，在外形上可以选择长方形，不宜选择狭长或不规则形状。

（3）社会环境

社会环境包括劳动力的成本、素质等。数量充足和素质较高的劳动力条件也是物流园区选址考虑的因素之一。

（4）基础设施状况

1）交通设施。物流园区必须具备方便的交通运输条件，最好靠近交通枢纽进行布局，如紧临交通主干道、港口、机场和铁路站点，最好有两种以上运输方式相连接。

2）市政设施。物流园区所在地要有充足的供电、水、热、燃气能力，且场区周围要有污水、固体废物处理能力、便利的通信设施和计算机网络畅通等。

符合物流中心选址的综合评价指标体系如图9-2所示。

在建立上述评价体系的基础上，根据实地调研的数据以及城市经济状况，可以采用层次分析法，根据实操经验设置合理的权重。对物流园区而言，应适当设置在远离市中心区域，但能促进大城市的流通机能通畅的地区，因此对交通指标就要设置较大的权重，例如5/12等。在此基础上，根据不同地块选取不同权重进行评价，设S为具体权重。物流园区选择方案具体情况如图9-3所示。

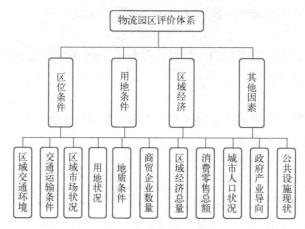

图 9-2 物流园区评价体系

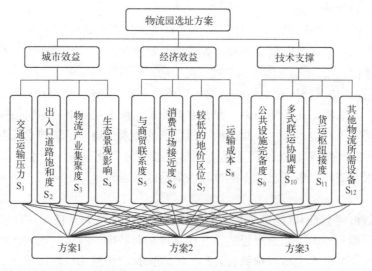

图 9-3 物流园区选择方案

虽然影响产业园区选址的因素很多,评价体系较为完备,但在不同产业园区具体选址时还应注意结合实战经验,把握不同指标设置不同比例的权重。与此同时,根据不同的情况对该城市的不同地块制定出2~3套方案,并在综合对比的基础上最终确定合理的选址方案。

9.1.4 物流园区的布局

1. 物流园区的总体布局

物流园区是提供物流综合服务的重要节点,也是重要的城市基础设施。全国物流园区总体布局的基本思路是根据物流需求规模和区域发展战略等因素确定物流园区布局城市;按照城乡规划、综合交通体系规划和产业发展规划等合理确定城市物流园区建设数量、规划布局和用地规模;研究制定物流园区详细规划,因地制宜、合理地确定物流园区的发展定位、功能布局、建设分期、配套要求等。

确定物流园区布局城市主要依据以下条件：一是物流需求规模，主要参考城市的国内生产总值、货运总量、工业总产值、社会消费品零售总额和进出口总额等经济指标的预测值；二是与物流业发展总体规划以及铁路、公路、水运和民航等相关交通运输规划相衔接；三是结合国家重点区域发展战略和产业布局规划，考虑相关城市的经济发展潜力、物流需求增长空间以及对周边地区的辐射带动作用。

根据上述条件，按照物流需求规模大小以及在国家战略和产业布局中的重要程度，我国将物流园区布局城市分为三级，确定一级物流园区布局城市29个，二级物流园区布局城市70个，三级物流园区布局城市具体由各省（区、市）参照以上条件根据本省物流业发展规划具体确定，原则上应为地级城市。

一级物流园区布局城市（共29个）。

北京、天津、唐山、呼和浩特、沈阳、大连、长春、哈尔滨、上海、南京、苏州、杭州、宁波、厦门、济南、青岛、郑州、合肥、武汉、长沙、广州、深圳、南宁、重庆、成都、昆明、西安、兰州、乌鲁木齐

二级物流园区布局城市（共70个）。

石家庄、邯郸、秦皇岛、沧州、太原、大同、临汾、通辽、包头、鄂尔多斯、鞍山、营口、吉林、延边（珲春）、大庆、牡丹江、齐齐哈尔、无锡、徐州、南通、泰州、连云港、温州、金华（义乌）、舟山、嘉兴、湖州、安庆、阜阳、马鞍山、芜湖、福州、泉州、南昌、赣州、上饶、九江、烟台、潍坊、临沂、菏泽、日照、洛阳、南阳、安阳（财苑）、许昌、宜昌、襄阳、岳阳、娄底、衡阳、佛山、东莞、湛江、柳州、钦州、玉林、贵港、海口、绵阳、达州、泸州、贵阳、拉萨、榆林、宝鸡、咸阳、西宁、银川、伊犁（霍尔果斯）

2. 物流园区的功能布局

从理论上说，物流园区作为物流体系中高一级的网络节点应具备与配送中心等低一级的物流节点相同的物流功能。从这一意义上讲，物流园区的功能研究可以从其完成的物流活动各环节功能角度展开。由此，对物流园区的类型及功能进行定位，这些基本物流功能如下。

（1）货物运输

物流园区内集中了各类物流基础设施，首先使其具备了运输枢纽的功能，可以依托已建立的运输网络，组织园区内的专业物流企业和各类运输经营者为客户选择满足客户需要的运输方式，然后具体组织网络内部的运输作业，在规定的时间内将客户的商品运抵目的地，并达到安全、迅速、价廉的要求。

（2）储存

物流园区需要有仓储设施，但客户需要的不仅仅是在物流园区储存商品，更需要通过仓储环节保证市场分销活动的展开，同时尽可能降低库存，减少储存成本。因此，物流园区内需要配备高效率的分拣、传送、储存、拣选设备，以支持堆存、保管、保养和维护等物流活动。

（3）装运搬卸

为了加快商品在物流园区的流通速度，物流园区内应该配备专业化的装卸搬运机械，以提高装卸搬运作业效率，减少作业过程对商品造成的损毁，包括对输送、保管、包装、流通加工等物流活动进行衔接的活动，以及在保管等活动中为检验、维护、保养所进行的装卸活动。

（4）分类包装

要实现物流系统运行通畅、提高物流效率，每一环节的物流活动都应与包装材料、包装容器、包装标准等的选择与管理密切相关。商品包装除了起到销售功能外，还能起到保护商品的功能。商品经过包装，特别是推行包装标准化，能为商品的流转提供方便，例如便于在园区内对销售包装进行组合、拼配、加固，形成适于物流和配送的组合包装单元。

（5）流通加工

流通加工是指某些原料或产成品从供应领域向生产领域，或从生产领域向消费领域流动过程中，为了有效地利用资源、方便用户、提高物流效率和促进销售，在流通领域对产品进行的初级或简单再加工。在物流园区内流通加工可以增加运输、仓储和配送等活动的附加价值，同时也提高了物流过程本身的价值，使用户获得价值增值。流通加工的形式有实现流通的加工、衔接产需的加工、除去杂质的加工、生产延伸的加工和提高效益的加工。

（6）配送

配送是在合理区域范围内根据用户要求对物品进行拣选、加工、包装、分割和组配等作业，并按时送达指定地点的物流活动。配送是连接了物流其他功能的服务形式，提高了物流系统的价值增值部分。配送体现了配货和送货的有机结合，最终完成社会物流并最终实现资源配置的活动。

（7）物流信息处理

物流园区的建设是基于现代物流发展对物流链管理信息化、计算机化、网络化的要求。因此，物流园区通过园区内信息平台的建立，利用各种固定通信、移动通信技术及电子信息技术的支持，对在各个物流环节的各种物流作业中产生的物流信息进行实时采集、分析、传递、识别、查询、跟踪等活动，达到提高物流园区运作效率和效益，促进园区发展的目的。

9.1.5 物流园区的设计

物流园区的规划设计就是对园区进行具体的设计，主要包括基础设施平台（地网设计）、信息平台的规划和设计（天网设计）。其中，基础设施平台的规划设计主要包括用地规划、功能设计、布局设计、方案比选；信息平台的规划设计主要包括信息系统的建设。

1. 物流园区基础设施平台设计

（1）仓储区设计

仓储区设计主要用于货物的暂时存放，提供仓储服务，是物流园区的重要功能之一。

（2）转运区设计

转运区设计主要是将分散的、小批量的货物集中，以便大批量运输，或将大批量到达货物分散处理，以满足小批量需求。因此，转运区多位于运输线交叉点上，以转运为主，物流在转运区停滞时间较短。

（3）配送中心设计

配送中心是从供货商接受多品种大批量的货物，进行倒装、分类、保管、流通加工以及处理等作业，然后按照众多客户的订货要求备齐货物，以令人满意的服务水平，进行物流配送的中转枢纽。

（4）行政区设计

行政区是行政管理服务区，为物流园区企业提供各项服务，包括政策推行、招商引资、信息发布、税收、海关、边检、口岸、项目审批和后勤等一系列政府管理服务。

（5）综合服务区设计

综合服务区提供货物中转、货物配载、货物分拨配送、货物装卸、车辆维修、停车场、加油加汽、商业、餐饮、银行和保险等综合服务。

（6）道路设计

物流园区道路是用来通过进出园区的货物、园区公务、消防等车辆和园区相关工作和外来人员的道路。道路是连接园区内外交通的枢纽，也是整个厂区的"骨骼"。良好的道路设计可以创造安全、通畅、舒适、宜人的交通环境，促进物流园区的可持续发展。

（7）停车场设计

物流园区不仅是大量货物的集散地，需要处理各式的装卸货物车辆，而且是入驻物流企业的集合地，公务车辆和个人车辆也会大量存在，停车场的设置必不可少。

物流园区停车场的设计主要涉及停车场停车方式的设计、行驶方式的设计、停车场面积的确定、停车场出入口的设计。

2. 物流园区信息平台设计

首先对物流园区信息技术的应用状况进行分析，接着对园区物流信息平台分别进行整体规划和详细规划设计，内容包括物流园区信息平台的基本概念、广义整体规划定位、设计和狭义整体规划设计以及物流园区信息平台的框架结构、层次结构和信息流程设计。

9.2 物流园区的业务模式

9.2.1 物流园区的开发模式

近年来在物流园区开发上出现或提出了许多种模式，常见的有政府主导的经济开发区模式、政企联合开发模式、大型物流企业主导开发模式、政府规划物流企业共同开发模式和物流（或工业）地产商开发模式5种。

1. 政府主导的经济开发区模式

政府主导的经济开发区模式是指由政府做出物流园区规划，并从政府各部门抽调人员组成开发机构，通过招商引资等方式来开发物流园区，目前大多数物流园区都是按这种模式在开发，但成功的案例极少。

2. 政企联合开发模式

政企联合开发模式是指由政府抽调人员与相关企业抽调人员共同组成开发机构，通过招商引资等方式来开发物流园区，目前一部分物流园区是按这种模式在开发，成功的案例也很少。

3. 大型物流企业主导开发模式

物流园区的大型物流企业主导开发模式由大型物流企业开发并率先在园区开展经营，带动和引导其他物流企业或相关企业入园经营，逐步实现物流产业的聚集，达到物流园区的开发和建设目的。杭州传化物流基地就是按这种模式开发的。

4. 政府规划物流企业共同开发模式

政府规划物流企业共同开发模式是指政府从总体上对物流园区做出规划、园区内企业负责具体项目的开发，共同完成园区的总体开发。在传统的仓储区中，由于园区内的土地早被园区内的企业所拥有，因此，物流园的形成只能在政府统一规划下由企业共同改建才能完成。深圳笋岗清水河物流园区就是按这种模式开发的。

5. 物流（或工业）地产商开发模式

物流园区开发的地产商模式指将物流园区作为地产项目，通过给予开发者适宜的地产项目开发土地政策、税收政策和优惠的市政配套设施，由物流地产商进行物流园区的道路、仓库和其他物流基础设施及基础性装备的建设和投资，然后以租赁、转让或合资、合作经营的方式进行物流园区相关设施的经营和管理。韶关亿华物流园区就是按这种模式开发的。

9.2.2 物流园区的运营模式

无论采用哪种开发方式，物流园区都要成立经营管理公司进行运营和日常管理。

经营管理公司的主要任务是根据股东的要求，按照现代企业制度负责物流园区的运营和日常管理，做好客户服务工作，确保股东的资产投入增值和保值。

其主要运营职责如下。

1）物流园区从筹建到运营全过程的总体管理，包括土地开发、基础设施建设和改造等一系列问题的解决。

2）物流园区网络平台的设计、搭建与管理，提供园区内部网络平台的建设、园区之间的网络链接以及信息系统开发。

3）物流园区的招商引资，开展物流园区的营销、推广工作，组织博览会、广告宣传、制作宣传册、客户杂志，以吸引企业投/融资和客户入驻。

4）政府部门、物流园区以及园区入驻企业之间的各种关系的沟通和协调。

5）相关企业、院校及研究机构等各类人员的培训、实习与进修。

6）特殊商品的安全监管（如化学品、药品以及危险品等）。

7）为入驻园区的企业提供所需要的各种日常服务，包括业务管理、客户接待和投诉反馈等。

9.2.3 物流园区的盈利模式

根据国外几十年物流园区的开发、管理经验，物流园区的建设主要是由政府发起（或独立或与企业合作），并积极参与到土地开发、规划、投资以及政策制定等环节。意大利、西班牙、葡萄牙、法国、荷兰以及德国等众多国家均采取该模式，并最终通过建立一个独立自主、自负盈亏的第三方公司来运营、管理和协调，推动物流园区的持续发展。

赢利模式主要指收入来源及利润形成的途径，是物流园区生存发展的基础。根据国外物流园区的发展经验，物流园区投资回收期大约在15年左右，其主要原因是物流园区项目投资大、社会公益性特征明显、投资回报慢。由于投资主体不同（有的以政府为主，有的以企业为主）以及物流园区功能定位不同，各园区投资者有着不同的利益要求。

日本"物流团地"的赢利模式主要来自地价升值和低廉的仓库租金。集资企业租用仓库的租金低于市场价格，并可按市场价格给其他企业，政府对已确定的物流园区积极加快交通设施的配套建设，以促进其他企业入驻园区，从而使园区投资者得到回报。德国"货运村"的赢利模式主要来自于出租收入和服务费。政府将货运中心的场地向运输企业或与运输有关的企业出租，承租企业则依据自身的经营需要建设相应的库房、堆场、车间及配备的机械设备和附属设施并交纳相关费用，同时提供良好的公共设施和优良的服务并收取一定的服务费。

中国物流园区的效益体现在政府主要通过经济总量增加、税收增加和就业扩大等取得经济与社会效益；开发商通过园区土地增值、物业增值、土地与物业转让或出租收入、配套服务等取得经济效益；入驻企业通过规模化的交易收入、仓储收入、配送收入、信息中介收入、加工收入或者较低的运营成本等取得经济效益。

从赢利方式来看，作为物流园区的所有者与经营者，其赢利模式主要包括3个方面，物流园区赢利模式的分类如图9-4所示。

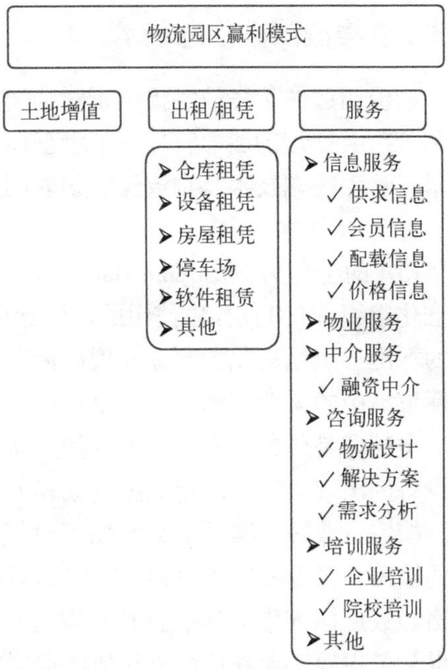

1. 土地增值收入

对于园区所有者与经营者来说，均从土地增值中获取巨大收益。所有者（即投资者）从政府手中以低价购得土地，等完成初期基础设施建设后，地价将会有一定的升值，而到物流园区正式运营后，还将大幅度上涨。对于经营者（即物流运营商）来说，土地的增值能提高其土地、仓库、房屋等出租收入。

2. 出租/租赁收入

园区所有者与经营者按一定比例获得出租/租赁收入，主要包括仓库租赁费用、设备租赁费用、房屋租赁费用、停车场收费等。

3. 服务收入

服务收入主要包括信息服务、培训服务、中介服务、物业管理、咨询服务等。

图 9-4　物流园区赢利模式的分类

目前，我国物流园区的赢利模式中主要收入来源首先是库房/货场租金；其次是办公楼租金、配套设施租金/管理费和物业管理费；然后是所属物流企业、增值服务费和设备租金，等土地升值后出租或出售、税收优惠以及国家拨款获得的收益等。由此不难看出，传统的基于出租/租赁的园区赢利模式在我国还占主导地位。根据国内外运营良好的物流园区经验来看，传统的出租/租赁赢利模式已经逐渐被服务收入，特别是被基于信息、咨询的增值服务所替代。就国际发展趋势来看，基于信息、咨询的增值服务最具增长潜力，在园区赢利收入总量中将占有越来越大的比重，这给中国的物流园区运营者以很好的启示。

9.3　物流园区信息化概述

9.3.1　物流园区信息化建设

物流园区发展的一个显著特征就是物流信息化建设。最近几十年涌现出来的计算机技术、通信技术以及电子商务技术等为现代物流业发展提供了重要的技术支撑。为完善物流系统，减少物流信息的传递层次和流程，提高物流信息的利用程度和利用率，引导物流系统的正常运行，中国大多数物流园区把物流过程的信息化作为物流系统运行中的一个基本生产要素看待。通过物流园区的信息化，力求以最短的流程、最快的速度、最小的费用传输高质量的信息，完善物流系统的正常运行，提高行业整体效益以及社会经济效益。

在中国已运营的物流园区中，绝大部分将物流系统信息化作为园区建设的重点之一，包括对物流信息的收集、加工、传递、存储、处理、发布和优化等一系列作业过程的规划与设计以及系统的运行。

9.3.2 物流园区信息技术

物流园区的信息技术提供了对物流活动中大量、多变的数据进行快速、准确、及时的采集和分析、处理的能力，提高了管理能力和物流服务水平。物流园区信息技术主要包括 EDI 技术、移动终端技术、物流云、物联网技术、卫星通信技术和条码技术等。

1. EDI 技术

EDI 的全称为 Electronic Data Interchange，译名为电子数据交换技术。EDI 技术是由国际标准化组织（ISO）推出使用的国际标准，它是指一种为商业或行政事务处理，按照一个公认的标准形成结构化的事务处理或消息报文格式，从计算机到计算机的电子传输方法。例如国际贸易中的采购订单、装箱单和提货单等数据的交换。

全球贸易额的上升带来了各种贸易单证、文件数量的激增。虽然计算机及其他办公自动化设备的出现可以在一定范围内减轻人工处理书面单证的劳动强度，但由于各种型号的计算机不能完全兼容，实际上又增加了对纸张的需求。计算机的输入平均 70% 来自另一台计算机的输出，且重复输入也使出差错的概率增高。正是在这样的背景下，以计算机应用、通信网络和数据标准化为基础的 EDI 应运而生。EDI 一经出现便显示出了强大的生命力，迅速地在世界各主要工业发达国家和地区得到广泛的应用。

其应用领域主要如下。

1）商业贸易领域：在商业贸易领域，通过采用 EDI 技术可以将不同制造商、供应商、批发商和零售商等商业贸易之间各自的生产管理、物料需求、销售管理、仓库管理、商业 POS 系统有机地结合起来，从而使这些企业大幅度提高其经营效率，并创造出更高的利润。

商贸 EDI 业务特别适用于具有一定规模的、具有良好计算机管理基础的制造商、采用商业 POS 系统的批发商和零售商、为国际著名厂商提供产品的供应商。

2）运输业领域：在运输行业，通过采用集装箱运输电子数据交换业务可以将船运、空运、陆路运输、外轮代理公司、港口码头、仓库、保险公司等企业之间各自的应用系统联系在一起，从而解决传统单证传输过程中的处理时间长、效率低等问题，可以有效提高货物运输能力，实现物流控制电子化，从而实现国际集装箱多式联运，进一步促进深圳市港口集装箱运输事业的发展。

3）通关自动化：在外贸领域，通过采用 EDI 技术可以将海关、商检、卫检等口岸监管部门与外贸公司、来料加工企业、报关公司等相关部门和企业紧密地联系起来，从而避免企业多次往返多个外贸管理部门进行申报、审批等，大大简化了进出口贸易程序，提高了货物通关的速度，最终起到改善经营投资环境，加强企业在国际贸易中的竞争力的目的。

4）其他领域：在税务、银行和保险等贸易链路多个环节之中，EDI 技术同样具有广泛的应用前景，通过 EDI 和电子商务技术（ECS）可以实现电子报税和电子资金划拨（EFT）等多种应用。

在港口物流园区、陆路口岸物流园区、国际空港物流园区、保税物流园区和自贸区物流园区等物流园区中，EDI 技术起到了重要的作用。

2. 移动终端技术

车、货匹配业务的客户群体主要为中小微物流企业、黄牛与司机群体。这个群体移动互联网意识不强、诚信信用水平等方面均存在不足，通过线下当面交易的习惯预计在未来几年内仍然是主流。同时，车、货匹配最大的一方为车辆，而物流园区是车辆停车加油、司机休息的最佳场所，也是在物流运作过程中不可缺少的部分，利用这一点可以为车、货平台的发展提供更多的机会。

线上可分别向货主与司机根据不同的终端提供相应的应用软件，包括 Android、IOS 的 APP 与微信的应用，通过移动终端对接物流园区信息如图 9-5 所示，通过手机、Ipad 等移动终端连接互联网，进行车、货对接，使车、货在物流园区的信息平台上进行实时匹配。该手机移动终端应该具备以下核心功能。

图 9-5　通过移动终端对接
物流园区信息

1）司机认证：司机三证核查。

2）发布信息：发布货源信息和车源信息。

3）智能匹配：线上线下多渠道触发匹配，更精准、更实时。

4）在途跟踪：实现车辆运输过程的透明化。

5）交易管理：历史交易记录可追溯与管理。

6）车友管理：对熟悉车辆进行深度合作与再利用。

7）支付结算：实现第三方支付信息费和运费。

8）物流工具：提供其他违章查询、天气查询和物流地图等工具。

9）园区分货：园区内长短途卡车的调度，零担的分货等。

大量的物流园区在信息化建设中既完善园区网络，又加快建设移动终端的 APP 应用。

小案例：

玩转货运 APP 升级传统物流 传化启动智能公路港 3.0 版

传化集团从 2003 年开始构建公路港物流模式，搭建公共物流服务平台，以物流信息交易为核心，实现了车源和货源的有效对接。面对四方车源和货源，不能是单线，而必须是网络化对接。传化物流构筑的物流节点和网络服务，被称为"公路港"。2009 年、2010 年，成都传化公路港和苏州传化公路港先后实现运营，传化迈开了全国网络构建步伐，公路港模式也由单点向点线结合、联络成网的过渡，开启了升级版的智能公路港商业模式。

从目前来看，公路港平台可以调度所在地区 85% 以上的货运信息，整合所在地区 80% 以上的运力需求资源，平均降低工业企业运输成本 40% 左右。

如果说 2003 年在杭州运营的传化公路港是 1.0 版，那么 2009 年和 2010 年，成都、苏州相继运营的公路港可以称为 2.0 版。如今，更大规模的全国网络正在构建，一张融合线上线下的"智能公路港"3.0 版渐渐清晰，通过传化公路港称为"天网"的物流信息技术的建设升级传统物流，打造智能公路港 3.0 版。

随着传化物流线上线下联动的 O2O 战略不断落地，2014 年，传化公路港物流线上的团队从原先的 30 人发展到了如今的近 120 人。

2014 年 3 月，传化公路港信息中心（如图 9-6 所示）专为货运司机定制的 APP 易配货已经在杭州传化公路港上线并试运行，司机在路上，甚至在发货地就可以直接通过手机完成找货、配货等流程。传化公路港内 60% 的配货业务都已在线上完成，会员数已近 200 万。货车司机玩传化货运 APP 的水平不亚于网络达人。

图 9-6　传化公路港物流信息交易中心

整个智能公路港将以 O2O 模式运营，就是要构建"天上"和"地面"两张网络，协同运行，进一步提升车和货的匹配效率。

依托实体平台的"天网"建设也全面铺开，除了各类货运 APP 的开发，诚信体系，支付体系，基于互联网、云计算等技术形成的信息化指挥体系也都在建设中。

3. 物流云

物流行业中的"行业云"就是"物流云"。所谓"物流云"，就是一个平台开放资源共享终端无限的网络，"物流云"是物流信息的共享平台。可以把物联网运用于物流领域，这样会全面提高货物装卸、运输、仓储、检验和通关的智能化水平，实现物流业的高效、快捷、集约和透明，节约管理成本、提高管理水平。

物流园区可采用 SOA 平台架构建立园区供应链集成管理平台，支持平台以 SaaS 软件方式为园区内外各类物流服务主体提供应用软件系统服务，以 PaaS 平台服务方式为园区内外用户提供各类 Web 服务，进而建立园区供应链"云计算"公共服务中心。

4. 物联网技术

物流业是我国最早接触并应用物联网的行业，20 世纪末处于早期启蒙阶段的 RFID/EPC 技术、GPS 物流货运监控与联网管理技术均在物流业得到落实。物联网对物流园区带来的转变主要体现在以下几个方面。

（1）物流信息处理的重大变革

RFID、GPS、GIS 传感技术、视频识别技术和物物通信 M2M 技术等物联网技术应用于物流园区内物品流通加工、包装、仓储和装卸搬运，物流园区外货物的运输、配送全过程，以及退货和回收物流等逆向物流环节，可自动获取货物的全部信息，改变了传统的人工读取和记录货物信息的方式，实现了物流信息的主动"感知"。

物流信息的被"感知"是实现物流园区智能化管理与控制的前提，将追溯、监控和感知到的物流信息，通过物流管理信息系统智能分析与控制，可显著提高物流园区的信息化和智能化水平，降低物流作业差错率并提高效率，提高园区物流活动的一体化水平。

（2）物流过程可视化

物联网在物流园区中运用较为普遍和成熟的技术是以运输、仓储为主线的物流作业全过程可视化。通过运用物联网技术，实现物流园区作业全过程的计划管理、作业过程监控、物品存储状态监控、设备监控、车辆调度、故障处理和运行记录等功能，实现对物流园区作业过程的实时监控，确保物流园区在运输、仓储和装卸搬运等过程中的正确、规范和安全运作。

（3）高效精准的仓储管理

基于 RFID 的仓储系统是物联网技术在物流园区仓储系统最广泛的应用，主要包含 RFID、红外、激光和扫描等技术。RFID 在仓储系统中的主要应用方式为将标签附在被识别物品上的表面或内部，当被识别物品进入识别范围内时，RFID 读写器自动无接触读/写。它改变了传统的人工作业方式，使仓储系统在作业强度、作业精确度和存储效率等方面都产生了质的飞跃。

（4）环境感知与操作

在对于物流园区环境有特殊要求的领域，通过物联网传感器技术实现物流环境的各种感知与操作，比较常见的是用于冷链物流园区的温度感知、用于医药物流园区的温/湿度感知、用于物品重量监测的压力感知和其他特殊场景下的光强度感知、尺寸感知等。

（5）产品可追溯系统

可追溯系统是现阶段产品质量安全管理最有效的手段，主要用于事后控制。利用物联网技术可通过唯一的识别码对一项产品从其原材料选择到交货的过程进行无疏漏追踪，保证商品生产、运输、仓储和销售全过程的安全和时效。产品的智能可追溯系统早期主要用于高附加值、高危险性的汽车、飞机等工业品领域，现阶段还用于农产品和医药领域，农产品和医药的可追溯为保障食品、药品的质量与安全提供了坚实的物流保障。

（6）智能物流配送中心

自动化的物流配送中心在汽车、烟草、医药等领域中的应用较为普遍，通过物联网应用实现物流作业的智能控制、自动化操作，较常见的有机器人码垛与装卸、无人搬运车进行物料搬运、自动分拣线开展分拣作业、出入库操作由堆垛机自动完成、配送中心信息与企业 ERP 系统无缝对接等。

9.3.3 物流园区信息平台

通常，物流园区信息化平台包括 4 个子平台，物流园区信息平台的组成及功能模块如图 9-7 所示。

1. 园区管理信息化

园区管理信息化是指园区日常经营管理工作的信息化。园区管理信息化是物流园区管理的基础，涉及园区日常管理与运营，是物流活动得以高效率实现的基础，同时也是物流园区整体管理水平的体现。

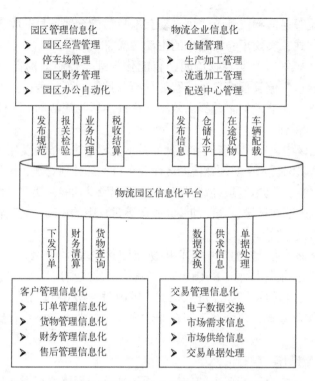

图 9-7　物流园区信息平台的组成及功能模块

2. 客户管理信息化

客户管理信息化是指园区的客户进行商贸交易的信息化，涉及交易订单管理、货物查询与跟踪以及财务结算等功能。

3. 交易管理信息化

交易管理信息化是指物流企业和客户之间业务往来和交易的信息化。交易管理信息化是整个物流园区信息化的核心，完成 EDI 数据交换、供需信息查询以及相应的交易单据处理，是物流园区现代化和信息化的标志，只有实现了交易管理信息化才能充分发挥物流园区的综合优势。

4. 物流企业信息化

物流企业信息化是指园区内的物流企业内部管理的信息化，涉及物流企业仓储、加工以及配送等基本功能的信息化。物流企业信息化是园区物流企业管理现代化、物流信息共享和物流交易信息化的基础，只有实现了物流企业信息化才能实施交易管理信息化。

以上 4 个子平台，其应用对象有所不同。园区管理信息化子平台是园区经营管理公司内部业务（办公）的系统，主要满足其自身业务经营管理的需要。物流企业信息化、客户管理信息化和交易管理信息化 3 个子平台主要是提供给入驻企业使用的，往往是采用 ASP（应用服务提供商）服务模式。即由园区经营管理公司建设物流信息平台，而入驻企业以租用方式应用相关的系统模块进行业务管理。

案例：

山东打造物流界"淘宝网"覆盖全省 60 万物流企业

从山东省交通运输厅获悉，山东省将加快推广山东省物流应用互联项目，搭建起覆盖全省 60 余万家物流企业的"线上"物流信息平台，使物流企业把业务从"线下"转移到"线上"，"抱团"闯市场，打造物流界的"淘宝网"。

山东省交通物流公共信息平台主任王涛直言，搭建物流应用互联项目平台的主要意义和目标就是"让物流生意更好做"，解决山东省交通物流行业"散、小、弱"的问题。据了解，目前全省约有60余万家物流企业，总体运营水平较低，传统的物流运营模式无法适应现代物流市场，其中运作质量低和物流信息化、标准化差是关键因素。另外，由于物流企业诚信体系不健全，企业融资困难、货物出现理赔困难的事情时有发生，"首先就是要使之'抱团'，将零散信息汇总形成联盟。"王涛说。

"这相当于把各地的物流园区放到网上。"王涛介绍说，企业在平台上可以免费注册，实现与省平台、合作企业之间的业务数据互联互通，未来还将实现与国家平台的互联互通。这种透明的信息机制对降低物流企业成本、避免恶性竞争无疑具有积极作用。"打个比方，这个平台就是物流界的'淘宝网'，一头连着物流企业，一头连着上游企业，还提供保险授信等服务。"王涛说。

9.4　第四方物流概述

9.4.1　第四方物流的定义及分类

第四方物流（Fourth party logistics，4PL）是美国埃森哲咨询公司于1998年率先提出的，专门为第一方物流、第二方物流和第三方物流提供物流规划、咨询、物流信息系统和供应链管理等活动。第四方物流是为物流业者提供一个整合性的物流，包括金融、保险、多站式物流配送的安排。和第三方物流的差别在于第三方物流只单纯地提供物流服务，第四方物流则是整合性的，例如可协助进出口关税问题、收款等功能。第四方物流是提供物流系统设计与整合者，如图9-8所示。

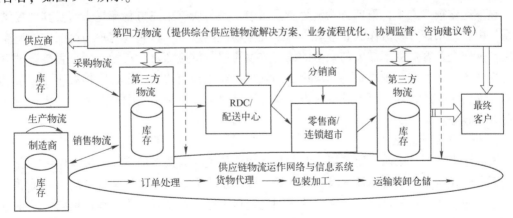

图9-8　第四方物流示意图

第四方物流被定义为"一个供应链集成商，调集和管理组织自己的以及具有互补性的服务提供商的资源、能力和技术，以提供一个综合的供应链解决方案"。它可以通过整个供应链的影响力提供综合的供应链解决方案，也为其顾客带来更大的价值，它能在解决企业物流的基础上整合社会资源，解决物流信息充分共享、社会物流资源充分利用等问题。

按照安德森咨询公司的说法，4PL 存在下面 3 种类型。

1）知识密集型模式：也称"协助提高者"，即第四方物流为第三方物流工作，并提供第三方物流缺少的技术和战略技能。

2）方案定制模式：也称"方案集成商"，即第四方物流为货主服务，是和所有第三方物流提供商及其他提供商联系的中心。

3）整合模式：也称"产业革新者"，即第四方物流通过对同步与协作的关注为众多的产业成员运作供应链。

事实上，第四方物流无论采取哪一种模式，它都是在解决企业物流的基础上整合社会资源，解决物流信息充分共享、社会物流资源充分利用的问题。因此，它也是发挥政府职能、推进我国现代物流产业发展所能做的唯一切入点。所以，第四方物流是我国物流业发展和提升的助力器。

9.4.2 第四方物流的运作模式

第四方物流结合自身的特点可以有 3 种运作模式进行选择，虽然它们之间略有差别，但都是要突出第四方物流的特点。

1. 协同运作模型

该运作模式下，第四方物流为第三方物流工作，并提供第三方物流缺少的技术和战略技能。第四方物流只与第三方物流有内部合作关系，即第四方物流服务供应商不直接与企业客户接触，而是通过第三方物流服务供应商将其提出的供应链解决方案、再造的物流运作流程等实施。这就意味着，第四方物流与第三方物流共同开发市场，在开发的过程中第四方物流向第三方物流提供技术支持、供应链管理决策、市场准入能力以及项目管理能力等，它们之间的合作关系可以采用合同方式绑定或采用战略联盟方式形成。

2. 方案集成商模式

在该运作模式之下，第四方物流为货主服务，是与所有第三方物流提供商及其他提供商联系的中心。第四方物流作为企业客户与第三方物流的纽带，将企业客户与第三方物流连接起来，这样企业客户就不需要与众多的第三方物流服务供应商进行接触，而是直接通过第四方物流服务供应商来实现复杂的物流运作的管理。在这种模式下，第四方物流作为方案集成商除了提出供应链管理的可行性解决方案外，还要对第三方物流资源进行整合，统一规划为企业客户服务。

3. 行业创新者模式

该运作模式下，第四方物流通过对同步和协作的关注为众多的产业成员运作供应链。行业创新者模式与方案集成商模式有相似之处，即都是作为第三方物流和客户沟通的桥梁，将物流运作的两个端点连接起来。两者的不同之处在于行业创新者模式的客户是同一行业的多个企业，而方案集成商模式只针对一个企业客户进行物流管理。这种模式下，第四方物流提供行业整体物流的解决方案，这样可以使第四方物流运作的规模更大限度地得到扩大，使整个行业在物流运作上获得收益。

3 种模式的复杂性依次递增，但无论采取哪一种模式，第四方物流都是在解决企业物流的基础上解决物流信息充分共享和物流资源充分利用的问题，都突破了单纯发展第三方物流的局限性，能够真正实现低成本运作，最大范围地整合资源。

9.5 实验案例：物流园区信息化的规划

本节实训的目的是指导学生通过实地物流园区的参观调研，获取物流园区信息化建设的实际需求，并用网站制作技术制作物流园区信息系统。从而加深对物流园区信息化的理解。本综合实训包括两个实训：参观物流园区，形成园区信息化策划方案；使用网站制作工具制作物流园区信息系统。参观调研需要 4 课时，制作信息系统需要 8 课时，具体实验内容参见本书配套的实训指导书。

9.5.1 实验案例内容

1. 实地参观当地的物流园区，调查物流园区信息化的需求，并撰写出物流园区信息化策划书。

2. 利用软件工程方法和网站制作技术制作物流园区信息系统。

9.5.2 实验评价

考核项目评分标准见表 9-1。

表 9-1 考核项目评分标准表

项　　目	分　值	考核项目明细	得　分
物流园区信息化的规划（40）	15	物流园区信息化策划书	
	10	物流园区信息化系统概要设计	
	15	物流园区信息化系统详细设计	

备注：物流园区信息化策划书、物流园区信息化系统概要设计可参考福州第四方物流信息化交易平台策划书（可从网上下载）。

物流园区信息化系统详细设计可参考本书附带的视频教程。

9.5.3 实验准备

1）工作对象/工具：系统制作软件 FrontPage 2003/Photoshop 等软件。

2）分组：每组 5 人，角色为组长 1 名，系统分析师 1 名，程序员 3 名。

3）数据：实地参观本市物流园区，调查出物流园区信息化的需求。

9.5.4 实施

1. 明确任务/获取信息

1）任务：每个小组制作一个第三方或第四方物流园区交易网站。

2）信息获取：参观、问卷、网络资料收集等方式。

2. 制订计划

1）制定出工作时间表：参观时间、网站制作的各个时间节点等。

2）分工协作：各个成员进行分工，每个人制定各自的工作计划。

3. 做出决定

1）收集信息：比如收集已有的第三方或第四方物流园区交易网站功能结构。

2）比较信息：比较本组调查和收集的资料。

3）进行该交易网站的功能优选方案，准备实施。

4. 实施计划

确定各自在小组中的分工以及小组成员合作的形式，然后按照已确立的工作步骤和程序进行工作。

5. 检查控制

每个小组汇报第三方或第四方物流交易网站的内容，每组 10 分钟，教师提问。

6. 评价反馈

参考考核项目评分标准表，对各个小组进行评分，算出总分，作为本次案例的分数。

本章小结

本章主要介绍物流园区信息化的内容。首先对物流园区的基本背景知识进行介绍，包括对物流园区的发展、选址、布局和设计等内容进行详细描述，同时重点介绍物流园区的业务模式，包括开发模式、运营模式和盈利模式等内容；其次从技术角度研究物流园区信息化建设及物流园区应用的信息技术和信息平台；最后通过物流园区信息化规划的实验加深读者对物流园区信息化的认识。

课后习题

1. 简述物流园区的定义。
2. 我国物流园区的发展趋势是什么？
3. 物流园区的选址要求是什么？
4. 物流园区功能布局是什么？
5. 物流园区主要的信息技术有哪些？
6. 物联网技术在物流中的应用体现在哪里？

第10章 物流企业 ERP

本章要点

ERP 系统是企业资源计划（Enterprise Resource Planning）的简称，是指建立在信息技术基础之上，以系统化的管理思想为企业决策层及员工提供决策运行手段的管理平台。它是从 MRP（物料需求计划）发展而来的新一代集成化管理信息系统，它扩展了 MRP 的功能，其核心思想是供应链管理。

本章共包括 3 个部分的内容：第一部分通过联邦快递的 ERP 之路的引例详细介绍 ERP 的概念、发展历史、选型及与物流的关系；第二部分介绍物流企业 ERP 的功能模块，包括供应链管理子系统、生产运作管理子系统、财务管理子系统、办公自动化系统、销售管理子系统和人力资源管理子系统等内容；第三部分详细介绍金蝶 K3 供应链管理的使用。

引例

联邦快递的 ERP 之路

公司简介

联邦快递空运公司（FedEx Express）是全球最大的快递公司，其凭借无与伦比的航线权及基础设施成为全球最大的快递公司，向 220 个国家及地区提供快速、可靠、及时的快递运输服务。联邦快递每个工作日运送的包裹超过 320 万个，其在全球拥有超过138000 名员工、50000 个投递点、671 架飞机和 41000 辆车辆。该公司通过 FedEx Ship Manager at fedex. com、FedEx Ship Manager Software 与全球 100 多万客户保持密切的电子通信联系。

ERP 的实施概况

采用 Oracle 提供的 ERP 产品，已使用的模块包括 PeopleSoft 的资产管理、会计总账管理、财务管理、人力资源管理、电子采购、开支报告、库存管理、项目成本核算及其他。1997 年，该公司开始实施 PeopleSoft 的会计总账和资产管理模块。在之后几年内的两次重大升级之后，2004 年，整个系统已包括 12 个 PeopleSoft 的模块。FedEx 的国内及国际运营共用同一个实例，而合作服务、运输等使用另一个实例。经过不断地整合及二次开发，联邦快递空运公司的 ERP 沿用至今。

ERP 的应用提高了工作效率

联邦快递的 ERP 信息管理系统正是通过计算机网络将企业、用户、供应商及其他商贸活动涉及的职能机构集成起来，完成信息流、物流和价值流的有效转移与优化，尤其是企业内部运营的网络化、供应链管理、渠道管理和客户关系管理的网络化与功能全面集成优化。

ERP 的应用增加了客户价值

对于要求速度、质量的快递公司，供应链、渠道与客户关系的处理显得尤其重要。而 ERP 系统能将这一烦琐、复杂的联系过程最简、最优化，以达到快递公司扩大市场占有率的目的，是提高企业信誉形象的最好方式。

企业 ERP 信息管理系统能够根据企业内部和外部的变化及时与先进的管理思想接轨，抛开企业原有不适宜的管理思想，迅速适应电子商务时代资源优化及企业间协同发展的需要，能够使企业拥有更强盛的生命力和竞争力，为企业在电子商务时代的发展提供新的机遇。

ERP 的应用提高了赢利能力

每月两次，总有许多世界各地商业人士愿付 250 美元、花几个小时去参观联邦快递公司的营业中心，目的是为了亲身体会一下这个巨人如何在短短的 20 余年间从零开始，发展为拥有 100 亿美元、占据大量市场份额的行业领袖。

联邦快递选择了固定价格体系来取代按邮区划定的路程和运量定价体系（Postal Code-inspired zone and Volume Pricing systems），在货运业引起了巨大轰动。这一改变不仅简化了联邦快递的业务程序，也使客户能够准确预测自己的运输费用。弗雷德说服国会使 The Civil Aeronautics Board（编者译：美国民航管理委员会）解除对航空快运的限制后，开辟了隔夜送达货运业务（overnight cargo transportation business），使对手公司也纷纷受益，整个行业的利润增加了 10 倍。

10.1 ERP 概述

10.1.1 ERP 的概念

企业资源规划（Enterprise Resource Planning，ERP）由美国 Gartner Group 咨询公司在 1993 年首先提出，作为一个当今国际上最先进的企业管理模式，它在体现当今世界最先进的企业管理理论的同时也提供了企业信息化集成的最佳解决方案。它把企业的物流、商流、资金流、信息流统一起来进行管理，以最大限度地利用企业现有资源，实现企业经济效益的最大化。

1. ERP 系统的特点

（1）先进性

先进性指采用了计算机最新的主流技术和体系结构 B/S、Internet 体系结构、Windows 界面，在能通信的地方都可以方便地接入到系统中。

物流管理系统采用了制造业的 MRP 管理思想；FMIS 有效地实现了预算管理、业务评估、管理会计、ABC 成本归集方法等现代基本财务管理方法；人力资源管理系统在组织机构设计、岗位管理、薪酬体系以及人力资源开发等方面同样集成了先进的理念。

（2）集成性

ERP 系统是一个在全公司范围内应用的、高度集成的系统，数据在各业务系统之间高度共享，所有数据只需在某一个系统中输入一次，保证了数据的一致性。

对公司内部业务流程和管理过程进行了优化，主要的业务流程实现了自动化。

在企业中，一般的管理主要包括 3 个方面的内容：生产控制（计划、制造）、物流管理

（分销、采购、库存管理）和财务管理（会计核算、财务管理）。这三大系统本身就是集成体，它们互相之间有相应的接口，能够很好地整合在一起对企业进行管理。另外，要特别一提的是，随着企业对人力资源管理重视的加强，已经有越来越多的 ERP 厂商将人力资源管理纳入 ERP 系统的一个重要组成部分，对于这一功能，我们会进行简要的介绍。这里仍然以典型的生产企业为例介绍 ERP 的功能模块，据知名猎头"烽火猎聘"年度报告显示 ERP 人才正处在缺少阶段，有很好的就业前景。

2. ERP 系统的管理思想

ERP 的核心管理思想就是实现对整个供应链的有效管理，主要体现在以下 3 个方面。

（1）体现对整个供应链资源进行管理的思想

现代企业的竞争已经不是单一企业与单一企业间的竞争，而是一个企业供应链与另一个企业供应链之间的竞争，即企业不仅要依靠自己的资源，还必须把经营过程中的有关各方（如供应商、制造工厂、分销网络、客户等）纳入一个紧密的供应链中，这样才能在市场上获得竞争优势。ERP 系统正是适应了这一市场竞争的需要，实现了对整个企业供应链的管理。

（2）体现精益生产、同步工程和敏捷制造的思想

ERP 系统支持混合型生产方式的管理，其管理思想表现在两个方面：其一是"精益生产 LP（Lean Production）"的思想，即企业把客户、销售代理商、供应商、协作单位纳入生产体系，同它们建立起利益共享的合作伙伴关系，进而组成一个企业的供应链；其二是"敏捷制造（Agile Manufacturing）"的思想，如图 10-1 所示。当市场上出现新的机会，而企业的基本合作伙伴不能满足新产品的开发、生产的要求时，企业组织一个由特定的供应商和销售渠道组成的短期或一次性供应链，形成"虚拟工厂"，把供应和协作单位看成是企业的一个组成部分，运用"同步工程（SE）"组织生产，用最短的时间将新产品打入市场，时刻保持产品的高质量、多样化和灵活性，这就是"敏捷制造"的核心思想。

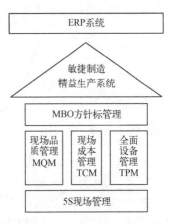

图 10-1　ERP 系统的管理思想

（3）体现事先计划与事中控制的思想

ERP 系统中的计划体系主要包括主生产计划、物流需求计划、能力计划、采购计划、销售执行计划、利润计划、财务预算和人力资源计划等，而且这些计划功能与价值控制功能已完全集成到整个供应链系统中。另一方面，ERP 系统通过定义与事务处理（Transaction）相关的会计核算科目与核算方式，在事务处理发生的同时自动生成会计核算分录，保证了资金流与物流的同步记录和数据的一致性，从而实现了根据财务资金现状可以追溯资金的来龙去脉，并进一步追溯所发生的相关业务活动，便于实现事中控制和实时做出决策。

3. ERP 给企业带来的益处

1）库存下降。

2）减少延期交货。

3）采购提前期缩短。

4）减少停工待料。

5）降低制造成本。

6）提高管理水平，减少管理人员，提高生产能力。

10.1.2 ERP 的发展历史

ERP 是将企业的所有资源进行整合、集成管理，简单地说是将企业的物流、资金流、信息流进行全面一体化管理。ERP 是先进管理理念的集中体现，从 20 世纪 60 年代原型被提出来后，总共经历了 4 个主要的发展阶段，如图 10-2 所示。

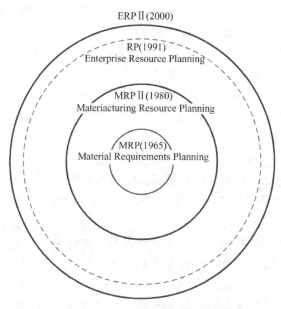

图 10-2　ERP 发展的 4 个阶段

20 世纪 60 年代的时段式 MRP：随着计算机系统的发展，使得短时间内对大量数据的复杂运算成为可能，人们为解决订货点法的缺陷提出了 MRP 理论作为一种库存订货计划——MRP（Material Requirements Planning），即物料需求计划阶段，或称基本 MRP 阶段。

20 世纪 70 年代的闭环 MRP：随着人们认识的加深及计算机系统的进一步普及，MRP 的理论范畴也得到了发展，为解决采购、库存、生产、销售的管理，发展了生产能力需求计划、车间作业计划以及采购作业计划理论，作为一种生产计划与控制系统——闭环 MRP 阶段（Closed-loop MRP）。在这两个阶段，出现了丰田生产方式（看板管理）、TQC（全面质量管理）、JIT（准时制生产）以及数控机床等支撑技术。

20 世纪 80 年代的 MRP Ⅱ：随着计算机网络技术的发展，企业内部信息得到充分共享，MRP 的各子系统也得到了统一，形成了一个集采购、库存、生产、销售、财务和工程技术等于一体的子系统，发展了 MRP Ⅱ 理论，作为一种企业经营生产管理信息系统——MRP Ⅱ 阶段，这一阶段的代表技术是 CIMS（计算机集成制造系统）。

进入 20 世纪 90 年代，随着市场竞争的进一步加剧，企业竞争空间与范围的进一步扩大，80 年代 MRP Ⅱ 主要面向企业内部资源全面计划管理的思想逐步发展成为 90 年代怎样有效利用和管理整体资源的管理思想，ERP（Enterprise Resources Planning，企业资源计划）随之产生。

ERP Ⅱ（Enterprise Resource Planning Ⅱ）是 2000 年由美国的 Gartner Group 公司在原有 ERP 的基础上扩展后提出的新概念。ERP Ⅱ是通过支持和优化企业内部和企业之间的协同运作和财务过程，以创造客户和股东价值的一种商务战略和一套面向具体行业领域的应用系统。为了区别于 ERP 对企业内部管理的关注，Gartner 在描述 ERP Ⅱ时引入了"协同商务"的概念。协同商务（Collaborative Commerce 或 C-Commerce）是将具有共同商业利益的合作伙伴整合起来，主要是通过与整个商业周期中的信息进行共享，实现和满足不断增长的客户的需求，同时也满足企业本身的获利能力，通过对各个合作伙伴的竞争优势的整合，共同创造和获取最大的商业价值以及提供获利能力。

10.1.3　ERP 与物流

在生产经营中，主要的物流活动如图 10-3 所示，可分为供应物流、生产物流、社会物流、销售物流和废弃物物流等物流活动。

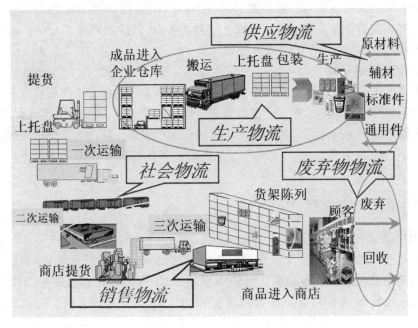

图 10-3　物流的分类

ERP 的主要功能 ERP 系统是高度集成的企业信息管理系统。ERP 设计的总体思路是三条干线，即供应链管理、生产管理、财务管理。企业的主要目的是赢利，各项活动和功能模块要考虑归集到财务的数据，财务应是各项业务的归集中心，这是大多数 ERP 业务处理的主流业务。围绕这三条干线，模块划分为物流管理模块系列、生产管理模块系列和财务管理模块系列。

1. 物流管理模块系列

物流管理模块系列是三条干线之一，ERP 下的物流管理除包括供应链的物流外，还有物料流通体系的运输管理、仓库管理、在线物料信息流等，主要可分为原材料及设备采购供应阶段（即采购物流）、生产阶段和销售配送阶段，这 3 个阶段产生了企业横向上的 3 段物流。

1）供应物流：将采购的原材料、零部件由供应商处运入厂内，包括由销售点回收"采购"容器以重复使用的回收物流。

2）生产物流：将所采购的原材料和零部件入库、保管和出库。将其生产的产品（商品）运到物流中心、厂内或其他工厂的仓库。物流中心、工厂仓库的这种将产品进行入库、保管和出库等的一系列产品流动称为厂内物流，厂内物流还包括在物流中心和工厂仓库进行运输包装、流通加工等。

3）销售物流：将商品从工厂、物流中心或外单位的仓库送到批发商、零售商或消费者手中的运输、配送称为销售物流。销售物流还包括将商品送到外单位仓库的运输和配送。

4）废弃物回收物流：有关废弃的包装容器、包装材料等废弃物的运输、验收、保管和出库。

2. 财务管理模块系列

在企业中，清晰分明的财务管理是极其重要的。所以，在 ERP 整个方案中它是三条干线之一。ERP 中的财务模块与一般的财务软件不同，作为 ERP 系统中的一部分，它和系统的其他模块有相应的接口，能够相互集成，一般的 ERP 软件的财务部分分为财务会计与成本会计两大块。

3. 生产管理模块系列

生产管理模块系列这一部分是三条干线之一。它将企业的整个生产过程有机地结合在一起，使得企业能够有效地降低库存，提高效率。同时各个原本分散的生产流程的自动连接，也使得生产流程能够前后连贯的进行，而不会出现生产脱节，耽误生产交货时间。这个模块功能自 ERP 产生起，就作为 ERP 的核心，从以前大多数 ERP 解决方案的这个模块功能都已经成熟。

10.1.4 ERP 的系统选型

1. 我国物流业 ERP 应用现状

对于物流业来说，由于近几年我国物流业发展迅速，物流信息化得到很大程度的发展，企业物流信息化意识普遍提高，物流业运用 ERP 系统的进程也正在加快。对我国物流企业来说，已经步入了只有依靠管理才能提升企业竞争力的时代，而互联网的普及，使企业管理进入了一个全新的阶段，因此，实施 ERP 的重要性是非常明显的。当然，ERP 不是万能的。但是，随着全球经济一体化发展趋势的加快，现代物流将成为我国新世纪经济发展重要产业和新的经济增长点。ERP 技术推动物流业的发展，加速物流产业的改革与创新。

2. 软件选型对物流企业 ERP 项目成功实施的影响

如今很多物流企业都实施了 ERP 系统，但是由于前期调研不够，对企业内部的业务了解不透彻等原因，很多物流企业的 ERP 系统到后来都成了摆设，没有起到企业管理的作用。据权威机构调查，在一大部分应用不成功的案例中，因软件选择失败的占 67%，因管理协调不够而失败的占 13%，因实施步骤过急而失败的占 9%，因人才流失而失败的占 8%，因软件厂商服务支持不够而失败的占 3%。所以可以看出软件选型对企业的 ERP 项目成功实施起到关键的作用。

影响软件选型要考虑的因素主要有两个。

（1）功能模块

ERP 以财务模块为核心模块，拓展到生产、销售、供应链等各种模块，其中供应链模块是物流企业必选的模块。企业实施 ERP 往往费用巨大，采取分阶段实施、分模块购买才是明智的选择。

（2）软件的成熟度及适用性

在 ERP 软件中渗透着先进的管理方式和理念，不同企业发展现状和信息化水平都不一样，选择管理成熟度高的 ERP 软件还是选择适应企业实用性高的 ERP 软件是企业决策者要面对的问题。在选择 ERP 软件时可以考虑企业的资金、ERP 软件的市场占有率、标杆企业使用的 ERP 软件的情况等因素。下表 10-1 是主要 ERP 产品及适用企业。

表 10-1　主要 ERP 产品及适用企业

序　　号	品　　牌	产　　品	适用企业类型
1	SAP	BusinessOne	大中型企业
2	Oracle	Oracle ERP	所有企业
3	Infor	Infor ERP	所有企业
4	用友	U9	大中型制造业企业
5	金蝶	K/3	集团及大型企业
6	神州数码	易助	中小型企业
7	浪潮	GS	所有企业

10.1.5　国内外 ERP 系统简介

1. 国外 ERP 系统概况

国外 ERP 系统的代表有 SAP、Oracle 等。这些软件起步早，软件的行业适应程度较好，具有支持大型企业全球化运作的相应功能，有丰富的成功案例、解决方案及最佳实践，能够深入地挖掘企业所在行业的业务需求与流程，被多家世界 500 强企业采用。

（1）功能强大的 SAP R/3

SAP 公司是 ERP 思想的倡导者，成立于 1972 年，总部设在德国南部的沃尔道夫市。SAP 所提供的是一个有效的标准而又全面的 ERP 软件，同时软件模块化结构保证了数据单独处理的特殊方案需求。目前，排名世界 500 强的企业有一半以上使用的是 SAP 的软件产品。因 R/3 的功能比较丰富，各模块之间的关联性非常强，所以不仅价格偏高，而且实施难度也高于其他同类软件。

（2）高度集成的 Oracle applications 11g

Oracle 公司是全球最大的应用软件供应商，成立于 1977 年，总部设在美国加州。Oracle 公司的主打管理软件产品是目前全面集成的电子商务套件之一，能够使企业经营的各个方面全面自动化。Oracle 凭借"世界领先的数据库供应商"这一优势地位，建立起构架在自身数据之上的企业管理软件，其核心优势在于它的集成性和完整性。用户完全可以从 Oracle 公司获得任何所需要的企业管理应用功能，这些功能集成在一个技术体系中。对于集成性要求较高的企业，Oracle 无疑是理想的选择。

2. 国内 ERP 系统概况

国内 ERP 系统的代表有金蝶、用友、浪潮等，这些软件企业最初多数是从会计电算化起步，伴随着市场对企业信息化要求的提高以及国外 ERP 系统的冲击，经过 20 多年的发展，逐步由传统的会计核算软件向管理软件转型。目前，国产 ERP 系统可满足部分企业管理的需要，特别是财务管理市场基本上被国内软件占有。

（1）金蝶 K/3

金蝶国际软件集团有限公司是中国第一个 Windows 版财务软件及小企业管理软件——金蝶 KIS、第一个纯 Java 中间件软件——金蝶 Apusic 和金蝶 BOS、第一个基于互联网平台的三层结构的 ERP 系统——金蝶 K/3 的缔造者，其中金蝶 KIS 和 K/3 是中国中小型企业市场中占有率最高的企业管理软件。金蝶 EAS（Kingdee Enterprise Application Suite）是金蝶第三代产品。金蝶 EAS 构建于金蝶自主研发的商业操作系统——金蝶 BOS 之上，面向中大型企业，采用最新的 ERP Ⅱ 管理思想和一体化设计，由超过 50 个应用模块高度集成，涵盖企业内部资源管理、供应链管理、客户关系管理、知识管理、商业智能等，并能实现企业间的商务协作和电子商务的应用集成。

（2）用友 U8

用友软件已形成 NC、U8、"通" 三条产品和业务线，分别面向大、中、小型企业提供软件和服务，用友软件的产品已全面覆盖企业从创业、成长到成熟的完整生命周期，能够为各类企业提供适用的信息化解决方案，满足不同规模企业在不同发展阶段的管理需求，并可实现平滑升级。用友拥有丰富的企业应用软件产品线，覆盖了企业 ERP（企业资源计划）、SCM（供应链管理）、CRM（客户关系管理）、HR（人力资源管理）、EAM（企业资产管理）和 OA（办公自动化）等业务领域，可以为客户提供完整的企业应用软件产品和解决方案。

（3）浪潮 PS

浪潮 PS 包括集团财务管理（GMC）、集团资金管理（Financing）、集团全面预算（Budget）、集团资产管理（Assets）、集团供应链管理（SCM）、集团分销管理（DRP）、集团绩效管理（BPM）、集团商业智能及决策支持（BI）、企业信息门户（EIP）和人力资源管理（HR）等模块，涵盖了集团企业管理的主要需求，通过不同方案的有机集成分别为决策层、管理层及业务层面的人员提供了先进的管理工具与平台。

10.2 物流企业 ERP 模块

10.2.1 供应链管理系统

供应链管理系统（Supply Chain Management，SCM）是基于协同供应链管理的思想，配合供应链中各实体的业务需求，使操作流程和信息系统紧密配合，做到各环节无缝链接，形成物流、信息流、单证流、商流和资金流五流合一的领先模式，实现整体供应链可视化、管理信息化、整体利益最大化、管理成本最小化，从而提高总体水平。

10.2.2 生产运作系统

从系统观点来考察生产运作，可以将企业中从事生产运作活动的子系统称为生产运作系统。应强调的是，企业生产运作系统有狭义和广义之分。

狭义的生产运作系统有时也称为制造系统，指直接进行产品的生产加工或实现劳务的过程，其工作直接决定了产品或劳务产出的类型、数量、质量和生产运作费用。

广义的生产运作系统除上述内容外，一般认为还应包括企业中的研究开发、生产运作的供应与保证、生产运作计划与控制等子系统。

10.2.3 财务管理系统

财务管理系统分为传统财务管理系统和现代财务管理系统。传统财务管理系统主要是以会计业务为基础，在此基础上扩充其他一些财务操作，例如总账管理、生产财务报表等。现代财务管理系统是在传统的财务管理系统基础之上扩充了其他一些财务操作。大部分是关于理财方面的，例如个人所得税计算器、财政预算。目前，现代财务管理系统软件主要有Oracle电子商务套件、金碟、用友和易飞ERP系列等。

10.2.4 办公自动化系统

办公自动化系统（Office Automation System，OA）是面向组织的日常运作和管理，员工及管理者使用频率最高的应用系统，OA在应用内容的深度与广度、IT技术运用等方面都有了新的变化和发展，并成为组织不可缺少的核心应用系统。

10.2.5 销售管理系统

销售管理系统是销售管理软件的通俗化名称，销售管理系统是管理客户档案、销售线索、销售活动、业务报告、统计销售业绩的先进工具，适合企业销售部门办公和管理使用，协助销售经理和销售人员快速管理客户、销售和业务的重要数据。

10.2.6 人力资源管理系统

人力资源管理系统通过提高内部员工的满意度、忠诚度来提高员工贡献度，即绩效，帮助管理者通过有效地组织管理降低成本和加速增长来创造价值链利润。人力资源管理系统用集中的数据将几乎所有与人力资源相关的信息（包括组织规划、招聘管理、人事在职/离职档案、员工履历、劳动合同、奖惩管理、办公用品、医院保险、调动管理、培训管理、绩效管理、考勤管理、计时工资、计件工资、宿舍管理、员工自助和领导审批等）统一管理起来。

10.3 实验案例：金蝶 K3 供应链管理

本节实验案例目的是指导学生通过一个金蝶K3供应链管理的案例，对物流企业ERP相关应用进一步加深理解。本案例将利用金蝶K3软件对采购、销售、仓库三项工作进行管理。具体内容涉及5个小实验：系统初始设置操作、采购管理操作、销售管理操作、仓库管理操作，如图10-4～图10-6所示。大约12课时，具体实训内容和操作视频参见本书配套的实训指导书。

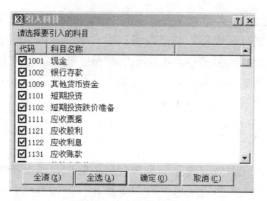

图 10-4　会计科目设置

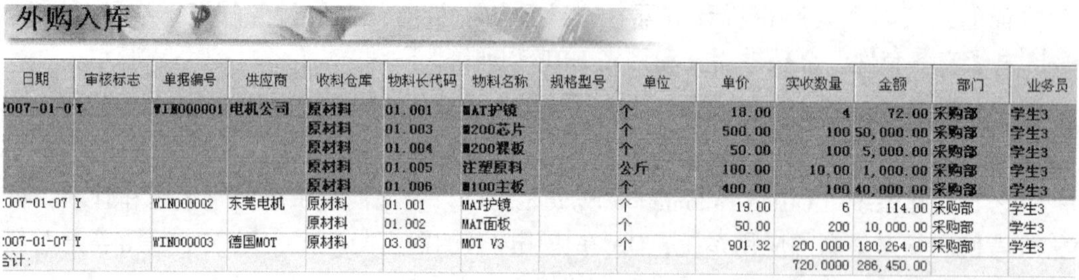

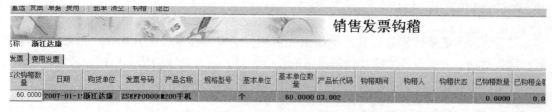

图 10-5　外购入库单处理

图 10-6　销售发票钩稽

本章小结

本章主要介绍 ERP 在物流企业中的应用。首先对 ERP 的基本背景知识进行介绍，包括对 ERP 的发展、ERP 在物流业中的应用现状、主流 ERP 软件的优势及选型等内容进行详细描述；其次从技术角度研究物流企业的 ERP 模块，包括供应链管理子系统、生产运作管理子系统、财务管理子系统、办公自动化系统、销售管理子系统和人力资源管理子系统等模块；最后通过金蝶 K3 供应链管理实验案例，加深读者对物流企业 ERP 应用的认识。

课后习题

1. 联邦快递如何应用 ERP 提升运营管理？
2. 简述国内 ERP 系统概况。
3. 简述物流企业 ERP 模块。
4. ERP 系统的管理思想体现在哪里？

第 11 章　物流大数据

本章要点

本章共包括三部分内容：第一部分通过物流大数据案例分析的引例，详细介绍大数据的概念特点；第二部分介绍大数据技术在物流中的应用，包括现物流运力分析，动态路径规划，以及最优路径分析；第三部分是综合实训：供应链网络大数据收集与分析。

引例

顺丰数据灯塔

物流平台数字化、大数据化对于物流行业巨头们具有非常重要的战略意义。数据引领未来，如何掌握庞大的数据信息，对这些含有意义的数据进行专业化处理，并进行智慧运用，已成为物流行业巨头们的重要课题。

顺丰作为国内物流行业的龙头，在 2016 年 5 月就推出了顺丰数据灯塔计划，充分运用大数据计算与分析技术，为客户提供物流仓储、市场开发、精准营销、电商运营管理等方面的决策支持，助力客户优化物流和拓展业务。顺丰数据灯塔（如图 11-1 所示）融合了顺丰内部自有的 20 余年物流领域持续积累的海量大数据（30 万+收派员、5 亿+个人用户、150 万+企业客户、300 万+楼盘/社区信息、10 亿+电商数据以及 10 亿+社交网络等海量数据、覆盖全国 3000 个城市和地区）和外部公开平台数据，基于此大数据进行多维度深层次高精度的专业分析，以及通过快递实时直播、监控快件状态、预警分析、仓储分析、消费者画像研究、行业对比分析、供应链分析、智慧商圈、智慧云仓、促销作战室等数据清洗、整合、洞察与分析，为商户提供分行业分场景的一站式咨询、分析、营销和运营服务的专业解决方案，目前已经覆盖生鲜、食品、3C、服装等多个行业。顺丰数据灯塔拥有一流的算法团队，在自然语言处理、物流路径规划、智能推荐引擎等领域有着核心算法技术优势。

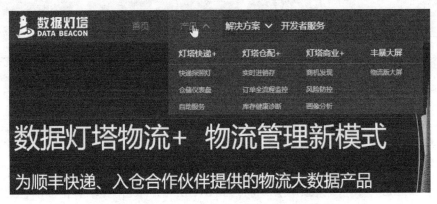

图 11-1　顺丰快递的大数据产品——数据灯塔

顺丰快递的大数据产品包括灯塔快递+、灯塔仓配+、灯塔商业+、丰暴大屏产品，经过处理后的数据直观展现在客户面前（如图11-2和图11-3所示）。

图11-2　数据灯塔—快递分析

图11-3　数据灯塔—仓储分析

11.1　大数据技术概述

1. 大数据概念

大数据（Big Data）指无法在一定时间范围内用常规软件工具进行捕捉、管理和处理的数据集合，是需要新处理模式才能具有更强的决策力、洞察力和流程优化能力的海量、高增长率和多样化的信息资产。

2. 大数据的特点

（1）Volume（大量）

截至目前，人类生产的所有印刷材料的数据量是200PB，而历史上全人类总共说过的话的数据量大约是5EB。当前，典型个人计算机硬盘的容量为TB量级，而一些大企业的数据量已经接近EB量级。海量数据基本上以二进制进行存储，如图11-4所示。

图11-4　二进制存储的海量数据

（2）Velocity（高速）

这是大数据区分于传统数据的最显著特征。根据互联网数据中心（IDC）的"数字宇宙"的报告，2021年，全球数据使用量将达到37ZB。在如此海量的数据面前，处理数据的效率就是企业的生命。例如天猫和京东在"双十一"当天有海量交易额（如表11-1和

图 11-5 所示），在"双十一"当天要高效、并发处理这些交易数据，数据处理的速度要达到超级计算机的速度。

表 11-1 天猫"双十一"和京东"双十一"成交额

序　号	年　份	天猫"双十一"成交额（亿元）	京东"双十一"成交额（亿元）
1	2015 年	912.17	93
2	2016 年	1207	401
3	2017 年	1682	1271
4	2018 年	2135	1598
5	2019 年	2684	2044
6	2020 年	3723	2715

小知识

二进制数据最小的基本单位是 bit，按顺序给出所有单位：bit、Byte、KB、MB、GB、TB、PB、EB、ZB、YB、BB、NB、DB。

1 Byte（字节）= 8 bit（位/比特）

1 KB（千字节）= 1,024 Bytes

1 MB（兆字节）= 1,024 KB = 1,048,576 Bytes

1 GB（吉字节）= 1,024 MB = 1,048,576 KB = 1,073,741,824 Bytes

1 TB（太字节）= 1,024 GB = 1,048,576 MB = 1,099,511,627,776 Bytes

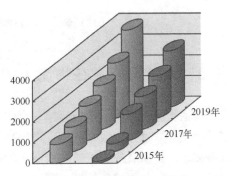

图 11-5　天猫和京东历年成交额对比（左天猫右京东）

1 PB（拍字节）= 1,024 TB = 1,048,576 GB = 1,125,899,906,842,624 Bytes

1 EB（艾字节）= 1,024 PB = 1,048,576 TB = 1,152,921,504,606,846,976 Bytes

1 ZB（泽字节）= 1,024 EB = 1,180,591,620,717,411,303,424 Bytes

1 YB（尧字节）= 1,024 ZB = 1,208,925,819,614,629,174,706,176 Bytes

（3）Variety（多样）

这种类型的多样性也让数据被分为结构化数据和非结构化数据。相对于以往便于存储的以数据库/文本为主的结构化数据，非结构化数据越来越多，包括网络日志、音频、视频、图片、地理位置信息等（如图 11-6 所示）。数据的多样性对数据的处理能力提出了更高要求。

（4）Value（低价值密度）

价值密度的高低与数据总量的大小成反比。例如，在行车记录仪的视频中，一般只关心发生剐蹭那个时刻的数据。如何快速对有价值数据"提纯"成为目前大数据背景下待解决的难题。

图 11-6　产生各种结构化数据和非结构化数据库的应用

11.2　大数据技术在物流中的应用

所谓物流大数据，是指运输、仓储、搬运装卸、包装及流通加工等物流环节中涉及的数据、信息等。通过大数据分析可以提高运输与配送效率、减少物流成本、更有效地满足客户服务要求。将所有货物流通的数据、物流快递公司、供求双方有效结合，形成一个巨大的即时信息平台，从而实现快速、高效、经济的物流。

大数据在物流领域有以下几方面的应用。

1. 物流决策

在物流决策中，大数据技术应用涉及竞争环境的分析与决策、物流供给与需求匹配、物流资源优化与配置等。

在竞争环境分析中，为了达到利益的最大化，需要与合适的物流或电商等企业合作，对竞争对手进行全面的分析，预测其行为和动向，从而了解在某个区域或是在某个特殊时期，应该选择的合作伙伴。

在物流的供给与需求匹配方面，需要分析特定时期、特定区域的物流供给与需求情况，从而进行合理的配送管理。供需情况也需要采用大数据技术，从大量的半结构化网络数据，或企业已有的结构化数据，即二维表类型的数据中获得。

物流资源的配置与优化方面，主要涉及运输资源、存储资源等。物流市场有很强的动态性和随机性，需要实时分析市场变化情况，从海量的数据中提取当前的物流需求信息，同时对已配置和将要配置的资源进行优化，从而实现对物流资源的合理利用。

2. 物流企业行政管理

在企业行政管理中也同样可以应用大数据相关技术。例如，在人力资源方面，在招聘人才时，需要选择合适的人才，对人才进行个性分析、行为分析、岗位匹配度分析；对在职人员同样也需要进行忠诚度、工作满意度等分析。

3. 物流客户管理

大数据在物流客户管理中的应用主要表现在客户对物流服务的满意度分析、老客户的忠诚度分析、客户的需求分析、潜在客户分析、客户的评价与反馈分析等方面。

4. 物流智能预警

物流业务具有突发性、随机性、不均衡性等特点，通过大数据分析，可以有效了解消费者偏好，预判消费者的消费可能，提前做好货品调配，合理规划物流路线方案等，从而提高物流高峰期间物流的运送效率。

例如，在厦门的京东本地仓（如图11-7所示），有个专区放着康佳电风扇，其数量是根据前一年销量的大数据分析得来的。厦门客户下订单后，京东能在当天就送到客户家里，这是典型的大数据应用。

图11-7　京东亚洲一号厦门同安物流园

5. 市场预测

商品进入市场后，并不会一直保持最高的销量，是随着时间的推移，消费者行为和需求的变化而不断变化的。在过去，我们总是习惯于通过采用调查问卷和以往经验来寻找客户的来源。而当调查结果总结出来时，结果往往已经是过时的了，延迟、错误的调查结果只会让管理者对市场需求做出错误的估计。而大数据能够帮助企业完全勾勒出其客户的行为和需求信息，通过真实而有效的数据反映市场的需求变化，从而对产品进入市场后的各个阶段做出预测，进而合理的控制物流企业库存和安排运输方案。

6. 物流中心的选址

物流中心选址问题要求物流企业在充分考虑到自身的经营特点、商品特点和交通状况等因素的基础上，使配送成本达到最小。针对这一问题，可以利用大数据模型来解决，主要模型为精确重心法、加权评分法、P-中值法、鲍摩-瓦尔夫模型、多级多设施选址模型。

7. 仓库储位优化

合理地安排商品储存位置对于仓库利用率和搬运分拣的效率有着极为重要的意义。对于商品数量多、出货频率快的物流中心，储位优化就意味着工作效率和效益。哪些货物放在一起可以提高分拣率，哪些货物储存的时间较短，都可以通过大数据的关联模式法分析出商品数据间的相互关系来合理地安排仓库位置。

8. 物流运力分析

物流运力是指从事运输的机械设备和人员调配，与此相对应的还有运能，运能则是指在单位时间内投入一定的运力而使货物或人员位移的能量大小。

运力分析涉及公路运输、海运和航空的数据，数据量庞大，要进行运力的高效匹配，大数据分析必不可少。图 11-8 是双十一前后活跃车辆城市和繁忙线路的对比。

图 11-8　最繁忙线路 TOP5 双十一前后发车趟次增幅占比

9. 动态路径规划

物流企业运用大数据来分析商品的特性和规格、客户的不同需求等问题，从而用最快的速度对这些影响配送计划的因素做出反应（比如选择哪种运输方案、哪种运输线路等），制定最合理的配送线路。

而且企业还可以通过配送过程中实时产生的数据，快速地分析出配送路线的交通状况，精确分析配送整个过程的信息，使物流的配送管理智能化。

以物流的路径优化为例，路径优化是节约物流企业成本的一个重要大数据分析应用。在物流配送运输中，由于货运点多、客户多、货物种类繁多、城市交通路线复杂、运输服务地区内运输网点分布不均匀等诸多因素的影响，同时还要满足客户提出的时间窗等约束条件的要求，使得如何安排最佳路线，如何使配装和配送路线有效搭配等，成为物流配送中的难点。

车辆的路径问题是一个有约束的组合优化问题。合理解决车辆路径问题，不仅可以简化配送程序、减少配送次数、降低配送车辆的空载率，从而降低物流成本，提高经济效益，而且可以加快对客户需求的响应速度，提高服务质量，增强客户对物流环节的满意度等。

案例：基于大数据的 UPS 动态路径规划

每辆 UPS 货车在出发前都已经被规划好行驶路线，UPS 的工程师会检查卫星和客车的无线通信，并设计出最佳的配送路线，这个功能可集成在 DIAD（Delivery Information Acquisition Device，信息传送收集器）上（如图 11-9 所示）。早期的 DIAD 仅仅是一个简单的小设备，但现在却进化为 UPS "神器"。DIAD 通过无线连接进入线路和中央定位资料库，这种手持设备能为配送司机提供重要信息，能够及时提醒货物的配送优先性和司机最需要的路线变动。内置的 GPS 系统能帮助司机行驶在正确的道路上，及时将货件送达正确地址。在货车司机出发前，DIAD 装置便会提前储存好配送路线，DIAD 能和地图软件系统相连接，司机碰到任何路线问题都能得到及时的解决方案。背后的大数据系统也对这套系统提供了节省时间和节省油耗的解决方案——不准左转！一般情况下，UPS 的货机基本不会左转行驶（如图 11-10 所示）。最主要的是，右转大多不需要等红灯，可节约时间，这样能够保障 UPS 能以最高效的方式进行配送。

图 11-9　UPS 神器——DIAD 信息传送收集器　　　图 11-10　规划好路线的 UPS 货车基本不会左转

11.3　实验案例：供应链网络大数据收集与分析

本实验的目的是指导学生使用网络信息采集工具"八爪鱼"软件爬取信息，获取供应链相关的大数据，并用大数据分析软件 Tableau 对这些数据进行分析和展示。从而加深对物流大数据的认知。本综合实训包括两个实训：进行电商数据的采集和分析，形成合格供应商列表；使用数据分析工具分析供物流服务质量。大约 8 课时，具体内容参见本书配套的免费实训指导书。

本章小结

本章主要介绍大数据技术在物流领域中的应用。首先对大数据的基本背景知识进行介绍。其次从应用的角度研究大数据技术在物流中的应用，包括物流运力分析、动态路径规划，以及最优路径分析。最后通过一个物流大数据实验案例使读者直观地认识大数据在物流中的应用。

课后习题

1. 大数据的特点是什么？
2. 大数据在物流领域有哪些应用？
3. 什么是数据挖掘？什么是联机分析？
4. 如何在网络上获取商品的大数据？
5. UPS 配送车为什么不准左转？

第 12 章　物联网与物流

本章要点

本章共包括三部分内容：第一部分通过物联网的引例，详细介绍物联网系统架构及关键技术，包括识别及信息采集技术、物联网通信（LORA、NB-IoT）与网络技术、物联网智能技术、各种传感器技术；第二部分介绍物联网在物流中的应用，包括物联网在物流运输中的应用、物联网在物流仓储中的应用、物联网在冷链物流中的应用、物联网在智能物流柜中的应用；第三部分综合实训：组建 RFID 传感网。

引例

互联网即将消失，物联网将无所不能？

当互联网概念方兴未艾之时，时任互联网巨头 Google 公司执行董事长的埃里克·施密特（现 Google 母公司 Alphabet 首席执行官如图 12-1 所示）大胆预言：互联网即将消失，一个高度个性化、互动化的有趣世界——物联网即将诞生。施密特的此番言论可谓自我颠覆。他说："我可以非常直接地说，互联网将消失。"

图 12-1　Alphabet 首席执行官埃里克·施密特

施密特称，将来将有无数数量宏大的 IP 地址、传感器、可穿戴设备，以及虽察觉得不到却可与之互动的东西，时时刻刻伴随着你。

他表示，这种变化对科技公司而言是史无前例的时机，"世界将变得十分特性化、十分互动化和十分风趣"。

12.1 物联网系统架构及关键技术

1999 年，在美国召开的移动计算和网络国际会议上，美国麻省理工学院自动识别中心（MIT Auto-ID Center）的凯文·阿什顿（Kevin Ashton）教授在研究射频识别（RFID）技术时结合物品编码、RFID 和互联网技术的解决方案首次提出了"物联网"的概念，他因此也被称作是"物联网之父"。

2005 年，国际电信联盟（ITU）在突尼斯举行的信息社会世界峰会（WSIS）上正式确定了"物联网"的概念，并在之后发布的《ITU 互联网报告 2005：物联网》报告中给出了较为公认的"物联网"定义：物联网是通过智能传感器、射频识别（RFID）设备、卫星定位系统等信息传感设备，按照约定的协议，把任何物品与互联网连接起来，进行信息交换和通信，以实现对物品的智能化识别、定位、跟踪、监控和管理的一种网络。显而易见，物联网所要实现的是物与物之间的互联、共享、互通，因此又被称为"物物相连的互联网"，英文名称是"Internet of Things（IoT）"。由名称可见，物联网就是"物物相连的互联网"。这有两层意思：第一，物联网的核心和基础仍然是互联网，是在互联网基础上的延伸和扩展的网络；第二，其用户端延伸和扩展到了任何物品与物品之间，进行信息交换和通信。

物联网的广义概念：利用条码、射频识别（RFID）、传感器、全球定位系统、激光扫描器等信息传感设备，按约定的协议，实现人与人、人与物、物与物的在任何时间、任何地点的连接（anything、anytime、anywhere），从而进行信息交换和通信，以实现智能化识别、定位、跟踪、监控和管理的庞大网络系统。

12.1.1 物联网的系统架构

物流网系统架构一般分为三层：感知层、网络层、应用层，如图 12-2 所示。感知层面向硬件，应用层面向用户，网络层是实现感知传递和应用指令下达的桥梁。

感知层：感知层处在物联网的最底层，传感器系统、标识系统、卫星定位系统以及相应的信息化支撑设备（如计算机硬件、服务器、网络设备、终端设备等）组成了感知层的基础部件，其功能主要用于采集包括各类物理量、标识、音频和视频数据等在内的物理世界中发生的事件和数据。

网络层：网络层由各种私有网络、互联网、有线和无线通信网、网络管理系统等组成，在物联网中起到信息传输的作用，该层主要用于对感知层和应用层之间的数据进行传递，它是连接感知层和应用层的桥梁。

应用层：主要包括云计算、云服务和模块决策，其功能有两方面，一是完成数据的管理和数据的处理；二是将这些数据与各行业信息化需求相结合，实现广泛智能化应用的解决方案。

图 12-2　物联网的三层系统架构

12.1.2　物联网关键技术

物联网具有数据海量化、连接设备种类多样化、应用终端智能化等特点。基于物联网的关键技术包括：感知技术和识别技术、信息传输技术、信息处理技术、信息安全技术等诸多技术。物联网关键技术之间的联系如图 12-3 所示。

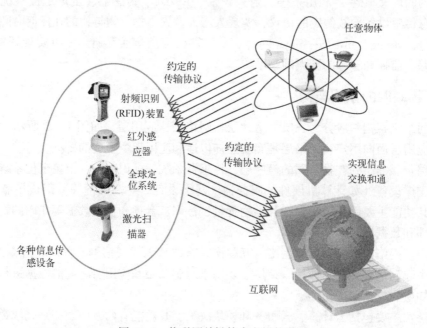

图 12-3　物联网关键技术之间的联系

1. 感知技术和识别技术

感知和标识技术是物联网的基础，负责采集物理世界中发生的物理事件和数据，实现外部世界信息的感知和识别，主要包括传感器技术和识别技术。

1）传感器技术。传感器是物联网系统中的关键组成部分，传感器的可靠性、实时性、抗干扰性等，对物联网应用系统的性能起到举足轻重的作用。物联网领域常见的传感器有距离传感器、光传感器、温度传感器、烟雾传感器、心率传感器、角速度传感器等，此外物联网中常见的还有气压传感器、加速度传感器、湿度传感器以及指纹传感器等。

2）识别技术。对物理世界的识别是实现物联网全面感知的基础，常用的识别技术有二维码、RFID标识、条形码等，涵盖物品识别、位置识别和地理识别。物联网的识别技术以RFID为基础，RFID是通过无线电信号识别特定目标并读写相关数据的无线通信技术。该技术不仅无须识别系统与特定目标之间建立机械或光学接触，而且在许多种恶劣的环境下也能进行信息的传输，因此在物联网的运行中有着重要的意义。

2. 信息传输技术

信息传输技术包含有线传感网络技术、无线传感网络技术和移动通信技术，其中无线传感网络技术应用较为广泛。无线传感网络技术主要又分为远距离无线传输技术和近距离无线传输技术。其中，远距离无线传输技术包括2G、3G、4G、5G、NB-IoT、Sigfox、LoRa，信号覆盖范围一般在几千米到几十千米，主要应用在远程数据的传输，如智能电表、智能物流、远程设备数据采集等。近距离无线传输技术包括WiFi、蓝牙、UWB、MTC、ZigBee、NFC，信号覆盖范围则一般在几十厘米到几百米之间，主要应用在局域网，如家庭网络、工厂车间联网、企业办公联网。

3. 信息处理技术

物联网采集的数据往往具有海量性、时效性、多态性等特点，给数据存储、数据查询、质量控制、智能处理等带来极大挑战。信息处理技术的目标是将传感器等识别设备采集的数据收集起来，通过信息挖掘等手段发现数据内在联系，发现新的信息，为用户下一步操作提供支持。当前的信息处理技术有云计算技术、智能信息处理技术等。

4. 信息安全技术

信息安全问题是互联网时代十分重要的议题，安全和隐私问题同样是物联网发展面临的巨大挑战。物联网除面临一般信息网络所具有的如物理安全、运行安全、数据安全等问题外，还面临特有的威胁和攻击，如物理俘获、传输威胁、阻塞干扰、信息篡改等。保障物联网安全涉及防范非授权实体的识别，阻止未经授权的访问，保证物体位置及其他数据的保密性、可用性，保护个人隐私、商业机密和信息安全等诸多内容，这里涉及网络非集中管理方式下的用户身份验证技术、离散认证技术、云计算和云存储安全技术、高效数据加密和数据保护技术、隐私管理策略制定和实施技术等。

12.2 物联网在物流中的应用

12.2.1 物联网在物流运输监控中的应用

物流运输安全，特别是运输途中的监管以及各个环节的责任划分，已经成为物流系统建设中的重要组成部分。物流运输中对安全监控的要求主要体现在以下几点。

1. 运输货物安全监控

车辆装载货物后，驶离起运地时，对集装箱箱门上锁锁闭，在运输途中，如剪断锁杆、强拉锁杆或破坏电子锁的事件可实时上报至监控中心；装载货物的车辆只能到达指定的地方卸货，也就是只有达到指定的地方才能打开锁闭集装箱箱门的电子锁。

2. 车辆行驶轨迹跟踪

选择指定车辆来进行跟踪，在电子地图上显示出它的具体地理位置以及时间，当时的行驶方向、速度等；在电子地图上回放车辆曾经行驶的轨迹路线；车辆在指定的路线上行驶，如偏离指定路线则报警。

物流运输安全监控可通过 GPS 监控系统和 RFID 的电子标签系统来共同组成完整的安全监控系统，其拓扑图如图 12-4 所示。

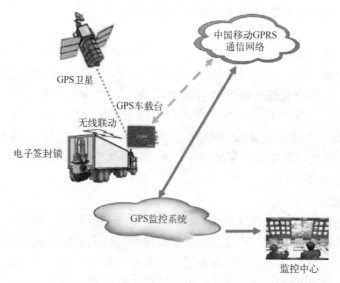

图 12-4　物流运输安全监控系统拓扑图

1）GPS 监控系统全程自动记录车辆行驶轨迹数据和电子签封锁状态数据。

2）在运输途中，电子签封锁与车辆的 GPS 车载台进行实时无线通信。锁住箱门的电子签封锁如遭遇恶意破坏，可以实时报警，并通过 GPS 车载台上传到 GPS 监控系统。

3）GPS 监控系统根据事先设定的运输计划，离开起运区域时自动（必要时人工）控制电子签封锁的锁闭，到达指定的区域自动（必要时人工）控制电子签封锁的开启。

4）监控中心的人员利用在 GPS 监控系统的客户端软件可以实时监控或查询每一辆车的行驶轨迹及装卸货物的情况。

12.2.2　物联网在物流仓储中的应用

在物流仓储环节，为了对仓储货物实现感知、定位、识别、计量、分拣、监控等，主要采用传感器、RFID、条码、激光、红外、蓝牙、语音及视频监控等感知技术。

在以仓储为核心的物流中心信息系统中，基本采用企业内部局域网直接相连的网络技术，并留有与无线网、互联网扩展的接口，而在不方便布线的地方，一般采用无线局域网技术。现代仓储系统内部不仅物品复杂、性能各异，而且作业流程复杂，既有分拣，也有组合，既有存储，又有移动。

所以，以仓储为核心的智能物流中心，会采用自动控制技术、智能信息管理技术、智能机器人堆码垛技术、数据挖掘技术、移动计算技术等智能技术。

现代物流最大的趋势就是网络化与智能化。因此智能仓储的网络与传输技术在仓储管理中的应用十分重要。其中物流中心与门店和配送点的信息传输也往往借助于互联网技术。

2010 年以来，基于无线局域网的技术在仓储领域得到了广泛应用。同时，感知技术和智能仓储作业与管控技术也广泛应用在仓储管理中，在拣选数据、视频监控、智能运作等方面取得了良好的效果，如图 12-5 所示的立体仓库。

图 12-5　立体仓库

12.2.3　物联网在冷链物流中的应用

冷链物流是物联网细分应用领域之一，是指通过采用专用设施，使温度敏感性产品（乳制品、生鲜食品、园艺品、血液、疫苗、药品等）从生产企业成品库到使用单位过程中的温度始终控制在规定范围内的物流过程。通过推广冷链物流，可以保证物品质量，减少物流损耗。

我国的冷链物流起步比较晚，与发达国家相比存在较大的差距。以冷链物流几个常用指标为例，中国科学院院士周远曾介绍，流通率方面，国外基本上都达到了 85% 以上，我国只有 19%；预冷方面，我国预冷果蔬的占比一般为 10%，而国外高达 95%~100%；在美国，平均每 500 个人就拥有一辆冷藏车，而我国平均每 1.8 万人才拥有一辆冷藏车。

京东在全国 300 多个城市提供生鲜配送服务，其中超过 220 个城市实现了当日达和次日达。除此之外，青旅联合物流旗下的青旅冷运与日本 CBC 株式会社合作，共同开拓中国冷链物流及贸易市场；顺丰则与美国夏晖集团成立合资冷链物流公司推进冷链物流业务。

1. 温度对细菌生长的影响

所有食品中都含有微生物，流通环节中控制食品安全和质量的关键就是控制微生物生长速度，控制微生物生长最关键的因素就是控制温度，温度升高，食品中腐败菌和病原菌的菌数增多，当温度每升高 6℃时，细菌的生长速度翻倍，货架期缩短一半。温度、微生物、食品质量的相互关系如图 12-6 所示。温度对易腐食品感官质量的影响如图 12-7 所示。

2. 冷链物流的流程

冷链物流的全流程重点是在全程低温，各种冷藏冷冻设备的使用完善了冷链物流，如图 12-8 所示的典型冷链流程：果蔬采摘后先预冷，然后进一步用食品加工冷藏设备制冷，公路运输或海洋运输中用冷藏集装箱，到目的地后果蔬先在低温仓库中储藏和分拣，最后由冷藏车配送到零售商的冷库中，在终端出售时还要有冷冻冷藏展示柜的设备。

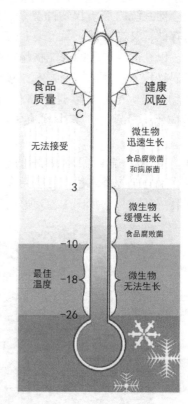

图 12-6　温度、微生物、食品质量的相互关系

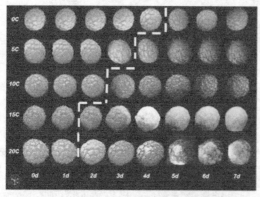

不同温度下木莓的感官质量及货架期

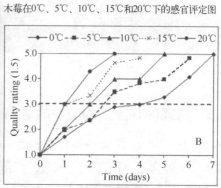

木莓在0℃、5℃、10℃、15℃和20℃下的感官评定图

木莓在0℃和20℃贮藏温度的货架期分别为4天和1天

图 12-7　温度对易腐食品感官质量的影响

目前，我国鲜活农产品冷链流通比例远远低于发达国家，途中损耗严重，造成零售终端价格高昂。根据中国物流与采购联合会冷链物流专业委员会公布的数据，我国果蔬流通腐蚀率达 20%~30%、肉类达 12%、水产品达 15%，而国外农副产品的流通环节损耗率只有 5%~6%，每年仅果蔬一类，损耗金额达 1000 亿元以上。

3. 物流冷链中物联网技术的应用

物联网技术可以实现冷链物流的产品分拣、包装、运输、仓储、配送等环节的温度全程监控，保障冷链物流不断链。通过应用物联网技术，将冷库温度监控预警子系统、GPS温度监控跟踪子系统整合在一起，形成物联网冷链物流监控系统，该系统与客户系统对接，客户就能通过网站、手机客户端查询系统数据。如图12-9所示，即为物流网冷链物流监管系统。

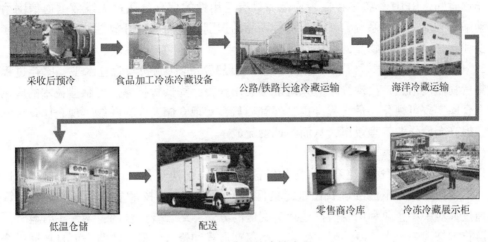

图12-8　典型的冷链流程

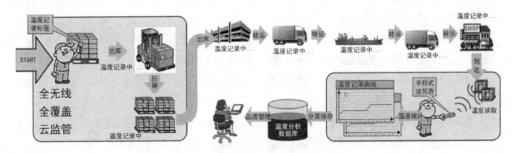

图12-9　物联网冷链物流监管系统

（1）运输环节

1）区块链溯源。通过在冷链运输上的各个主体部署区块链节点，利用可回收的温度传感器（通过开源SDK和Chronicled API支持区块链技术），实时记录货物信息，将温度信息与位置信息相匹配，实现综合信息上链，从而成为无法篡改的电子证据，可以提升各方主体造假抵赖的成本。如果在货物流通时因为温度变化导致变质，很容易找到负责的承运商。同时也可以与智能合约相结合，在出现温度长时间异常时，自动向货主与承运人预警，避免出现更大损失，也免去了出问题后回溯信息的工作，增强多方协作的可能。

2）移动感知。通过GPS和我国的北斗卫星导航系统能够实现的移动感知技术，是物联网应用到冷链物流中重要技术。GPS与北斗卫星导航系统、现代通信技术相结合，实现了动态、实时的定位与导航，可对冷链物流运输车辆与物品的位置实时查询和定位。

3）智能温控及冷链流通技术。采用低温暂养、纯氧配送、逐级降温和智能温控等技术，在运输过程中让货物处于半冬眠状态，做到全程封闭温控管理。此外依托全程产品冷链流通技术，产品采收以后，送恒温车间降温及保鲜处理，随后称重装箱继续放置冷库降温后装运冷柜，并通过全程监控保证货柜运输全程保持在0~2℃，直到抵达目的地开柜。

（2）仓储环节

1）射频识别技术（RFID）。RFID 是物联网技术在果蔬冷链物流中运用的基础和关键技术。在冷链仓储中心，RFID 技术可实现商品的自动化登记，货物的基本信息（包括产地、种类、温度等）也可以由标签获得，可以直接在库门处检查，减少核对和开箱检验的环节，节省作业时间。RFID 标签中存储着规范而具有互用性的信息，通过无线数据通信网络把它们自动采集到中央信息系统，实现果蔬等商品的识别，进而通过开放性的计算机网络实现信息交换和共享，实现对物品的"透明"管理。

2）使用传感器技术。传感器技术的应用能提高冷链物流仓储管理水平，库存过程中随时收集货物温度信息，出现异常时系统能够发出报警，降低货损率。传感器技术的应用可推进整个仓库实现可视化，最大程度提高保管质量、实现仓储安全，并能实现仓储条件的自动调节，提高仓储作业管理效率，从而降低物流成本。

（3）监控体系

1）区块链冷链配送监控系统。区块链技术的引入解决了传统产品生产加工过程透明度不高，出现质量问题不能准确找出根源的问题。结合区块链技术多方参与，实时监管的特性，通过针对中小企业利用联盟搭建冷链配送的方式，结合智能合约，纳入实时监管。通过区块链技术搭建一个大的冷链配送生态，不仅在形式和资金上形成联盟，而且还通过全方位数据共享、通过智能合约实时地监控并约束风险，最终实现在资金流、物流、信息流和商业流四流合一的冷链配送资源生态。

2）全程可视化监控和信息反馈系统。借助物联网技术可同时向所有参与者实时数据传送，减少信息失真现象，与更多客户分享物流各环节的作业状态，实现全程的可视化、冷链物流资源利用的最大化，使冷链上的企业能更及时、准确地预测需求变化，推动大幅度降低库存水平。

3）实时温控系统。通过物联网技术和区块链技术，从产品采购环节开始，就对其进行电子标记编码建立数据库，利用可回收的温度传感器实时记录货物信息，将温度信息与位置信息相匹配，实现综合信息上链。如果在货物流通时因为温度变化导致变质，很容易找到负责的承运商，同时也可以与智能合约相结合，在出现温度长时间异常时，自动向货主与承运人预警。

4）终端温控查询体系。在产品分拣、包装、运输、仓储、配送等环节实现温度全程监控，保障冷链物流不断链。将冷库温度监控预警子系统、GPS 温度监控跟踪子系统整合在一起，与客户系统对接，客户就能通过网站、手机客户端查询系统数据，从而建立了完善的温度记录及追踪体系。

随着技术的加速度发展，物联网技术在冷链物流中的应用会逐步加快。尤其是随着区块链与物联网的结合，物联网技术在食品安全、品质保障、冷链溯源等方面将得到更广泛的应用。

12.3 实验案例：基于 RFID 的仓库门禁设计

本节实训的目的是指导学生使用 NANO 板、ID 钥匙扣（复旦卡）、SG90 舵机、杜邦线、磁开关传感器、RDM6300 读卡模块等硬件，制作 RFID 控制开门的门禁系统，并结合

Arduino 软件，编写相关控制代码，如图 12-10、图 12-11、图 12-12 所示。实训大约 8 课时，具体内容参见本书配套的实训指导书。

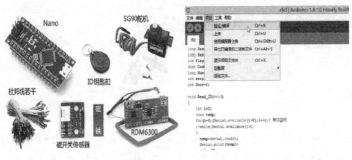

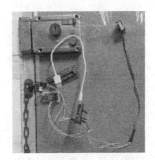

图 12-10 组网材料　　　　图 12-11 编译复制的代码　　图 12-12 RFID 卡控制仓库门禁

本章小结

本章主要介绍物联网技术在物流中的应用。首先对物联网的基本背景知识进行介绍，包括对信息采集技术和通信技术、智能技术等内容进行详细描述。其次从应用角度研究物联网在物流运输中的应用、物联网在物流仓储中的应用、物联网在冷链物流中的应用。最后通过组建 RFID 传感网的实验案例，加深对物联网技术应用的认识。

课后习题

1. 物联网系统架构包括什么？
2. 物联网的关键技术有哪些？
3. 物联网技术在物流中的应用都有哪些？
4. 主要的传感器有哪些？

第 13 章　人工智能与物流

本章要点

本章共包括三部分内容：第一部分通过"AI 出海"智能识别船舶运输状态的引例，详细介绍物流人工智能技术概述；第二部分介绍人工智能技术在物流中的应用，包括无人车运输、AGV 小车、无人车/无人机配送、亚洲一号无人仓、自动分拣系统、智能仓储等内容；第三部分为两个实训（可选做）。

引例

"AI 出海"智能识别船舶运输状态

货代、货主企业痛点及需求：水运行业的船只调度与分配，过往只能通过线下的方式匹配信息，货主往往要去多个货代公司，才能找到合适的船舶进行运输，耗时长且效率低。若能通过平台实现船只空满载数据、船只位置等数据的共享，将极大地提升水运行业船只的调度与分配效率，快速解决供给分配问题。

易航 oTMS 实际识别中遇到的最大的技术难点是，船舶是在长江上航行，智能硬件拍摄的照片清晰程度不一，如：阴雨天气情况、树木阴影、照片里其他船舶的干扰、船体舱内干湿程度、货物的种类颜色等都会对空满载的识别造成影响，进而导致识别率降低。

百度 EasyDL 定制化图像识别平台通过智能学习、训练，能够精准地判断船舶在不同环境里的空满载状态，解决了一般算法识别率低的问题，确保了船舶空满载的真实性，如图 13-1 所示。

Step1：安装在船舶上的智能硬件定时拍摄照片；

Step2：拍摄照片后通过 4G 信号上传到服务器端；

Step3：服务端调用百度 EasyDL 接口，并返回相关参数，服务端做记录；

Step4：用户端呈现空满载状态。

价值成果

1. 效率提升：易航 oTMS 使用百度 EasyDL 定制化图像识别平台，半天即完成了模型训练；平台接入图像分类模型后，平均不到 1 秒即可完成对空满载的识别，极大地提供了空满载的识别效率，目前已实现了 2000+船舶状态的智能判断。

2. 准确率提升：通过百度 EasyDL 训练的图像分类模型，空满载的准确率达到 99.7%，远超原有海外供应商模型识别效果。

3. 成本节省：过往采购机器学习供应商训练一个模型的费用很高，通过接入百度 EasyDL 平台，节省了寻找专业机器学习团队的开发成本。

4. 场景颠覆：易航 oTMS 通过接入百度 EasyDL 定制化图像识别平台，打造了行业首批基于 AI 识别船舶空满载状态的智能水运调度平台。

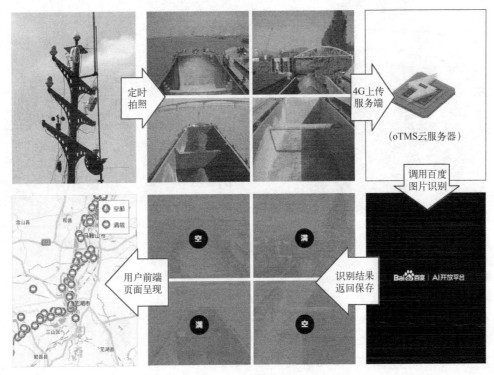

图 13-1　百度 Easy DL 判断船舶空船/满载的步骤

13.1　人工智能技术概述

人工智能（Artificial Intelligence，AI）是研究、开发用于模拟、延伸和扩展人的智能的理论、方法、技术及应用系统的一门科学。

人工智能是一门基于计算机科学，生物学，心理学，神经科学，数学和哲学等学科的科学和技术，如图 13-2 所示。人工智能的一个主要推动力是开发与人类智能相关的计算机功能，例如，推理、学习和解决问题的能力。

小知识：图灵测试

机器是否能达到人的智商标准是通过图灵测试。图灵测试最早出现在 1950 年图灵发表的一篇名为《计算机械和智能》（Computing Machinery and Intelligence）的论文中，是判断机器是否具有人工智能的一套方法。而图灵测试是人工智能最初的概念，它甚至早于"人工智能"这个词本身，人工智能一词是在 1956 年才被提出的。图灵测试的方法很简单，就是让测试者与被测试者（一个人和一台机器）隔开，通过一些装置（如键盘）向被测试者随意提问。进行多次测试后，如果有超过 30% 的测试者不能确定出被测试者是人还是机器，那么这台机器就通过了测试，并被认为具有人工智能。它的发明者图灵被誉为计算机科学之父、人工智能之父，如图 13-3 所示。

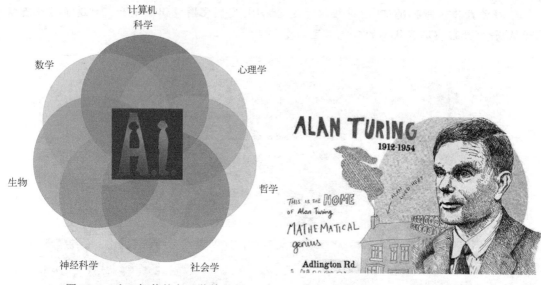

计算机
科学

数学

心理学

生物

哲学

神经科学

社会学

图 13-2　人工智能的交叉学科

图 13-3　人工智能之父图灵

　　图灵测试的具体内容是，参加测试的一共有三个成员：
一个测试者，两个被测试者。被测试者中，一个是实实在
在的人，另一个是机器。测试者有意地提出一些检验性的
问题，并进行质问，质问之前测试者对于哪个是人哪个是
机器毫不知情，被测试者在测试者视线之外。这些问题以
及质问者收到的回答，均通过一种非人格的方式传送，比
如用键盘打字或展现在屏幕上，质问者不允许得到其他类
型的信息。质问者需要通过被测试者做出的回答，来确定
谁是人，谁是机器。经过多次测试后，如果有超过 30% 的
测试者不能确定哪个是人哪个是机器，则视为这个机器通
过图灵测试，如图 13-4 所示。

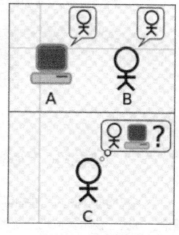

图 13-4　图灵测试

　　2014 年 6 月 7 日在英国皇家学会举行的"2014 图灵测试
大会"上，人工智能软件尤金·古斯特曼通过了图灵测试，
成为人工智能乃至计算机史上的一个标志性事件，但这款软件似乎还不能思考。2015 年 11
月，《科学》杂志刊登了一篇重磅文章，一种 AI 系统通过了图灵测试，并能像人类一样学
习，还能识别出非本质特征（例如写汉字时因书写造成的轻微的差异），成为人工智能的一
大进步。

13.1.1　人工智能的发展

　　人工智能充满未知的探索道路曲折起伏。如何描述人工智能自 1956 年以来 60 余年的发
展历程，学术界可谓仁者见仁、智者见智。人工智能的发展历程可划分为以下 6 个阶段：

　　1）起步期：1956 年—20 世纪 60 年代初期。人工智能概念提出后，相继取得了一批令
人瞩目的研究成果，如机器定理证明、跳棋程序等，掀起人工智能发展的第一个高潮。

　　2）反思期：20 世纪 60 年代—70 年代初期。人工智能发展初期的突破性进展大大提升

了人们对人工智能的期望，人们开始尝试更具挑战性的任务，并提出了一些不切实际的研发目标。然而，接二连三的失败和预期目标的落空（例如，无法用机器证明两个连续函数之和还是连续函数、机器翻译闹出笑话等），使人工智能的发展走入低谷。

3）应用期：20世纪70年代初期—80年代中期。20世纪70年代出现的专家系统模拟人类专家的知识和经验解决特定领域的问题，实现了人工智能从理论研究走向实际应用、从一般推理策略探讨转向运用专门知识的重大突破。专家系统在医疗、化学、地质等领域取得成功，推动人工智能走向应用发展的新高潮。

4）低迷期：20世纪80年代中期—90年代中期。随着人工智能的应用规模不断扩大，专家系统存在的应用领域狭窄、缺乏常识性知识、知识获取困难、推理方法单一、缺乏分布式功能、难以与现有数据库兼容等问题逐渐暴露出来。

5）稳步发展期：20世纪90年代中期—2010年。由于网络技术特别是互联网技术的发展，加速了人工智能的创新研究，促使人工智能技术进一步走向实用化。1997年国际商业机器公司（简称IBM）深蓝超级计算机战胜了国际象棋世界冠军卡斯帕罗夫，2008年IBM提出"智慧地球"的概念。以上都是这一时期的标志性事件。

6）蓬勃发展期：2011年至今。随着大数据、云计算、互联网、物联网等信息技术的发展，泛在感知数据和图形处理器等计算平台推动以深度神经网络为代表的人工智能技术飞速发展，大幅跨越了科学与应用之间的"技术鸿沟"，诸如图像分类、语音识别、知识问答、人机对弈、无人驾驶（如图13-5和图13-6所示）等人工智能技术实现了从"不能用、不好用"到"可以用"的技术突破，人工智能迎来爆发式增长的新高潮。

图13-5　百度AI新石器无人驾驶物流车　　　　图13-6　百度APPLLO无人公交车

13.1.2　现阶段AI研究的关键技术

1. 神经网络

神经网络是一种模拟人脑的神经网络以期能够实现类人工智能的机器学习技术。人脑中的神经网络是一个非常复杂的组织。成人的大脑中估计有100亿个神经元之多，如图13-7所示。

来看一个经典的神经网络。这是一个包含3个层次的神经网络。输入层有3个输入单元，隐藏层有4个单元，输出层有2个单元，如图13-8所示。

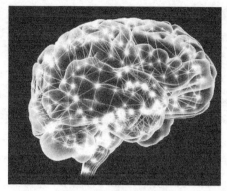

图 13-7　人脑神经网络

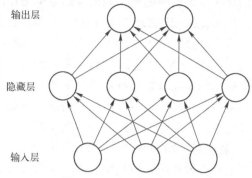

图 13-8　神经网络结构图

2. TensorFlow 机器学习

TensorFlow 是一个基于数据流编程（Dataflow Programming）的符号数学系统，被广泛应用于各类机器学习（Machine Learning）算法的编程实现，如图 13-9 所示。其前身是谷歌的神经网络算法库 DistBelief。

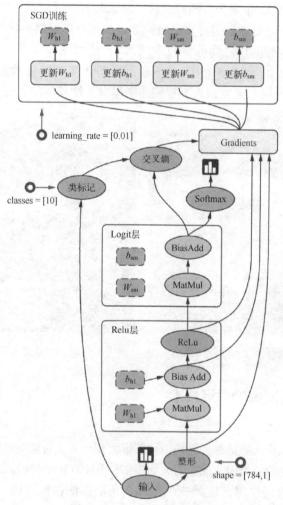

图 13-9　TensorFlow 训练图

TensorFlow 由谷歌人工智能团队谷歌大脑（Google Brain）开发和维护，拥有包括 TensorFlow Hub、TensorFlow Lite、TensorFlow Research Cloud 在内的多个项目以及各类应用程序接口（Application Programming Interface，API）。自 2015 年 11 月 9 日起，TensorFlow 依据阿帕奇授权协议（Apache 2.0 open source license）开放源代码。TensorFlow 拥有多层级结构，可部署于各类服务器、PC 终端和网页并支持 GPU 和 TPU 高性能数值计算，被广泛应用于谷歌内部的产品开发和各领域的科学研究。

3. 深度学习

深度学习是学习样本数据的内在规律和表示层次，这些学习过程中获得的信息对诸如文字，图像和声音等数据的解释有很大的帮助。它的最终目标是让机器能够像人一样具有分析学习能力，能够识别文字、图像和声音等数据。深度学习是一个复杂的机器学习算法，在语音和图像识别方面取得的效果，远远超过先前相关技术。

小知识：AlphaGo Zero

在 2017 年，深度学习和人工智能都取得了惊人的进步，尤其 DeepMind 的 AlphaGo 系列，令人记忆犹新。其中，AlphaGo Zero 这个版本更是取得了惊人的突破：谷歌的全新人工智能程序 AlphaZero 通过自我学习在短时间内掌握了国际象棋、将棋与围棋（如图 13-10 所示），并顺利击败各个领域的顶尖 AI 棋手。三天内通过自我对抗赛，超过了 AlphaGo 的实力，赢得了 100 场比赛的全胜；21 天内达到 AlphaGo Master 的水平，并在 40 天内超过了所有旧版本。知名计算机科学研究员 Xavier Amatrain 称它比"机器学习"中"过去 5 年的成果加起来都重要"。

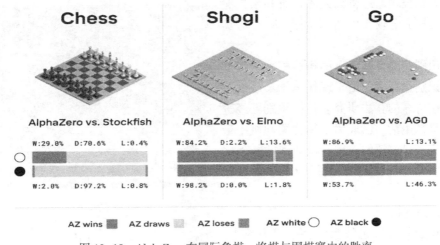

图 13-10　AlphaZero 在国际象棋、将棋与围棋赛中的胜率

13.1.3　人工智能现阶段的应用

1. 机器视觉

人工智能使机器能够执行需要人工处理的任务。而这些任务需要做出一定的决策，机器必须能够根据当时的环境做出比较好的决策。为了对周围环境做出好的决策，机器需要分析周围环境，也就是说，机器可以看到周围环境并理解它们，如图 13-11 所示。机器视觉是人工智能中一个非常重要的领域。

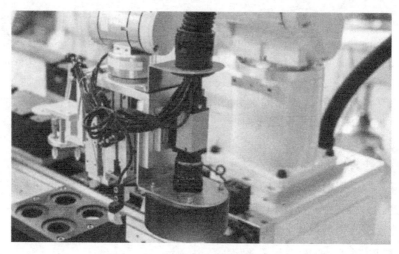

图 13-11　机器视觉在工业中的应用

机器视觉在许多场合扮演着重要的角色，如精确的感知规律、危险的场景感知、感知无形的对象，机器视觉优势更加突出。目前，机器视觉已广泛应用于零件识别与定位、产品检测、移动机器人导航遥感图像分析、安全分割、监控与跟踪、国防系统等领域。

2. 指纹识别

指纹识别是模式识别技术的应用。模式识别是指通过处理和分析表示事物或现象的各种形式的信息（数字、文字和逻辑关系）来描述、识别、分类和解释事物或现象的过程。

指纹识别技术通过将某人的指纹和预先保存的指纹进行比较，可以验证此人的真实身份。

指纹识别主要是基于人的指纹模式、细节等信息来识别操作者。由于现代电子集成制造技术和快速可靠的算法研究，指纹识别已经进入人们的日常生活。已成为生物检测领域中最深入的研究、最广泛的应用和最成熟的技术之一，图 13-12 所示为手机银行转账中指纹验证图。

3. 人脸识别

人脸识别是计算机技术的一个研究热点。它属于生物特征识别技术，包括人脸跟踪检测、图像放大自动调整、夜间红外检测和曝光强度自动调整。利用生物体（特别是人类）的生物学特性区分生物体的个体。

人脸识别技术是基于人脸特征的，用于输入人脸图像或视频流。如果有人脸信息输入，

图 13-12　手机银行转账中指纹的验证

则给出每个面部的位置和大小以及各主要面部器官的位置信息。根据这些信息与已知的面孔比较，以确定每个面孔的身份，如图 13-13 所示。

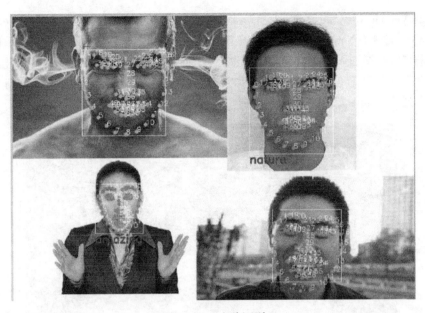

图 13-13　人脸识别

4. 视网膜识别

视网膜是眼睛底部的血细胞层。视网膜扫描是利用低密度红外线捕捉视网膜的特征的一种模式。

视网膜也具有生物识别的功能，有些人甚至认为视网膜是比虹膜更独特的生物学特性。视网膜识别如图 13-14 所示。

图 13-14　视网膜识别

5. 智能运输系统

智能交通系统（Intelligent Transport System 或者 Intelligent Transportation System，简称 ITS）是将先进的信息技术、通信技术、传感技术、控制技术以及计算机技术等有效地集成运用于整个交通运输管理体系，而建立起的一种在大范围内、全方位发挥作用、实时、准确、高效、综合的运输和管理系统。

V2X 是 Vehicle to X 的意思，X 代表基础设施（Infrastructure）、车辆（Vehicle）、人（Pedestrian）、V2N（Network）等。V2X 主要用于提高道路安全性和改善交通管理的无线技术，是未来智能交通系统（ITS）的关键技术，能够实现车与车之间、车与路边设施、车与互联网之间的相互通信，从而获得实时路况、道路信息、行人信息等一系列交通信息。V2X 智能交通系统如图 13-15 所示。

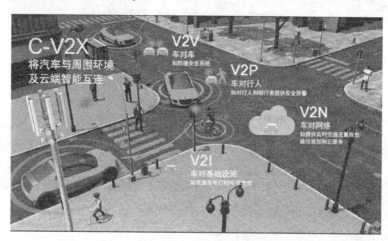

图 13-15　V2X 智能交通系统

案例：阿里云城市大脑最新实践 衢州公交通行效率提高 14%

2019 年 11 月 20 日，衢州市人民政府发布了智慧交通项目"城市大脑"（见图 13-16）的实践成果——衢州本地 1 路和 103 路公交路线的 27 个路口实现了公交信号优先，其中 103 路公交车通行效率提高了 14%。

图 13-16　衢州智慧交通项目

据了解，衢州智慧交通项目在新型智慧城市顶层设计框架下，以城市大脑 2.0 为技术支撑，采用人工智能、云计算、物联网等技术，全面提升交通管理水平和交通运行效率。

为了提高公共交通通行效率，衢州采用亚米级高精定位系统、地图系统和信号联动系统，在不影响路面及其他车辆的通行效率的前提下，对公交车通行执行相对优先策略。

城市大脑支持衢州智慧交通一期项目实现了基于实时流量和人工智能的信号灯智能调度，全面完成了市区的信号灯配时优化，保证路口通行能力处于单点最优或区域最优。

13.2 人工智能技术在物流中的应用

13.2.1 智能交通系统

智能交通系统（Intelligent Transport System，ITS 或 Intelligent Transportation System，ITS）是将先进的信息技术、通信技术、传感技术、控制技术以及计算机技术等有效地集成运用于整个交通运输管理体系，智能交通系统主要涉及现代通信系统、地理信息系统、车辆自动导航监控系统、交通信号控制系统、智能化停车场管理系统、车辆自动识别系统等子系统。图 13-17 所示为自动引导运输车，图 13-18 所示为自动引导运输车选择最经济的路线。

图 13-17　自动引导运输车

图 13-18　自动引导运输车选择最经济的路线

13.2.2 无人车

1. AGV 小车

AGV（Automated Guided Vehicle），通常也称为 AGV 小车，指装备有电磁或光学等自动导引装置，能够沿规定的导引路径行驶，具有安全保护以及各种移载功能的运输车，工业应用中不需驾驶员的搬运车，以可充电之蓄电池为其动力来源。一般可通过计算机来控制其行进路线以及行为，或利用电磁轨道（electromagnetic path-following system）来设立其行进路线，电磁轨道粘贴于地面上，无人搬运车则依靠电磁轨道所带来的信息进行移动与动作。亚马逊的仓储 AGV 小车如图 13-19 和图 13-20 所示。

图 13-19　亚马逊的仓储 AGV 小车

图 13-20　亚马逊的仓储 AGV 小车负重货架

2. 无人车/无人机配送

近两年，物流行业最后一公里的赛道延伸到了天上。京东、菜鸟、顺丰、圆通等物流巨头纷纷布局无人机。目前，京东正积极打造干线、支线、末端三级"无人机+通航"智慧物流体系，依托京东现有地面物流布局，在空中编织的一张新的物流网络：利用载重几百公斤到几吨甚至数十吨的大中无人机完成干线、支线物流配送，利用载重 5~50 kg、飞行半径 10~50 km 的末端无人机实现最后一公里物流配送。在国际上，无人机送快递创始者——电商巨头亚马逊将为旗下快递无人机升级系统，升级后的系统使无人机有了"大脑"，送快递更为智能。京东配送无人车和配送无人机如图 13-21 和图 13-22 所示。

图 13-21　京东无人车配送

图 13-22　京东无人机配送

13.2.3　无人仓

　　上海市嘉定区的亚洲一号是京东首个全流程无人仓库，建筑面积达 40000 m²，物流中心主体由收货、存储、包装、订单拣选四个作业系统组成。公开资料显示，亚洲一号于 2014年 10 月正式投入使用，2017 年 10 月 9 日京东官方宣布亚洲一号仓库建成，2018 年 5 月 25日，首次对外界开放参观。

　　在收货存储阶段，亚洲一号使用的是高密度存储货架，存储系统由 8 组穿梭车立库系统组成，可同时存储商品 6 万箱，可以简单理解为存储量更大的无人货架。货架的每个节点都有红外射线，这是因为在运输货物的过程中无人，需要以此确定货物的位置和距离，保证货物的有序排放。高密度无人存储货架如图 13-23 所示。

　　在包装阶段，京东投放使用自主研发的、全球最先进的自动打包机，分为两种，包括纸箱包装和纸袋包装。在打包过程中，机器可以扫描货物的二维码，并根据二维码信息来进行包装和纸板的切割。两种包装在货物的包装数量上有不同。其中白色袋可以同时包装好几件商品，更加灵活。黄色箱只能包装 1 件商品，并且是更加标准化的商品，例如手机。在打包时，两种包装分为两条轨道独立运作，在去分拣中心之前汇集。

在货物入库，打包这两个环节里，京东无人仓配备了 3 种不同型号的六轴机械臂（如图 13-24 所示），应用在入库装箱、拣货、混合码垛、分拣机器人供包 4 个场景下。

在分拣阶段，采用 AGV（Automated Guided Vehicle，无人搬运车，即"小黄人"）进行作业，亚洲一号的 AGV 按型号分为大中小三种类型，中小 AGV 是在分拣轨道里面运作，运输货物；而大的 AGV 则是在货物掉入集口宝（一种分拣用的容器）之后直接将集口宝运送到不同的分拨中心。

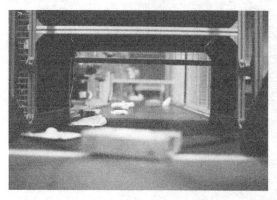

图 13-23　高密度无人存储货架

图 13-24　京东机械臂

13.2.4　自动分拣系统

亚洲一号内部分为无人仓和分拣仓。立库穿梭车、运输机器人、分拣机器人是仓库的"主人"，数百个分拣机器人带着包裹有序穿梭，速度比普通人小跑还快。仓库从管理、控制到配送信息都全部智能化。连包装纸盒都无须工人动手，一切都由机器自动打包。

300 个"小黄人"分拣机器人是无人仓的网红，看"小黄人"如何分拣包裹一度成为外界对于无人仓的第一印象。以前，每个分拣员一天要弯腰 3000 次以上，"小黄人"的引入让他们从繁重的劳动中解脱了出来，也有更多的时间思考如何优化无人分拣的流程和管理。

300 个"小黄人"并然有序地进行取货、扫码、运输、投货等动作。依靠视觉识别和智能导航技术，"小黄人"能以最优线路完成商品的拣选，出现常规故障，它也能在短短 30 s 内自动修复，而无人仓"智能大脑"能在 0.2 s 内为"小黄人"计算出 680 亿条可行路径，并做出最佳选择，京东亚洲一号的"小黄人"分拣机器人如图 13-25 所示。通过运营数字化，这些设备相当于无人仓的"大脑""眼睛""胳膊"和"腿"，使无人仓变成"人工智能"。

13.2.5　智能仓储

智能仓储系统是由立体货架、有轨巷道堆垛机、出入库输送系统、信息识别系统、自动控制系统、计算机监控系统、计算机管理系统以及其他辅助设备组成的智能化系统。智能仓储系统属于有人仓库，只是自动化程度较高，系统采用一流的集成化物流理念设计，通过先进的控制、总线、通信和信息技术应用，协调各类设备动作实现自动出入库作业。

图 13-25　京东亚洲一号的"小黄人"分拣机器人

　　智能仓储系统具有节约用地、减轻劳动强度、避免货物损坏或遗失、消除差错、提供仓储自动化水平及管理水平、提高管理和操作人员素质、降低储运损耗、有效地减少流动资金的积压、提高物流效率等诸多优点。智能仓储系统中的智能设备设施包括高层立体货架、无人叉车、VR 视觉分拣设备等，如图 13-26、图 13-27、图 13-28 所示。

图 13-26　高层立体货架

图 13-27　无人叉车

13.3　实验案例 1：简易物流无人车的制作

　　本实验的目的是指导学生制作一个简易物流无人车。无人车的功能是能探知前方障碍物，在接近障碍物时（比如 30 cm）无人车停止运行，车顶的超声波传感器扫描环境数据，自动找到一个没有障碍物的方向，驱动无人车往该方向行驶，从而达到避障的功能。无人车如图 13-29 所示，编写的代码如图 13-30 所示。大约 10 课时，具体实验内容参见本书配套的实训指导书。

图 13-28　VR 视觉分拣

图 13-29　无人车

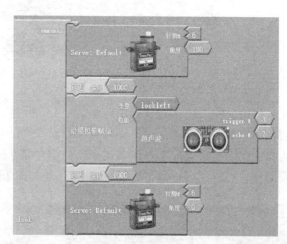

图 13-30　可视化代码

13.4　实验案例2：物流 AI 创新创业申报书撰写

本实验的目的是各个小组（5 人以内）撰写一份物流 AI 创新创业训练项目申报书。主要内容包括项目简介、申请理由（包括自身/团队具备的知识、条件、特长、兴趣、前期准备等）、项目方案（计划、技术路线、人员分工等）、项目进度安排、项目经费使用计划（要求说明项目经费）、项目完成预期成果（论文级别、专利、设计、产品、服务、创业实践项目需说明公司规模、营业额）等内容。大约 10 课时，具体内容参见本书配套的实训指导书。

本章小结

本章主要介绍人工智能技术在物流中的应用。首先对人工智能的基本背景知识进行介绍，包括人工智能的发展历程、图灵测试、物流信息技术的创新创业等内容进行详细描述。其次从技术角度研究智能交通运输系统，包括各种无人车运输、AGV 仓储小车的应用、智能配送。接着从智能仓库的角度，介绍亚洲一号无人仓、智能仓储等内容。最后通过两个

AI 技术应用实验案例，加深对物流智能化的认识。

课后习题

1. 主要的人工智能算法有哪些？
2. 人工智能的发展趋势是什么？
3. 什么是智能运输系统？
4. 智能交通系统的应用领域有哪些？

附　录

附录 A　送货记录单

送货记录单见表 A-1。

表 A-1　送货记录单

序　号	货物编号（客服事前填写）	送货目的地（客服事前填写）	收货人姓名（收货人现场填写）	身份证号码（两人）（收货人现场填写）	预计到达时间（客服事前填写）	实际到达时间（收货人现场填写）	收货人签字（收货人现场填写）
1							
2							
3							
4							
5							
6							
7							
8							
9							
10							
11							

组名：　　　　　　　　　　　　　送货人：　　　　　　　　　　　日期：

附录 B　收货记录单

收货记录单见表 B-1。

表 B-1　收货记录单

序　号	货物编号（别组客服事前填写）	收货地点（顾客现场填写）	送货人姓名（两人）（顾客现场填写）	预计到达时间（别组客服事前填写）	实际到达时间（顾客现场填写）	顾客满意度（顾客现场填写）
1						
2						
3						
4						
5						
6						
7						
8						
9						
10						
11						

组名：　　　　　　　　　　　　　送货人：　　　　　　　　　　　日期：

其中顾客满意度为以下标准：
提前达到+1 分（满意）
准时到达+2 分（非常满意）
推迟到达+0 分（不满意）

参考文献

[1] 陈文. 物流信息技术 [M]. 北京：北京理工大学出版社，2011.

[2] 刘丙午. 物流信息技术 [M]. 北京：机械工业出版社，2013.

[3] 汪传雷. 物流运输与包装 [M]. 合肥：合肥工业大学出版社，2013.

[4] 钱黎明，周海明. 快递业务员：初级 [M]. 北京：中国劳动社会保障出版社，2010.

[5] 张健雄. 快递业务员：基础知识 [M]. 北京：中国劳动社会保障出版社，2010.

[6] 梁晨，杨洋，王晓春. 物流园区规划 [M]. 北京：中国财富出版社，2013.

[7] 蒋祖星，孟初阳. 物流设施与设备 [M]. 3 版. 北京：机械工业出版社，2011.

[8] 萨默维尔. 软件工程：第 9 版 [M]. 程成，等译. 北京：机械工业出版社，2011.

[9] 王道平，张大川. 物流信息技术 [M]. 2 版. 北京：北京大学出版社，2014.

[10] 周山芙. 管理信息系统 [M]. 4 版. 北京：中国人民大学出版社，2013.

[11] 朱长征. 物流信息技术 [M]. 北京：清华大学出版社，2014.

[12] 林超. 兴隆洼农耕文明起源地：农民种菜刷二维码 [EB/OL]. 2013-12-22. http://www.foods1.com/content/2446099/.

[13] 张成海，张铎，赵守香. 条码技术与应用 [M]. 北京：清华大学出版社，2010.

[14] 叶靖. 物流条码技术应用 [M]. 北京：清华大学出版社，2011.

[15] 王洪泊. 物联网射频识别技术 [M]. 北京：清华大学出版社，2013.

[16] 彭力. 无线射频识别（RFID）技术基础 [M]. 北京：北京航空航天大学出版社，2012.

[17] 杜钦，张超. 景观规划 GIS 技术应用教程 [M]. 北京：中国林业出版社，2014.

[18] 徐绍铨，张华海，杨志强. GPS 测量原理及应用 [M]. 3 版. 武汉：武汉大学出版社，2008.

[19] 卡普兰，赫加蒂. GPS 原理与应用：第 2 版 [M]. 寇红艳，译. 北京：电子工业出版社，2012.

[20] 张军，涂丹，李国辉. 3S 技术基础 [M]. 北京：清华大学出版社，2013.

[21] 劳顿. 管理信息系统：第 11 版 [M]. 薛华成，编译. 北京：机械工业出版社，2011.

[22] 陈雅萍. 第三方物流 [M]. 2 版. 北京：清华大学出版社，2013.

[23] 李键，董锴，王颖纯. 企业资源计划（ERP）及其应用 [M]. 4 版. 北京：电子工业出版社，2013.

[24] 黄静云. 自动化立体仓库一本通 [M]. 北京：中国财富出版社，2010.

[25] 李洪奎. 仓储管理 [M]. 北京：机械工业出版社，2012.

[26] 周兴建，张北平. 现代仓储管理与实务 [M]. 北京：北京大学出版社，2012.

[27] 邬金涛. 客户关系管理 [M]. 北京：中国人民大学出版社，2014.

[28] 王广宇. 客户关系管理 [M]. 3 版. 北京：清华大学出版社，2013.

[29] 赵溪. 客户服务导论与呼叫中心实务 [M]. 4 版. 北京：清华大学出版社，2013.

[30] 郭静. 呼叫中心技术与运维 [M]. 北京：清华大学出版社，2013.

[31] 郭东梅. 呼叫中心呼出业务实训 [M]. 北京：中国农业出版社，2014.

[32] 王阳军. 快递业务操作与管理 [M]. 北京：化学工业出版社，2014.

[33] 梁军. 快递运营管理 [M]. 上海：上海财经大学出版社，2014.

[34] 国家邮政局快递职业教材编写委员会. 电子商务与快递服务 [M]. 北京：北京邮电大学出版社，2012.

[35] 阿里学院. 网络整合营销 [M]. 北京：电子工业出版社，2013.

[36] 施志君. 电子商务案例分析 [M]. 2 版. 北京：化学工业出版社，2014.

[37] 沈凤池. 阿里巴巴电子商务初级认证教程：国内贸易方向 [M]. 北京：清华大学出版社，2008.

[38] 彭志忠. 物流园区规划理论与实践 [M]. 济南：山东大学出版社，2011.

[39] 陶经辉. 物流园区布局规划与运作 [M]. 北京：中国物资出版社，2009.

[40] 中国物流与采购联合会. 中国物流园区发展报告：2013 [M]. 北京：中国财富出版社，2013.

[41] 高同庆. 综合性物流园区的信息化建设 [M]. 西安：西北工业大学出版社，2013.

[42] 郭捷，王来军，魏亮，等. 我国物流园区发展现状及政策浅析 [J]. 华东交通大学学报，2012，29（1）.

[43] 伊辉勇，吕奇光. 供应链管理实验教程 [M]. 北京：北京交通大学出版社，2010.

[44] 何亮，牛全保，龚中华. 金蝶 ERP-K/3 培训教程：财务/供应链/生产制造 [M]. 2 版. 北京：人民邮电出版社，2010.

[45] 周玉清，刘伯莹. 金蝶 ERP-K/3ERP 与企业管理：理论、方法、系统 [M]. 2 版. 北京：清华大学出版社，2012.

[46] 滕佳东. ERP 沙盘模拟实训教程 [M]. 2 版. 大连：东北财经大学出版社，2012.

[47] 闪四清. ERP 系统原理和实施 [M]. 4 版. 北京：清华大学出版社，2013.

[48] 李爱萍，崔冬华，李东生. 软件工程 [M]. 北京：人民邮电出版社，2014.

[49] 张翼英. 智能物流 [M]. 北京：中国水利水电出版社，2012.

[50] 王喜富. 物联网与智能物流 [M]. 北京：北京交通大学出版社，2014.

[51] 李蔚田. 智能物流 [M]. 北京：北京大学出版社，2013.

[52] 姚宏宇，田溯宁. 云计算：大数据时代的系统工程 [M]. 北京：电子工业出版社，2013.

[53] 李俊韬. 智能物流系统实务 [M]. 北京：机械工业出版社，2013.

[54] 王鹏. 云计算与大数据技术 [M]. 北京：人民邮电出版社，2014.

[55] 郎为民. 大话云计算 [M]. 北京：人民邮电出版社，2012.

[56] 魏学将，王猛，张庆英. 智慧物流概论 [M]. 北京：机械工业出版社，2020.

[57] 张玉宏. 深度学习与 TensorFlow 实践 [M]. 北京：电子工业出版社，2021.

[58] 周兴建，冷凯君. 现代仓储管理与实务 [M]. 3 版. 北京：北京大学出版社，2021.